불면의 밤에 읽는
치유의 시 50

일러두기

이 책에 실린 환자와 의뢰인의 이름, 신원을 짐작할 만한 세부 정보는 변경했지만,
그들의 이야기에서 핵심이 되는 내용은 모두 사실입니다.

정신과 전문의
노먼 로젠탈이 건네는
마음 처방

불면의 밤에 읽는
치유의 시 50

노먼 로젠탈 지음
고두현 옮김

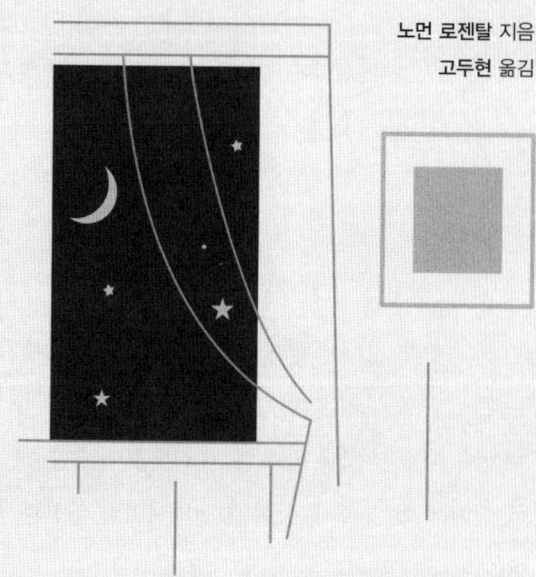

토트

50가지 시로 조제된
마음의 치유약

김현수
(명지병원 정신건강의학과 임상교수, 성장학교 별 교장)

이 책을 펼치는 순간 독자는 머리가 아니라 가슴으로 스며드는 시낭송과 친절한 정신과 의사의 과학적 안내가 어우러진 '치유 콘서트'에 무려 50번이나 초대받는다. 이 책을 읽는다는 것은 50가지 시로 조제된 마음의 치유약을 가슴 안에 들이는 것이다. 여기 더해 약 봉투에 동봉된 설명서처럼 정신과 의사인 저자 노먼 로젠탈의 흥미로운 해설도 함께 제공된다.

이 책에 소개된 시들과 저자의 안내로 우리는 인생의 뜨겁고 깊은 순간들에 대한 상처와 고뇌, 심연의 고통을 떠올리게 된다. 그리고 마침내 마음을 뒤흔들고, 잔잔히 스며들고, 깊이 새겨지는 위대한 시 구절과 조우하게 된다. 놀랍게도 이 불멸의 시들은 우리 마음의 염증을 완화시켜 주고, 해독을 하며, 고름을 짜내 새살을 채워준다.

책 앞머리에서 엘리자베스 비숍의 〈한 가지 기술〉로 독자들의
마음을 비워 놓았다가 마지막 시 메리 엘리자베스 프라이의 〈내
무덤 앞에서 울지 말아요〉로 다시 마음을 영원으로 꽉 채워 넣
는 배열의 마법도 뛰어나다. 이 책은 그 자체로 완벽한 치유의 여
정이다.

모든 시작은 밤늦게 걸려 온 전화 한 통 때문이었습니다. 전화를
건 사람은 친구 데이비드였고 목소리만 들어도 무언가 심상치
않다는 것을 알 수 있었습니다. 그는 목이 멘 채로 최근에 아주
소중한 사람을 잃었다고 말했습니다.

"이제 어떻게 살아가야 할까?"

그는 힘없이 웅얼거렸습니다.

"앞으로 어떻게 버텨야 하지?"

진부한 위로나 일상적인 말은 바로 떠올랐지만 진심으로 도움
이 될 만한 말을 찾고 싶었습니다. 예술을 사랑하는 데이비드의
성향을 떠올리며 이렇게 말했지요.

"잃는 것도 하나의 기술이야. 모든 예술이 그렇듯 그 기술도
익힐 수 있지."

침묵이 한동안 흐른 뒤 그가 다시 입을 열었을 때 그의 목소
리는 조금 밝아진 듯했습니다. 마치 숨어 있던 희망의 샘을 발견
한 것처럼 말이지요.

"그래! 생각났어. 네 덕분이야. '잃는 것도 하나의 기술'이라
고 했지? 그 대목을 정말 잊고 있었네. 그거 엘리자베스 비숍의

시 〈한 가지 기술One Art〉에 나오는 거잖아?"

"어? 그래? 그런 시가 실제로 있다고?"

"몰랐구나! 마침 그 시집이 책꽂이에 있어. 잠깐만 기다려봐."

"응, 그거 나한테 지금 들려줄 수 있어?"

"그럼 내가 읽어줄게."

그는 시를 천천히 낭독하기 시작했습니다.

"잃는 기술을 익히는 건 그리 어렵지 않다."

그의 목소리에 힘과 생기가 살아났습니다. 시를 다 읽고 난 뒤 데이비드의 기분은 한결 가벼워졌고 신기하게도 내 마음 또한 함께 밝아졌습니다.

데이비드가 어떻게 자신의 깊은 슬픔 속으로 들어가 내게 한 편의 시를 선물로 줄 수 있었는지 놀라웠습니다. 그 시는 사랑하는 사람을 잃었을 때 어둠 속에서 어떻게 벗어날 수 있는지를 보여주었지요. 시가 정말로 슬픔에 잠긴 사람을 도울 수 있을까? 나는 궁금해졌습니다. 그렇다면 치유의 힘을 지닌 또 다른 시도 있지 않을까?

나는 〈한 가지 기술〉을 환자들과 친구들에게 소개했고 그들은 시에서 위안을 얻었습니다. 이후 비슷한 힘을 가진 다른 시를 찾아보기 시작했습니다.

치유의 힘을 가진 시는 곳곳에 있었습니다. 한 친구는 심리 치료사였는데 웬델 베리의 나이 드는 것에 관한 시에 깊이 감동해 그 시를 환자들에게 나누어주었다고 합니다. 나는 특정 시를 읽고 위로와 안도감을 얻었다는 사람들의 이야기를 인터넷에서 접하며 생각에 확신을 더했습니다.

책이 전하려는 핵심은 바로 이것입니다. 시가 영감과 즐거움을 주는 것에 그치지 않고 실제로 사람들의 마음을 달래고 고통을 줄이며 상처 입은 영혼을 치유할 수 있다는 것입니다. 책 제목이 시사하듯이 시는 일종의 약이 될 수 있습니다.

모든 문학에는 위로의 힘이 있지만 시간을 이겨낸 위대한 시에는 더 특별한 고유의 힘과 매력이 있습니다. 특유의 리듬과 운율, 간결함과 탁월함. 그것이 바로 시의 치유력입니다. 시는 다른 어떤 문학보다도 기억하기 쉽고 불현듯 떠올리며 언제든 되새길 수 있습니다. 우리는 언제든지 기억을 더듬어 워즈워스의 수선화나 키츠의 나이팅게일을 떠올릴 수 있습니다.

이 책에
실린 시는

──────── 책에 실린 50편의 보석 같은 시는 오랜 세월 검증을 거친 것으로 여러 시집이나 선집에 실려 있습니다. 대부분 한 페이지 안에 들어갈 정도로 짧지만 그 간결함 속에서 메시지를 가장 효율적이고 아름다운 방식으로 전달합니다.

나와 친구들, 환자들 모두 시를 읽으며 기쁨과 위로를 얻었습니다. 당신도 우리가 느꼈던 것과 같은 치유의 힘과 즐거움을 발견하길 바랍니다. 사랑과 상실, 내면의 눈, 인간의 경험, 삶의 설계와 의미에 대한 탐구, 밤으로 들어가며 총 다섯 영역으로 책을 구성했습니다. 행복하고 건강한 삶을 위한 인생의 중요한 영역을 다루는 시를 보여줍니다.

시를 가장 깊이
즐기는 법

———————— 시를 읽는 것은 아주 단순해 보일 수 있지만 간단한 요령만 터득하면 훨씬 풍부하게 즐길 수 있습니다.

무엇보다 시를 즐기세요. 시 읽기는 공부가 아니라 즐거움이어야 합니다. 온전히 몰입해 읽으세요. 시는 정성을 들이는 만큼 보답합니다.

소리 내어 읽으세요. 단어 속에 숨어 있는 음악을 느낄 수 있습니다. 소리 내어 읽는 행위는 조용히 읽는 묵독과는 다른 신경, 근육, 뇌의 특정 부위를 자극하기 때문에 전혀 다른 체험을 선사합니다. 무엇보다도 치유 효과를 가장 크게 만듭니다.

시를 여러 번 읽으세요. 신기하게도 시는 읽을 때마다 새로운 의미의 층을 드러냅니다. 처음 읽을 때의 문장이 두 번째나 세 번째 읽을 때 전혀 다른 빛을 냅니다. 왜 그럴까요? 글자는 처음부터 그 자리에 가만히 있는데도 말입니다. 직접 시도해 보세요. 시를 읽을 때마다 놀라운 경험을 할 것입니다.

모든 감각을 열고 시를 경험하세요. 시는 단순한 지적 활동이 아닙니다. 그것은 노래이자 그림이며 한 입의 아이스크림처럼 감각적인 체험입니다. 모든 감각을 자극하는 시로는 23장에 실린

〈바다를 향한 열병 Sea Fever〉을 참고하세요.

시를 완성하는 사람은 당신입니다. 시를 읽는 당신이 바로 그 작품을 완성하는 존재입니다. 당신의 경험과 기억이 시인의 세계와 맞닿을 때 시는 비로소 살아납니다. 퍼즐 조각이 맞춰지는 순간 "아, 시인이 말하고자 한 게 바로 이거였구나!" 하는 깨달음이 찾아오기도 합니다. 시가 열어주는 새로운 사유의 공간에서 마음껏 거닐어 보기를 바랍니다.

다른 사람의 낭송을 들어 보세요. 책에 실린 많은 시는 인터넷에서 훌륭한 낭송가의 목소리로 들을 수 있습니다. 3장에 실린 소네트 〈나를 불쌍히 여기지 마세요 Pity me not because the light of day〉는 시인 에드나 세인트 빈센트 밀레이가 직접 낭독한 버전이 있습니다. 프랑크푸르트 막스플랑크 연구소의 신경 과학자 바실리 비츠키 Eugen Wassiliwizky와 동료들의 연구에 따르면 시 낭송은 뇌의 보상 회로를 활성화해 전율과 소름 같은 최고 수준의 감정 반응을 유발하는 강력한 자극이 됩니다.

모호함을 견디고 사유를 즐겨 보세요. 시를 읽다 보면 쉽게 이해되지 않는 대목이 있습니다. 그러나 그것은 불편함이 아니라 창의적인 독서의 일부입니다. 시에서는 종종 생각의 회로가 완전히 연결되지 않거나 여운을 남긴 채 열려 있는 경우가 있습니다. 이것은 의도된 구조입니다. 미완의 공간이야말로 독자의 상상력과 사유를 자극하는 자리이기 때문입니다. 심리학에는 자이가르니크 효과 Zeigarnik Effect, 미완성 효과라는 개념이 있습니다. 완성된 일보다 미완성된 일이 더 오래 기억된다는 이론이지요. 시인은 이 원리를 이용해 독자의 마음속에 오래 남는 작품을 만들어냅니다.

세부 사항에 주의를 기울이세요. 구두점 하나, 행의 구분과 배치, 리듬, 운율, 시의 형태를 돕는 여백 등은 시인이 전하려는 의미의 일부일 수 있습니다.

시를 읽을 때 기억하세요. 가장 중요한 것은 당신의 해석입니다. 나의 해석도 다른 사람의 해석도 그보다 덜 중요합니다. 록밴드 트위스티드 시스터Twisted Sister의 리더 디 스나이더Dee Snider는 이렇게 말했습니다. "문학과 시, 음악의 아름다움은 독자가 자신의 상상력과 경험, 꿈을 그 안에 투영할 수 있다는 점에 있다." 책에서 제시하는 해석은 어디까지나 나의 생각일 뿐입니다. 당신만의 해석을 자유롭게 펼치길 바랍니다. 무엇보다도 이 아름답고 기발한 작품과 함께하는 시간이 즐겁길 바랍니다.

노먼 로젠탈

차례

2

내면의 눈

3

인간의 경험

4

삶의 설계와 의미에 대한 탐구

5

밤으로 들어가며

1

사랑과 상실

사랑하고 잃는 것이

한 번도 사랑하지 않는 것보다 낫다.

앨프리드 테니슨

01

Is there an Art to Losing?

상실에도 기술이 있을까?

한 가지 기술

엘리자베스 비숍

잃는 기술을 익히는 건 그리 어렵지 않다.
너무나 많은 것들이 잃어버릴 의도를
지닌 듯하니, 그것들을 잃는 게 재앙은 아니다.

매일 무언가를 잃어라. 열쇠를 잃은 당혹감과
허비해 버린 시간을 받아들여라.
잃는 기술을 익히는 건 그리 어렵지 않다.

더 멀리, 더 빠르게 잃는 연습을 해라.
장소들, 이름들, 여행하고자 했던
목적지들. 그 무엇도 재앙을 부르지 않는다.

나는 어머니의 시계를 잃었다. 보라! 내 마지막, 혹은
마지막에서 두 번째, 사랑했던 세 채의 집이 사라졌다.

잃는 기술을 익히는 건 그리 어렵지 않다.

나는 두 도시를 잃었다. 사랑스러운 도시들. 더 넓게는
내가 소유했던 영토와 두 개의 강, 하나의 대륙을 잃었다.
그리움은 남았지만, 그것도 재앙은 아니었다.

— 심지어 너를 잃는다 해도(농담하던 목소리, 내가 사랑하던
몸짓) 내가 거짓말했다고는 할 수 없겠지. 분명하다.
잃는 기술을 익히는 건 그리 어렵지 않다.
비록 그것이 (써라!) 재앙처럼 보일지라도.

❧

엘리자베스 비숍은 이 시에서 자신의 삶을 예로 들어 '상실'이라
는 주제를 가르친다. 그녀는 누구에게나 익숙한 일상의 작은 상
실에서 시작해 무언가를 잃는 일이 삶의 자연스러운 일부라고
말한다. 그렇게 점점 상실의 규모를 키우면서 반복되는 확신을
준다. "잃는 기술을 익히는 건 그리 어렵지 않다." 그러나 잃어버
리는 것이 늘어날수록 그녀의 담담한 태도에 감탄하기도 하지만
혹시나 '강한 척'하는 것은 아닐까 하는 의문이 생기기도 한다.
　"나는 두 도시를 잃었다. 사랑스러운 도시들. 더 넓게는 / 내가
소유했던 영토와 두 개의 강, 하나의 대륙을 잃었다." 여기에 "세

채의 집이 사라졌다"는 고백까지 더해지면 누군가는 이렇게 말할지도 모른다. "정말일까? 저렇게 많은 것을 잃고도 어떻게 재앙이 아니라고 말할 수 있지?"

시의 마지막에 이르러서야 그녀가 감춰 왔던 진심을 알게 된다. 이 시는 사실 잃어버린 연인을 향한 것이었다. 마치 두 연인 사이의 내밀한 대화를 몰래 엿듣는 듯한 기분이 든다.

처음으로 그녀의 슬픔을 온전히 느낄 수 있다. "(농담하던 목소리, 내가 사랑하던 / 몸짓)." 시인은 거짓말이 아니라고 말하지만 그 다짐은 설득력이 없다. 왜냐하면 잃는 것은 하나의 기술이라 할 수도 있지만 결코 쉽게 익힐 수 있는 기술이 아니라는 것을 알기 때문이다. 때로 상실은 정말 재앙처럼 느껴질 수 있다.

비숍은 자신의 깊은 슬픔을 시로 승화시켜 상실의 고통 때문에 위로를 찾는 이들에게 한 편의 걸작을 선사했다. 친구가 사랑하는 사람을 잃고 슬픔에 잠겨 전화했던 그날, 이 시가 그를 위로할 수 있었던 것도 당연하다. 수많은 사람에게 이 시가 상실의 고통을 덜어주는 위안이 된 것 또한 놀라운 일이 아니다.

상실의
생물학

─────   비숍의 시처럼 큰 상실을 견딜 수 있다는 믿음은 인류 역사에서도 근거를 찾을 수 있다. 인간은 생물학적으로 유아, 어린이, 부모, 형제자매, 친구의 죽음을 견디도록 프로

그램된 존재다. 책에 실린 시인들의 생애를 따라가다 보면 비숍을 포함한 많은 이가 어린 나이에 고아가 되었거나 형제자매를 잃었거나 심지어 자식을 먼저 보냈다는 사실을 알 수 있다.

〈한 가지 기술〉은 빌라넬Villanelle이라는 유형의 정형시다.

빌라넬

* 19행으로 구성된다.

* 3행짜리 연 5개와 4행짜리 연 1개로 이루어져 있다.

* 특정한 두 행이 규칙적으로 반복된다.

* 교차하는 운율을 따른다.

* 운율은 일반적으로 약강오보격iambic pentameter으로 쓴다. 즉, 한 음보마다 약한 음절 뒤에 강한 음절이 오는 리듬이다. da-DUM, da-DUM, da-DUM, da-DUM, da-DUM. 이는 인간의 심장 박동과도 닮았다.

이 책에 수록된 다른 빌라넬 작품으로는 39장의 〈깨어남 The Waking〉, 48장의 〈저 어두운 밤으로 순순히 들어가지 마라Do not go gentle into that good night〉가 있다.

시가 건네는
마음 처방전

1. 상실에도 기술이 있다. 모든 기술이 그렇듯이 상실을 견디는 능력은 경험을 통해 향상된다. 이 사실은 무언가를 잃었을 때 위안이 될 수 있다.

2. 상실을 받아들여라. 고통을 받아들이는 것은 역경에 대처하는 근본 자세다. 일반적으로 고통을 받아들이면 통증이 줄어들지만 고통을 부인하면 아픔은 더 커진다. 이 원칙은 책의 다른 시와 실제 삶에서도 동일하게 나타난다. 신학자 라인홀드 니부어 Reinhold Niebuhr의 평온을 비는 기도Serenity Prayer는 이 진리를 간명하게 표현한다. "주여, 바꿀 수 없는 것을 평온하게 받아들일 수 있는 은혜를 주소서."

3. 전부 아니면 전무의 사고를 경계하라. 이런 사고방식은 인지 왜곡의 한 형태로 우울증이나 부정적인 감정 상태를 심화시킬 수 있다. 이를 인식하고 교정하면 기분 전환에 도움이 된다. 전부 아니면 전무의 흑백논리에 빠진 사람은 극단으로 치닫기 쉽다.

4. 글로 써 보라. 비숍이 자기 생각과 감정을 글로 쓰라고 한 조언은 현대 심리학과 일치한다. 가장 깊은 생각과 감정을 글로 표현하는 것은 정신적 치유와 트라우마 회복에 실질적인 도움을 준다. 오스틴에 있는 텍사스 대학교 심리학 교수 제임스 페니베

이커James Pennebaker는 글쓰기 치료의 선구자로 감정 기록이 신체적, 심리적으로 긍정적인 효과를 가져온다는 사실을 실험으로 입증했다.

시인과
시에 대하여

——————— 엘리자베스 비숍(1911~1979)은 미국 매사추세츠주 우스터에서 태어났다. 비숍은 일찍부터 잃는 법을 배워야 했다. 아버지는 그녀가 8개월 되었을 때 세상을 떠났다. 어머니는 그 후 5년 동안 정신병원을 들락거리다 영구 입원 판정을 받았다. 비숍은 어머니를 다시 볼 수 없었다.

어머니가 병원에 입원한 뒤 비숍은 캐나다에 사는 외가 식구들의 보살핌 속에서 자랐다. 그러나 얼마 지나지 않아 아버지 쪽 조부모 집으로 가야 했다. 그 시절을 회상하며 그녀는 이렇게 썼다. "나는 내가 늙어 가고, 심지어 죽어 가고 있다고 느꼈다. 할머니와 함께 있는 시간이 지루하고 외로웠다. 말 없는 할아버지, 혼자 먹는 저녁 식사…. 밤이면 손전등을 깜박이며 울었다." 훗날 그녀는 친구이자 동료 시인인 로버트 로웰에게 이렇게 고백했다. "내 묘비명에는 꼭 이렇게 써야 해요. 세상에서 가장 외로웠던 사람이라고."

비숍은 어린 시절 내내 잦은 병치레로 학교 교육을 제대로 받지 못했지만 열네 살 이후 학업에 두각을 드러내며 바사 대학에 입학했다. 그녀는 학교 장학금과 미국예술문학아카데미의 상금을 받아 브라질로 여행할 기회를 얻었다. 브라질에서 심한 알레르기를 앓았고 간호를 맡았던 여성 로타 데 마세두 소아레스와 사랑에 빠졌다. 비숍과 로타는 15년 동안 함께 살았다. 그 시기 비숍은 로버트 로웰에게 보낸 편지에 "태어나서 처음으로 매우 행복하다"고 썼다. 하지만 두 사람 모두 신체적, 정신적으로 불안정했고 한동안 브라질에서 병원 신세를 져야 했다. 회복 후 비숍은 뉴욕으로 돌아왔고 로타는 뒤늦게 그녀를 따라왔지만 진정제 과다 복용으로 생을 마감했다.

그 후 비숍은 하버드 대학교에서 학생들을 가르치며 새로운 인연을 만났다. 그녀보다 훨씬 젊은 앨리스 메스페셀이었다. 앨리스는 비숍의 마지막 순간까지 사랑과 힘의 원천이 되었다. 〈한 가지 기술〉은 앨리스를 향한 시였다. 앨리스가 다른 사람과 결혼하려 마음먹고 둘의 관계가 끝날 것 같던 시기였다. 앨리스는 막판에 마음을 바꾸어 비숍에게 돌아왔지만 비숍은 오랫동안 알코올과 약물 의존으로 고통받았다.

여러 가지 어려움을 겪었음에도 불구하고 비숍은 1956년 퓰리처상, 1970년 전미도서상 등 다수의 상을 받았다. 대표작 〈한 가지 기술〉은 17차례의 수정과 퇴고를 거쳐 세상에 나왔다.

Can Love Transform You?

사랑은 당신을 변화시킬 수 있을까?

당신을 어떻게 사랑하느냐고요?

엘리자베스 배럿 브라우닝

당신을 어떻게 사랑하느냐고요? 헤아려 보지요.

내 영혼이 닿을 수 있는 깊이와 넓이와 높이까지

눈에 보이지 않는 존재의 끝과 이상의 은총을 더듬어

가닿을 수 있는 데까지 당신을 사랑합니다.

햇빛 아래서나 촛불 아래서나

나날의 가장 고요한 일상까지 당신을 사랑합니다.

권리를 위해 투쟁하듯 자유롭게 사랑하고

칭송을 외면하고 돌아서듯 순수하게 당신을 사랑합니다.

옛 슬픔에 쏟았던 열정으로 사랑하고

내 어릴 적 믿음으로 사랑합니다.

한때 잃었던 성자들과 함께 잃은 줄 알았던 사랑으로

당신을 사랑합니다. 나의 한평생 숨결과 미소와 눈물로

당신을 사랑합니다. 그리고 신의 부름 받더라도

죽어서 더욱 사랑하리다.

"당신을 어떻게 사랑하느냐고요 How do I love thee?"라는 다섯 마디
는 영문학에서 널리 알려진 문장 중 하나다. 이어지는 구절 "헤
아려 보지요" 또한 노래, 책, 드라마 제목으로 수없이 인용될 만
큼 유명하다. 무엇이 이 시를 불멸의 반열에 올려놓았을까? 이
시를 쓴 사람은 누구일까? 이 시는 14세기 이탈리아 시인 프란체
스코 페트라르카의 전통을 잇는 소네트다. 이 소네트 형식은 매
우 유연하여 많은 시인들이 즐겨 사용했다.

러스티는 마흔 중반의 컴퓨터 엔지니어였는데 그의 아내는 그
가 사랑을 충분히 표현하지 않는다고 불평했다. 억울하다는 듯
그가 말했다. "저는 사랑한다고 말해요. 도대체 뭘 더 말해야 하
지요?"

나는 그에게 브라우닝의 이 유명한 소네트를 읽어 보라고 권
했다. "당신을 어떻게 사랑하느냐고요?"라고 묻는 순간 엘리자베
스 배럿 브라우닝은 사랑의 주제를 독창적인 방식으로 열어젖힌
다. 그녀는 연인을 향한 자신의 감정을 탐색하고 표현한다. 이것
은 사랑에 빠진 이들이 흔히 하는 물음과 정반대 태도다. "그 사
람이 나를 사랑할까? 얼마나 사랑할까?" 이런 질문은 사랑의 불
확실성과 내면의 불안을 반영한다. 그러나 브라우닝은 사랑받는
것보다 사랑 자체를 들여다본다. 그 결과 깊고 성숙한 사랑의 본
질을 가장 아름답게 묘사한 시를 남겼다.

페트라르카식 소네트

* 위대한 이탈리아 시인 페트라르카의 이름을 딴 시 형식이다.

* 모든 소네트는 14행으로 구성된다.

* 한 편의 시 안에 시작, 전환, 결말 등 작은 이야기 구조를 갖춘다.

* 전반 8행의 옥텟(시작)과 후반 6행의 세스텟(끝)으로 나뉜다.

* 옥텟에서는 질문이나 문제를 제기한다.

* 이어지는 볼타(전환점)에서 주제가 전환된다.

* 마지막으로 세스텟에서 해답이나 결론을 제시한다.

* 운율은 보통 약강오보격을 따른다.

* 전형적인 운율 배열은 옥텟: ABBACDDC, 세스텟: EFEFEF(변형
  이 가능한)이다.

시의 처음 8행에서 시인은 현재 시점에 머물러 있다. 마치 어떤 구체적인 물체의 깊이, 폭, 높이를 재듯 사랑을 측정하기 시작하나 곧 자신의 사랑이 너무 크고 눈에 보이지 않아 측정이 불가능하다는 것을 깨닫는다. 이 지점에서 시의 관점이 바뀐다. 그녀는 사랑을 "나날의 가장 고요한 일상"에 비유하며 햇빛 아래에서도 촛불 아래에서도 사랑한다고 말한다.

그녀에게 사랑은 인생의 유희나 사치가 아니다. 사랑은 삶을 지탱하는 필수 요소다. 공기나 물, 사유를 위한 내적 공간처럼 너

무 근본적이어서 오히려 눈에 띄지 않는다. 그녀에게 사랑은 바로 그런 "고요한 일상"과 같다.

마지막 두 행에서 시인은 자신이 존경하는 사람들의 두 가지 덕목을 언급한다. "권리를 위해 투쟁하고, 칭송을 외면하는" 자세. 시인은 그 자유롭고 순수한 정신으로 사랑을 받아들이고 있다.

오늘날의 독자에게는 이런 표현이 다소 낡아 보일지도 모른다. 얼마 전 한 대학원생에게 어떤 사람과 함께하고 싶으냐고 묻자 그녀는 웃으며 대답했다. "다들 원하는 것과 똑같지요. 매력 있고, 재미있고, 모험심 있고, 사교적인 사람요. 여행 좋아하고 침대에서도 잘 맞는 사람." 그녀의 대답에는 권리를 위해 투쟁하는 사람이나 칭송을 외면하는 사람은 없었다. 인격적 품성은 더 이상 사랑의 조건에 포함되지 않았다. 하지만 이 오래된 소네트는 여전히 배울 점이 많은 사랑의 교훈을 되새기게 한다.

시의 전환점에서 시인은 시선을 현재에서 과거로 돌린다. 그녀는 옛 슬픔을 언급하며 이렇게 쓴다. "한때 잃었던 성자들과 함께 잃은 줄 알았던 사랑으로 / 당신을 사랑합니다." 이는 한때 상실 속에 묻혀 있던 사랑의 근원을 다시 깨우고 그녀로 하여금 "한평생 숨결과 미소와 눈물로" 사랑을 느끼게 한다.

마지막 행에서 시인은 암시한다. 자신의 사랑은 죽음 이후에도 계속될 것이며 그가 떠난 이후에도 사랑이 계속될 것임을 말이다. 죽음 이후에도 계속되는 사랑의 주제는 〈기억해 주세요 Remember〉(14장)와 〈내 무덤 앞에서 울지 말아요 Do not stand at my grave and weep〉(50장)에서 다시 살펴보자.

시가 건네는
마음 처방전

———————— 1. **사랑의 언어로 생각하라.** 게리 채프먼Gary Chapman은 저서 『5가지 사랑의 언어』에서 사랑을 표현하는 5가지 방식을 제시했다. (1) 함께 보내는 질적인 시간, (2) 선물, (3) 봉사와 돌봄의 행동, (4) 신체적 접촉, (5) 사랑의 언어적 표현. 사람마다 이 5가지 방식의 비중이 다르기에 사랑하는 관계를 오래 유지하려면 그 차이를 이해하는 것이 중요하다. 특히 사랑의 언어 표현을 중시하는 관계라면 엘리자베스 배럿 브라우닝의 소네트가 좋은 통찰을 제공할 것이다.

사랑하는 사람들은 종종 상대방이 내 마음을 알 것이라고 가정하거나 그 문제를 깊이 고민하지 않는다. 그 결과 상대는 이해받지 못하거나 소외되거나 당연시되는 느낌을 받는다.

부부 상담을 하다 보면 이런 말을 자주 듣는다. "왜 말하지 않았어요? 난 마음을 읽는 사람이 아니에요." 상담이나 경험을 통해 이 말을 더 성숙한 형태로 바꿀 수 있다. 즉 "지금 당신 마음속에 있는 것을 이야기해 주세요." 숨어 있는 냉소나 방어를 걷어내고 대화를 현재 시점으로 전환하는 것이다.

2. **감정을 말로 표현하라.** 앞에서 러스티의 사랑 표현 문제는 자신의 감정을 인식하고 언어로 표현하는 어려움과 관련이 있다. 이런 상태를 심리학에서는 알렉시티미아Alexithymia, 감정 표현 불능증라고 부른다.

몸의 감각은 종종 감정을 이해하는 단서가 된다. 심리학의 개척자 윌리엄 제임스William James는 「감정이란 무엇인가What is an emotion?」라는 유명한 논문에서 이 점을 강조했다. 숲속에서 곰을 보면 사람들은 먼저 도망치고 나서 두려움을 느낀다. 즉, 몸이 감정을 이끈다. 마찬가지로 매력적인 사람을 봤을 때 말보다 먼저 심장이 두근거릴 수 있다. 이처럼 감정을 말로 옮기는 행위는 관계를 한 단계 성장시킨다. 감정을 언어로 표현하기 어려운 사람에게 브라우닝의 〈당신을 어떻게 사랑하느냐고요?〉는 좋은 연습이 될 수 있다.

약간의 도움을 받아 러스티는 이제 아내에게 사랑을 전하는 새로운 방식을 찾아냈고 부부 관계는 한결 돈독해졌다. 감정 표현에 어려움이 없는 보통의 사람들도 사랑과 감사의 마음을 더 자주 말로 표현하는 연습을 하면 관계를 더욱 풍요롭게 만들 수 있다. 친절과 감사의 말을 건네는 일은 매우 간단하지만 바쁜 일상에서 가장 잊어버리기 쉽다.

3. _감사하고 그것을 표현하라._ 시를 감사 체크리스트로 읽어 보자. 감사는 건강하고 활기를 주는 감정이며 행복으로 향하는 중요한 통로다. 감사는 오늘날 만연한 문제인 당연시하는 태도의 해독제이기도 하다. 정기적으로 감사 목록을 작성하면 자신이 가진 좋은 것에 대한 인식을 높이고 삶의 만족감과 행복감을 높일 수 있다.

시인과
시에 대하여

────────── 엘리자베스 배럿(1806~1861)은 부유한 영국 가정에서 12남매 중 장녀로 태어났다. 배럿의 인생은 고통과 기쁨, 놀라운 성공이 교차한 기묘한 조합이었다. 어린 시절부터 천재성을 보인 그녀는 10대가 되기 전에 셰익스피어를 비롯한 고전 작품을 탐독했고 열두 살에 첫 시집을 냈다. 신체적, 개인적 역경에도 불구하고 에세이와 시를 꾸준히 집필하며 고대 비극 작가 아이스킬로스의 짧은 작품을 번역하기도 했다. 어린 시절의 그녀는 깊은 신앙심을 지닌 아이였다.

그러나 연이은 비극이 그녀를 덮쳤다. 열네 살 때 폐 질환을 앓으면서 모르핀에 의존해야 했고 이듬해에는 심각한 척추 부상을 입었다. 1828년에는 어머니가 세상을 떠났으며 가세가 기울어 가족들과 런던으로 이주해야 했다. 건강이 나빠진 그녀는 오빠와 함께 바닷가 근처에서 요양했지만 그마저도 비극으로 끝났다. 오빠가 익사한 것이다. 그녀는 다시 런던의 집으로 돌아왔고 헌신적이지만 지나치게 통제적인 아버지 밑에서 살았다.

배럿은 계속해서 글을 쓰며 대중의 주목을 받았다. 동료 시인 로버트 브라우닝Robert Browning은 그녀와 그녀의 작품을 존경한다는 편지를 보냈다. 이후 2년 동안 두 사람은 수백 통의 편지를 주고받으며 사랑에 빠졌고 결국 아버지의 반대를 무릅쓰고 도피 결혼을 감행했다. 그녀의 아버지는 그녀를 상속자 명단에서 지우고 다시는 연락하지 않았다.

둘은 이탈리아로 이주했고 그곳에서 아들을 낳았다. 이탈리아에 정착한 지 얼마 지나지 않아 배럿은 44편의 사랑 소네트를 모은 『포르투갈어 소네트Sonnets from the Portuguese』를 출간했다. 제목의 포르투갈어는 시집이 남편 로버트를 향해 쓴 것이라는 사실을 숨기기 위해 의도적으로 붙였다. 그중 43번째 시 〈당신을 어떻게 사랑하느냐고요?〉는 가장 유명한 작품이 되었다.

배럿의 삶을 돌아보면 로버트 브라우닝과의 사랑이 얼마나 그녀를 구원했는지 이해할 수 있다. 그 사랑은 그녀를 비극적이고 의존적인 배경에서 벗어나게 했고 새로운 나라에서 새로운 집과 아들, 지적 열정과 따뜻한 사랑을 만나게 했다. 소네트를 읽으면 남편을 향한 그녀의 사랑이 얼마나 전인적이고 존재 전체를 감싸는 사랑이었는지를 느낄 수 있다. 이들의 이야기는 사랑이 지닌 힘이 얼마나 위대한 것인지를 깊이 이해하게 한다.

배럿은 50대 중반에 원인을 알 수 없는 병으로 쓰러졌고 남편의 품에서 평화롭게 눈을 감았다. 그녀가 마지막으로 남긴 한마디는 "아름다워"였다.

03

The Heart versus the Mind

가슴과 이성

나를 불쌍히 여기지 마세요

에드나 세인트 빈센트 밀레이

나를 불쌍히 여기지 마세요. 낮의 빛이 저물어

더는 하늘 위를 걷지 않는다 하여.

나를 불쌍히 여기지 마세요. 해마다 지나가듯

들판과 숲의 아름다움이 사라진다 하여.

나를 불쌍히 여기지 마세요. 달이 기울고,

밀물이 바다로 빠져나가는 것에도.

남자의 욕망이 이렇게 빨리 사그라지는 것도,

당신이 더는 나를 사랑의 눈길로 보지 않는다 해도.

나는 오래전부터 알고 있었어요. 사랑이란 결국

바람에 흔들리는 활짝 핀 꽃과 같을 뿐,

밀려드는 파도가 모래사장을 짓밟으며

폭풍 속 새 잔해를 흩뿌리는 것과 같다는 것을.

그러니 불쌍히 여겨 주세요. 머리로 빨리 아는 그것을

내 가슴은 너무 더디게 배운다는 사실을.

밀레이의 소네트는 베스라는 환자 덕분에 알게 되었다. 30대 중반의 물리치료사인 그녀는 심한 감정 기복과 연애 문제로 치료를 받으러 왔다. 연애의 시작은 언제나 황홀하지만 시간이 지나면 항상 관계가 무너져 버렸다.

베스는 시가 자신에게 말을 건넨다고 느꼈다. 시인은 모든 것이 사라진다는 사실을 시에서 인정했다. 낮의 빛, 여름의 아름다움, 둥근 달, 그리고 썰물. 모든 사람이 겪는 일이므로 시인은 특별히 동정을 구하지 않는다. 심지어 연인이 자신을 더 이상 원하지 않게 되었을 때조차 그렇다. 시인은 이런 일을 늘 알고 있었다. 인생과 사랑에는 폭풍 속으로 나아가는 것과 같은 위험이 수반된다는 것을. 시의 핵심은 마지막 두 행에 있다. 베스가 특히 깊이 마음에 새긴 부분이다.

그러니 불쌍히 여겨 주세요. 머리로 빨리 아는 그것을
내 가슴은 너무 더디게 배운다는 사실을.

여기서 시인은 모든 사람에게 공통된 고통이 아니라 시인의 특정한 연약함에 대해서만 연민을 요청한다. 베스에게 이 두 행은 치료의 방향을 밝히는 등불이 되었다. 그녀의 이성은 연애에서 나쁜 선택을 반복한다는 사실을 빠르게 인지했다. 이제 필요한 것은 가슴과 이성을 일치시키는 일이었다. 그녀는 자신의 문제를 어쩔 수 없는 운명으로 여겼기에 그 안에서 벗어날 능력까지 외면하고 있었다. 그러나 사랑의 패턴을 이해하고 그 안에서 선택의 힘을 되찾으면 달라질 수 있다는 것을 깨달았다.

치료 과정에서 베스는 자기 문제의 뿌리를 발견했다. 그녀의 어머니는 자주 우울했고 베스를 돌보지 못했다. 그녀의 아버지는 불안정해서 잘해 주다가도 곧 거리를 두는 사람이었다. 아버지가 베스에게 관심을 보이면 기뻐했으나 관심을 거두면 깊은 상실감에 빠졌다.

이후 베스는 새로운 고백을 털어놓았다. 연애 관계가 끝나면 자신을 달래기 위해 술집에서 낯선 남자를 만나곤 했다는 것이다. 몇 잔의 술이나 그 이상이 오간 뒤 그녀는 종종 낯선 이와 하룻밤을 보냈다. 그런 관계는 감정적, 육체적으로 큰 상처를 남겼다. 그녀는 반복적인 패턴에 죄책감을 느꼈다. 베스는 밀레이의 또 다른 소네트를 들려주었는데 이 소네트 역시 그녀에게 강렬하게 다가왔다고 말했다.

누가 내 입술에 키스했는지

누가 내 입술에 키스했는지
어디서, 왜 했는지 나는 잊었다.
어느 팔이 내 머리를 아침까지 받쳐 주었는지도 몰라.
오늘 밤 비는 유령들로 가득 차
창문을 두드리며 내 대답을 기다린다.

내 가슴에는 조용한 아픔이 솟아난다.

이제 다시는 한밤중에 울면서 날 찾을 리 없는

기억도 나지 않는 그 젊은이들 때문에.

그리하여 겨울에 외로운 나무 하나 서 있다.

나무는 어떤 새들이 하나씩 떠났는지 알지 못하지만

가지가 전보다 더 고요해졌다는 것은 안다.

어떤 연인들이 오고 갔는지 난 알 수 없지만

다만 안다. 내 안에서 한동안 노래했던 여름이

이제 더는 내 안에서 노래하지 않는다는 것을.

베스는 외로운 나무처럼 되지 않기로 결심했고 나는 내가 할 수 있는 모든 방법을 동원해 돕기로 결심했다. 그녀의 치료에는 단순한 상담 이상의 것이 필요했다. 감정 기복을 완화하기 위한 약물 치료, 알코올과 성 중독을 조절하는 데 도움이 되는 12단계 프로그램이 필요했다. 베스는 잠재적인 문제를 조기에 발견하고 대처하는 일에 점점 능숙해졌다. 말과 행동이 일관되지 않은 남자를 빠르게 구별할 줄 알게 되었고 신뢰감을 주는 사람을 더 매력적으로 느끼기 시작했다. 마침내 베스는 자신을 따뜻하게 대하는 남자를 만나 처음으로 안정적이고 성숙한 사랑을 하게 되었고 그와 결혼했다. 마지막으로 내가 그녀에게서 받은 소식은 딸아이의 탄생을 알리는 편지였다.

시가 건네는
마음 처방전

————————— **1. 반복되는 행동 패턴을 인식하고 피하는
법을 배워라.** 많은 문제가 반복적인 형태로 나타난다. 이 반복성
은 오히려 문제 해결의 단서를 제공한다. 나는 치료 과정에서 종
종 다음의 단순한 비유를 들곤 한다.

하나의 인도가 있고 그 길 한가운데에 구멍이 있다고 하자. 처
음 걷는 사람은 구멍을 보지 못하고 빠진다. 다음에는 구멍을 봤
지만 여전히 빠진다. 세 번째에야 비로소 그는 구멍을 제대로 보
고 넘어간다. 이 비유가 알려주는 것은 명확하다.

(1) 문제를 인식하는 것만큼이나 그 안에서 자신이 어떤 역할
을 하는지 아는 것이 중요하다.

(2) 같은 문제가 반복된다면 반복을 지속시키는 요인이 자신
에게 있는지 확인해야 한다.

(3) 오류를 파악하면 이를 바로잡기 위한 해결책을 여러 번 시
도해야 한다.

(4) 패턴을 깨달은 후 자신의 행동을 바꾸려는 의지를 가지고
꾸준히 연습하면 반복의 고리를 끊고 새로운 상처를 예방
할 수 있다.

2. 현명한 마음을 사용하라. 현명한 마음wise mind이라는 개념은
심리학자 마샤 리네한Marsha Linehan이 개발한 변증법적 행동 치료
DBT에서 비롯되었다. 변증법dialectic이란 서로 다른 관점을 대조하

고 통합하는 사고방식을 뜻한다. 따라서 DBT에 참여하는 사람은 합리적인 마음reasonable mind과 정서적인 마음emotional mind을 인식하고 이를 논쟁에 참여시켜 합성물을 만들어내도록 배운다. 이 합성물이 바로 현명한 마음이며 이는 더 나은 결정을 내리도록 돕는다.

3. 어린 시절의 경험이 어떻게 반복된 실수로 이어질 수 있는지를 살펴보라. 이러한 통찰 중심의 접근은 행동 그 자체를 바꾸는 데는 다소 시간이 걸릴 수 있지만 과거와 현재 사이의 이해와 안정감을 준다.

4. 어떤 행동은 약물이나 술처럼 중독적일 수 있음을 인식하라. 이런 이유로 익명의 알코올의존자 모임을 모델로 한 도박, 과소비, 폭식, 성, 사랑 등 다양한 행동 중독을 다루는 회복 모임이 생겨났다. 베스의 경우처럼 여러 형태의 중독이 공존하기도 한다. 만약 알코올의존자 모임과 비슷한 프로그램의 12단계 모델이 맞지 않는다면 SMART Self-Management And Recovery Training 같은 자기 관리형 회복 프로그램이 대안이 될 수 있다.

베스는 매력적인 남성과의 관계에서 일시적인 도취감을 느끼지만 그들이 냉담해지거나 거부할 때면 마치 약을 끊은 것 같은 공허함과 금단증세에 시달렸다. 그녀는 그들의 관심을 되찾기 위해 애쓰거나 낯선 이의 품에서 위로를 구하곤 했다. 이 고통스러운 순환에서 벗어나기 위해 베스는 자신의 행동 패턴을 인식하고 그 안에서 자신의 역할을 인정해야 했다. 그리고 같은 경험을 이해하고 지지해 줄 사람들을 찾음으로써 진정한 회복을 시작했다.

이 장에서 다룬 두 편의 소네트는 밀레이의 시적 기교를 잘 보여준다. 첫 번째 작품 〈나를 불쌍히 여기지 마세요〉는 셰익스피어식 소네트, 두 번째 〈누가 내 입술에 키스했는지〉는 페트라르카식 소네트에 속한다.

〈나를 불쌍히 여기지 마세요〉에서는 시의 8행째에서 독자에게 말하던 화자가 사실은 자신을 떠나간 남자에게 말을 건네고 있었음을 드러낸다. 이 구조적 반전은 비숍의 〈한 가지 기술〉과 닮은 장치다. 마지막 두 행은 베스에게 깊은 울림을 준 결론부로 셰익스피어 못지않은 강력한 파급력을 지니고 있다.

〈누가 내 입술에 키스했는지〉에서는 옥텟의 마지막 전환점에서 시의 초점이 바뀐다. 시인은 과거의 격정적이고 다채로운 사랑의 시간으로부터 현재의 황폐하고 외로운 상태로 이동한다. 마치 새 한 마리 앉지 않은 겨울의 나무처럼.

시인과
시에 대하여

——————— 에드나 세인트 빈센트 밀레이(1892~1950)는 미국에서 존경받고 사랑받는 시인으로 특히 소네트로 유명하다. 1923년 시집 『하프 직조공의 노래The Ballad of the Harp Weaver』로 퓰

리처상을 수상했다. 그녀는 시뿐만 아니라 희곡과 오페라 대본도 썼다. 또 광란의 20년대라 불리던 시대를 대표하는 문화 아이콘이었으며 성적 해방과 자유로운 여성상을 구현한 인물이었다.

밀레이는 메인주 록랜드에서 태어났다. 부모는 헨리 톨먼 밀레이와 코라 버젤 밀레이였다. 밀레이는 두 여동생과 함께 어머니 손에서 자랐다. 밀레이의 어머니는 남편의 무책임과 부양 거부로 이혼했지만 가난 속에서도 늘 위대한 작가들의 책을 갖고 다녔다. 그녀는 딸의 문학적 재능을 일찍 알아보았고 아낌없이 격려하며 길을 열어 주었다. 스스로를 빈센트Vincent라고 부르길 좋아한 밀레이는 1912년 발표한 시 〈부활Renascence〉로 처음 주목을 받았고 그녀의 재능에 감명받은 후원자의 도움으로 바사 대학에 진학해 1917년에 졸업했다.

그녀는 뉴욕 그리니치빌리지로 이주해 잡지에 시와 단편을 기고하며 생계를 이어 갔다. 낸시 보이드Nancy Boyd라는 필명으로 대중잡지에 글을 쓰는 한편 본명으로는 진지한 시를 발표했다.

성적으로 대단히 매혹적이었던 밀레이는 남성과 여성 모두에게 강한 끌림을 주는 존재였다. 그녀의 연애사를 다룬 다니엘 마크 엡스타인Daniel Mark Epstein의 책 『내가 어느 입술에 키스했는지 What Lips my Lips Have Kissed』에 따르면 바사 재학 시절 그녀는 여성들과 연속적이거나 동시에 연애 관계를 맺었다. 졸업 후 그녀는 문학계의 두 거장 에드먼드 윌슨Edmund Wilson과 존 비숍John Bishop을 만났다. 윌슨은 훗날 이렇게 회상했다. "그녀의 시를 보면 볼수록 경탄이 깊어졌고 결국 우리 둘 다 돌이킬 수 없을 만큼 그녀에게 빠져들었다. 밀레이를 이야기하려면 그녀가 사람들에게 미친 매혹적인 영향력을 전면에 드러내지 않을 수 없다. 그것이 그녀의 삶과 창작 분위기를 만들어냈기 때문이다." 그는 노년이 되어 회고록에 이렇게 덧붙였다. "에드나는 내 안의 지적 열정과 충족되지 못한 욕망을 동시에 불태웠다. 그 불꽃 속에서 내 인생 최고의 순간을 경험하게 해주었다. 이런 경험은 결코 흔하지 않다. 그런 여인도 흔하지 않으니까."

1923년, 밀레이는 사업가 유진 보이스베인Eugen Jan Boissevain과 결혼했다. 다른 구혼자들의 청혼은 다 거절했다. 보이스베인은 아내의 창작 활동을 전적으로 지지하며 뒷바라지했다. 그 덕분에 밀레이는 온전히 창작에 몰두할 수 있었다. 두 사람은 서로의 자유를 존중하는 결혼 생활을 유지했으며 1949년 보이스베인이 세상을 떠날 때까지 함께했다. 이후 밀레이는 뉴욕 오스터리츠에 있는 그들의 저택 스티플톱에서 홀로 1년을 보냈다. 마지막 밤 홀로 있던 그녀는 계단에서 떨어져 사망했다. 의사는 심장마비를 사인으로 기록했다.

그녀의 유명한 시 〈첫 번째 무화과First Fig〉는 그녀의 삶을 상징하는 가장 적절한 묘비명처럼 읽힌다.

내 양초는 양쪽에서 타들어 가지.
하룻밤도 다 밝히지 못하겠지만,
아, 나의 적들이여, 오, 나의 친구들이여—
그 빛은 참으로 아름답구나!

04

Love in the Moment

순간 속의 사랑

자장가

W. H. 오든

그대 잠든 머리를 기대라, 내 사랑,

이 변덕스러운 팔 위에.

시간과 열병은 속 깊은 아이들에게서조차

그들만의 특별한 아름다움을

태워 없애고, 무덤은 증명한다.

아이의 삶이 얼마나 덧없었는지.

그러나 새벽이 밝아 올 때까지는

내 품 안에 안겨 있게 하라.

유한하고 죄를 지닌 인간이지만

내게는 더없이 완전한 아름다움이므로.

영혼과 육체는 경계가 없다.

연인들이 너그럽고 마법 같은 그 품에서

서로에게 매혹된 채 사랑의

황홀경에 빠져 누워 있을 때
사랑의 여신 비너스는 진지한
초자연적 공감,
보편적 사랑과 희망의 환상을 보낸다.
그러는 동안 추상적 직관은
빙하와 바위들 사이에서
은둔자의 관능적 황홀감을 눈뜨게 한다.

확신도, 신의도
자정의 종소리처럼 사라지고
유행을 좇는 미치광이들은
현학적이고 지루한 목소리로 떠들어댄다.
모든 대가를 치러야 한다고
운명의 카드가 예언한 대로라고.
그러나 오늘 밤만은
한마디 속삭임도, 한 줄기 생각도,
한 번의 입맞춤도, 한 번의 눈길도
잃지 않으리라.

아름다움도, 한밤의 환영도 사라진다.
새벽바람이 불어와
그대의 꿈꾸는 머리를 부드럽게 감쌀 때
그대가 맞이할 하루가 축복되기를.

그대의 눈과 두근거리는 가슴이

이 세상만으로도 충분함을 알기를.

메마른 정오에도 생명의 힘이

그대를 채워 주기를.

오욕의 밤도 무사히 지나가기를.

모든 인간의 사랑이 그대를 지켜보기를.

❦

⟨자장가Lullaby⟩라는 제목은 오든의 시에서 다소 의아하게 느껴진다. 보통 자장가는 아이를 재우기 위해 부르는 노래를 뜻한다. 그러나 이 시에서 시인은 이미 잠든 연인에게 말을 건넨다. 연인의 머리는 시인의 팔에 살포시 기대어 있다. 시는 이렇게 부드럽게 시작된다. "그대 잠든 머리를 기대라, 내 사랑," 첫 구절은 아이가 보호자의 품에서 자장가를 들으며 느끼는 안전하고 포근한 감정을 떠올리게 한다. 하지만 바로 이어지는 두 번째 행은 충격적으로 다가온다. "이 변덕스러운 팔 위에."

그 순간 놀라운 역설을 접한다. 연인을 다정하게 품에 안고 노래하면서도 어떻게 그가 신실하지 못한 존재임을 인정하는 것일까? 여기서 변덕스러운faithless이란 말은 믿음 없는 혹은 불성실함을 의미하는 것일까? 이어지는 내용으로 보아 그럴 가능성이 크다. 이후의 구절에서 시인은 연인이 인간임을 인식하고 아름다움과 젊음, 삶 자체의 덧없음을 이야기한다. 그는 삶의 슬픈 진실을 받아들인다. 인간이라는 것은 유한하다. 삶에는 끝이 있다. 시인은 또한 연인을 죄를 지닌 존재라고 표현한다. 그 죄가 무엇인지는 알려주지 않는다. 그렇지만 죄의 성격이 무엇이든 간에 함께 있는 그 순간만큼은 그의 사랑하는 이가 더없이 아름답다고 말한다.

두 번째 연에서 오든은 육체적 사랑의 본질을 친숙하면서도 독창적인 표현으로 묘사한다. 연인들이 "너그럽고 마법 같은 그 품"에서 함께 황홀해질 때 그들 사이의 경계는 사라진다. 그러나 시인은 초자연적 공감 속에서도 조용히 경고의 메시지를 전한다. 사랑의 여신 비너스가 보여주는 환상은 황홀하지만 연인들은 그녀의 메시지를 진지하게 받아들일 필요가 있다는 것이다. 빙하와 바위 사이에 사는 은둔자조차 순간적인 육체의 황홀을 느낄 수 있다. 하지만 그는 동시에 깨닫는다. 그 경험 속에는 설명되지 않는 의미와 경고의 그림자가 숨어 있다는 것을.

경고는 세 번째 연에서도 이어진다. 시인은 "확신도, 신의도 / 자정의 종소리처럼" 사라진다고 인정한다. 시인은 이 대목에서 열정적인 사랑의 위험성을 지적한다. 연인 사이의 충실함에 대한 계약도 관계의 방향에 대한 확신도 없는 상태에서 깊이 빠져드는 사랑은 언제나 위험하다는 것이다. 이는 열린 관계나 다자 연애에서 특히 자주 나타나는 패턴이다. 사랑에 빠진 이들은 종종 서로의 경계를 정하고 무엇이 가능하고 무엇이 불가능한지를 합의하려 한다. 그러나 이러한 열정적인 관계는 위험하고 혼란스러울 수 있다. 시인이 지적하듯이 확신은 한순간 울렸다가 곧 사라지는 종소리의 진동처럼 일시적일 뿐이다.

시는 계속해서 가장 혹독한 경고를 "유행을 좇는 미치광이들"의 입을 통해 전한다. 이들은 연인들이 "모든 대가every farthing of the cost"를 치러야 한다는 것을 "현학적이고 지루한" 어조로 떠든다. (원문의 farthing은 영국의 옛 화폐 단위로, 1페니의 4분의 1에 해당하는 아주 작은 동전. 현대의 인플레이션 시대에는 가치가 너무 작아 더 이상 유통되지 않는다.) 이러한 경고에도 불구하고(시는 실제로 그럴 수 있다고 암시하면서도) 그는 분명히 사랑의 밤이 그 비용을 지불할 가치가 있다고 본다. 이는 시와 문학, 인생 전반에 걸쳐 중요한 주제와 맞닿아 있다. 카르페 디엠Carpe diem. 지금 이 순간을 붙잡아라. 과거는 되돌릴 수 없고 미래는 불확실하다. 현재만이 우리가 지배할 수 있는 시간이다. 그래서 시인은 잠든 연인, 어쩌면 자신에게 말한다. 유행을 따르는 미치광이들의 경고는 제치고 한마디 속삭임, 한 줄기 생각, 한 번의 입맞춤도 현재의 순간에서 사라지지 않게 하라고.

앞의 세 연은 마지막 연을 위한 준비였다. 시인은 처음부터 연인에게 충성을 약속할 수 없음을 경고했고 그의 연인 또한 연약한 인간임을 인정했다. 비록 일부 경고를 사랑의 여신이나 유행을 좇는 미치광이들 등 다른 사람에게로 돌렸지만 경종은 울렸고 그 울림은 크고 명확하게 들린다.

자장가란 본래 위로와 보호를 위한 노래라는 점을 기억하자. 연인 관계에서도 진정한 보호란 정직에서 비롯된다. 예기치 못한 상처나 배신이 생기지 않도록 서로에게 진실해야 한다는 뜻이다. 시인은 처음 세 연에서 자신의 약속을 지켰다. 깨어 있는 시인의 연인은 시인의 불충실을 알고 있다는 전제를 두고. 이제 시인은 어떤 경고도 없이 자유롭게 사랑의 언어를 쏟아낼 수 있다. 시는 문학사에서 가장 아름답고 감동적인 사랑의 축복 노래 중 하나로 남았다.

시가 건네는
마음 처방전

1. 사랑은 다양한 형태로 존재한다. 엘리자베스 배럿 브라우닝의 〈당신을 어떻게 사랑하느냐고요?〉에서는 모든 것을 감싸고 진실하며 긍정적인 변화를 이끄는 사랑을 볼 수 있었다. 두 사람이 행복하게 오래오래 함께하는 이상적인 사랑이다. 이러한 사랑이 의심할 여지없이 훌륭한 것이지만 모든 사람이 누릴 수 있는 것도 아니고 모든 사람이 바라는 형태의 사랑도 아니다. 또 이것이 유일하게 인정되는 사랑의 종류도 아니다. 오든의 〈자장가〉는 독자에게 섣불리 판단하지 말고 다른 사람의 경험으로 들어가 유한하고도 복잡한 삶의 맥락 속에서 사랑의 가치를 이해하도록 안내한다.

2. 절정의 경험은 위험을 수반하더라도 가치가 있다. 〈자장가〉에서 오든은 심리학자 에이브러햄 매슬로Abraham Maslow가 말한 절

정의 경험을 설명한다. 매슬로는 이를 "희귀하고, 흥미진진하며, 대양과 같고, 깊이 감동적이며, 황홀한 경험"이라고 정의하면서 "현실을 새롭게 인지하는 고차원적 형태를 생성할 수 있다"고 말했다. 이 책의 다른 시도 같은 경험을 찬미하는데 특히 〈고공비행High Flight〉(33장), 〈한 아일랜드 비행사가 자신의 죽음을 예견하다An Irish airman foresees his death〉(43장)가 그렇다. 많은 사람이 인생에서 가장 의미 있었던 순간으로 이런 절정의 경험을 떠올린다. 오랜 세월이 흘러도 그 경험의 생생함은 사라지지 않기 때문이다. 매슬로가 말했듯이 절정의 경험은 그 자체로 소중하다.

〈자장가〉에서도 초월적인 사랑의 감정을 만난다. 사랑은 짧았을지언정 감정의 여운은 길어 깨어 있는 연인에게 오랫동안 영향을 미친다. 시인은 이를 영원한 시적 유산으로 승화시켜 독자에게 깊은 감동과 위안을 준다.

3. 열린 관계나 다자 연애가 성공하기도 한다. 나는 상담 현장에서 서로에게 자유를 허용하는 합의 아래 수년간 안정적이고 행복한 관계를 유지하는 커플을 본 적이 있다. 이런 경우 정직함이 전제 조건으로 보인다. 두 사람은 대개 특정 규칙을 세우고 그 안에서 움직인다. 그러나 예상할 수 있듯이 이런 관계에는 질투와 불안감이 쉽게 스며든다. 어떤 이들은 일정 기간 이런 형태의 사랑을 시도하다가 결국 일부일처제로 돌아가기도 한다.

4. 열정에 휩쓸릴 때는 그 위험을 함께 고려해야 한다. 강렬한 열

정은 때로 기존 관계의 질을 떨어뜨리거나 파멸시킬 수 있다. 한 남자의 사례가 떠오른다. 그는 기혼자였으나 예전 연인과 불륜을 시작했다. 그의 아내는 외견상 그 관계를 알아차리지 못한 것 같았지만 무언가 달라졌다는 것을 감지하고는 모든 면에서 그와 거리를 두었다. 일종의 정서적 단절이다. 그는 이후에도 몇 차례 외도를 했는데 매번 같은 정서적 단절을 경험했다. 결국 그는 서로 간의 신의를 지키는 것이 부부 관계를 원만하게 해 자신에게도 더 낫다는 사실을 깨달았다. 이후 그는 외도를 그만두었고 그들은 오랜 세월 행복한 결혼 생활을 이어 갔다.

5. **황홀한 사랑의 경험은 사람마다 다르게 받아들여진다.** 강렬한 황홀의 순간은 새로움을 추구하는 사람에게는 더 큰 의미를 지니지만 위험을 피하려는 성향이 강한 사람에게는 덜 매력적이다. 신경 생물학자들은 이런 차이를 두 가지 신경전달물질 체계로 설명한다. 하나는 도파민, 또 하나는 세로토닌이다. 도파민은 새로움과 자극을 추구하는 성향을 매개하고, 세로토닌은 안정과 위험 회피행동을 조절한다. 두 가지 상반된 경향은 인간 내면에 늘 공존하며 때로는 서로 대립한다. 따라서 위험한 열정에 사로잡힐 때는 "너 자신을 알라"는 고대 격언을 마음에 되새기는 것이 좋다.

시인과
시에 대하여

———————— 오든의 문학 유산을 관리하는 에드워드 멘델슨에 따르면 〈자장가〉는 마이클 예이츠Michael Yates에게 바친 시다. 오든은 예이츠와 처음에는 거리를 두었으나 나중에는 친밀한 관계를 맺었다. 그 무렵 예이츠는 20대 후반이었다. 오든은 예이츠와 친구로 남았고 예이츠가 결혼한 후에는 그의 아내 마거릿과도 친분을 유지했다. 오든이 사망한 후인 1974년에 출간된 유고 시집은 이 부부에게 헌정되었다. 사랑은 우정으로 바뀌었고 그 우정은 거의 40년간 지속되었다.

05

When Love Fades

사랑이 사라질 때

실패와 비행

잭 길버트

모두가 잊고 있다. 이카로스도 한때 날았다는 것을.

사랑이 끝날 때도, 결혼이 깨질 때도 마찬가지다.

사람들은 말한다. 그건 처음부터 잘못이었다고.

모두가 안 될 거라 했다고,

그녀는 이제 그런 실수를 하지 않을 나이라고.

하지만 가치 있는 일은 서투르게라도 할 가치가 있다.

그 여름 섬의 저편 바닷가에서

그녀의 사랑이 멀어지는 동안 나는 거기에 있었다.

그 밤하늘엔 별들이 지나치게 타올라서

누구나 그것이 오래가지 못하리라 알 수 있었다.

아침마다 그녀는 내 침대에서 잠들어 있었고,

그것은 마치 한 번의 '방문' 같았다.

그녀의 부드러움은 새벽안개 속 영양처럼 눈부셨다.

오후마다 그녀가 수영을 마치고 돌아오는 모습을 보았다.

뜨거운 자갈밭 길을 가로질러 오던 그녀,

그 뒤로 바다의 빛과 맞닿은 거대한 하늘이 있었다.

점심을 먹으며 그녀의 이야기를 들었다.

어떻게 그들의 결혼이 실패했다고 말할 수 있나?

마치 프로방스를 다녀와서(그때가 진짜 프로방스였다)

"예뻤지만 음식은 느끼했어"라고 말하는 사람들처럼.

나는 믿는다. 이카로스는 추락하면서 실패한 게 아니라

승리의 마지막 부분에 다다랐을 뿐이라고.

모든 불행한 관계의 결말은 저마다 다르게 풀린다. 어떤 관계는 분노가 쌓이고 다툼이 반복되며 결국 서로 지쳐 무너진다. 어떤 관계는 감정의 결핍과 채워지지 않는 요구 끝에 조용히 고갈되어 간다. 또 다른 관계는 예기치 못한 순간 갑작스러운 종말을 맞는다. 오랫동안 결혼 생활에 어려움을 겪던 한 친구는 어느 날 집에 돌아왔다가 가구가 전부 없어지고 굴뚝에서 해적 깃발이 바람에 펄럭이는 모습을 보고 깜짝 놀랐다고 했다.

〈실패와 비행〉은 그와는 전혀 다른 방식으로 끝나는 사랑 이야기를 담고 있다. 한여름 지중해의 눈부신 풍경 속에서 한 남자가 서서히 식어 가는 아내의 사랑과 직면한다. 잭 길버트는 이 관계를 서서히 내려앉는 궤적으로 묘사하면서 그리스신화 속 이카로스의 전설을 불러온다. (이 전설은 44장에서 더 자세히 다룬다.) 이카로스는 아버지가 깃털과 밀랍으로 만들어준 날개를 달고 크레타섬을 탈출하는 소년이다. 아버지는 밀랍이 태양에 녹지 않도록 너무 높이 날지 말라고 경고했지만 이카로스는 비행의 황홀함에 취해 그 말을 잊고 결국 바다에 떨어지는 비극을 맞이한다.

길버트는 이렇게 시작한다. "모두가 잊고 있다. 이카로스도 한때 날았다는 것을." 사람들은 흔히 절제의 미덕만 강조하며 태양을 향해 푸른 하늘로 치솟는 짜릿한 경험을 평가절하 하지만 비행 자체가 지닌 그 고유한 가치를 잊지 말아야 한다고 그는 말한다. 이 주제는 바로 앞의 시뿐 아니라 책 속 다른 두 편의 비행 시 (33장, 43장)와도 연결된다.

시인이 시에서 감수한 위험은 문자 그대로의 비행이 아니라 사랑의 기회를 잡는 것이다. 사랑은 언제나 위험을 내포한다. 물론 신중하게 선택하고 서서히 관계를 쌓아 가면 어느 정도 위험을 줄일 수 있다. 하지만 어떤 사람들에게는 이것이 상인의 지루한 접근 방식처럼 느껴지기도 한다. 그들은 조심스러운 연인의 단계적 접근법을 따르기보다 푸른 하늘로 곧장 날아오르기를 원한다.

사랑을 잃는 것, 추락과 실패는 참혹한 고통이지만 시인에게는 사랑이 끝나 가던 여름이 그렇게 끔찍하지 않았던 것 같다. 그는 그때 아내의 사랑이 식어 간다는 것을 이미 알고 있었다. 상실의 과정은 그의 마음속에 강렬한 이미지로 각인되었다.

과학적 증거에 따르면 강렬한 감정의 순간에 경험한 일은 평범한 일상보다 훨씬 더 또렷하게 기억된다고 한다. 시인은 아내와 함께한 마지막 여름의 빛나는 기억 조각을 공유하고 있다. 별들이 타오르고 그녀의 부드러움은 새벽안개 속 영양 같았다. 그녀의 뒤로 바다의 빛과 맞닿은 거대한 하늘이 있었다. 사랑의 덧없음을 이미지가 전달하는 방식에 주목하자. 영양은 언제든 달아날 수 있고 안개는 사라지며 빛도 변한다. 길버트의 묘사는 사랑이 서서히 식어 가지만 아름다운 장소에서 여름을 보내고 매혹적인 여성과의 동행을 즐기는 달콤 쌉쌀한 기쁨을 느끼게 한다.

시인의 성취는 사랑의 아름다움을 붙잡으면서도 그것이 잠시 뿐이라는 사실을 깨닫는 데 있다. 그는 아내가 곧 떠날 상황에 대해 분노나 악의를 드러내지 않는다. 대신 그는 조용한 친밀감의 순간을 회상하며 각각의 기억을 포착하고 음미한다. 그의 곁에서 잠든 그녀, 오후 수영을 마치고 돌아오는 자갈밭 길, 점심을 먹으며 나눈 대화…. 그는 이 모든 순간을 기억하고 그 덧없음을 알기에 더 깊이 음미한다.

나는 많은 사람이 사랑에서 멀어지는 모습을 보았다. 크리스와 케이티는 결혼한 지 20년쯤 되었을 때 위태로운 관계를 회복하기 위해 나를 찾아왔다. 우리는 문제의 뿌리를 여러 각도에서 분석했지만 결국 단순한 결론에 도달했다. 케이티는 그들의 관계에 더 이상 흥미를 느끼지 않았고 떠나고 싶어 했다. 그들은 최대한 품위를 지키며 이별과 이혼의 고통스러운 과정을 겪었다. 케이티는 치료를 그만두었고 크리스는 자신의 새로운 삶을 재구성하기 위해 치료를 이어 갔다. 그는 아내를 잃은 슬픔과 혼란 속에서도 처음 그녀를 사랑하게 된 이유를 잊지 않았다. 그리고 함께한 시간의 즐거운 기억을 간직했다. 그는 그녀의 전염성 있는 웃음, 매력, 너그러운 마음을 기억했다.

시 초반에서 길버트는 영국 작가 G. K. 체스터턴Chesterton의 말을 인용한다. 체스터턴은 "가치 있는 일이라면 잘해야 한다"는 속담을 "가치 있는 일은 서투르게라도 할 가치가 있다"고 패러디했다. 인생에서 사람들은 어떤 일을 잘하지 못할 때가 많지만 그럼에도 불구하고 해볼 가치가 있다고 결정한다. 길버트는 바로 이런 태도로 결혼을 바라본다. "사랑하고 잃는 것이 한 번도 사랑하지 않는 것보다 낫다."

시인은 앞부분에서 사회의 수군거림과 빈정거림을 묘사한다. "그건 처음부터 잘못이었다고. / 모두가 안 될 거라 했다고, / 그녀는 이제 그런 실수를 하지 않을 나이라고." 그러나 길버트는 오든의 〈자장가〉처럼 부르주아적 가치관에서 벗어난 사랑을 선택한다. 그는 세상의 판단을 알고 있지만 개의치 않는다. 아내의 사랑이 식어 가도 그는 함께한 시간 속의 행복을 온전히 간직한다. 그래서 그는 반문한다. "그녀와 함께한 그 시간이 그렇게도 기뻤다면, 어찌 그 결혼이 실패라 할 수 있는가?"

낭만적 선택에 대한 수군거림을 무시하는 공통점 외에도 길버트의 〈실패와 비행〉과 오든의 〈자장가〉는 또 다른 중요한 주제를 공유한다. 사랑의 소중함은 그 지속이 아니라 그 순간의 진실성에 있다. 많은 사람들이 사랑의 결과물인 자녀나 손주, 노년의 동반자 등 구체적인 이점을 중시한다. 물론 이들은 귀중하다. 그러나 이것만을 사랑의 열매로 본다면 이 소중한 감정을 물질적 관점으로만 바라보는 것이다. 두 시에 담긴 진실은 사랑이야말로 그 자체로 변화를 일으킬 수 있으며 지중해의 여름이나 하룻밤의 열정처럼 덧없더라도 그 순간은 영원처럼 소중히 여겨야 한다는 것이다.

시가 건네는
마음 처방전

———————— **1. 관계가 오래가지 않는다고 해서 그것을 실패로 볼 필요는 없다.** 과거의 관계에서 아팠던 기억만 붙잡고 있으면 화가 나거나 씁쓸해진다. 반대로 그 관계에서 즐거웠던 일, 재미있었던 순간, 웃겼던 점, 서로에게 진심이었던 시간을 기억할 수 있다면 그 관계가 당신에게 남긴 풍요로움과 성장의 흔적을 느낄 수 있을 것이다.

2. 관계에 대한 당신의 생각과 감정은 타인의 의견보다 더 중요하다. 존경하는 사람의 충고나 성찰은 귀 기울여 들을 만하지만 소문이나 험담은 무시하는 게 낫다. 궁극적으로 어느 관계가 적합한지는 당신 자신이 가장 잘 판단할 수 있다.

3. 비록 그것이 쉽지 않을 때라도 가능한 한 지금 이 순간에 집중하라. 아내와 친구들과 나폴리를 여행하던 어느 날 저녁이었

다. 돌아가면 과학 자문위원회의 나쁜 평가가 있을 것 같은 불길한 예감에 사로잡혔다. 그 생각 때문에 즐겁지 않다고 털어놓자 친구 톰은 현명하게도 "난 항상 지금 있는 곳에서 최선을 다하는 게 제일 좋다고 생각해"라고 말했다. 나폴리만은 보름달 아래 반짝였고 멀리 베수비오산이 빛났으며 시원한 바람이 바다 위로 불어왔다. 나는 톰의 조언을 따랐고 모두 함께 즐거운 저녁을 보낼 수 있었다.

4. 아무것도 영원하지 않다는 사실을 받아들여라. 이 말은 진부하게 들릴 수 있지만 사람들은 종종 인생이 끝나지 않을 것처럼 살아가며 그 속에서 의미를 찾는다. 그러나 인생이 덧없다는 것을 자각하고 매 순간을 마지막인 것처럼 소중히 여기는 것 또한 가치 있는 일이다.

시인과
시에 대하여

───────── 잭 길버트(1925~2012)는 펜실베이니아주 피츠버그에서 태어나고 자랐다. 그는 피바디 고등학교를 졸업한 뒤 방문판매원, 해충 방제사, 철강 노동자로 일했다. 이후 피츠버그 대학에 진학하면서 동급생 제럴드 스턴Gerald Stern과 함께 시에 대한 관심을 키웠다. 그는 1962년 첫 시집『위기의 풍경Views of Jeopardy』을 출간하며 문단의 주목을 받았고 이 책의 성공으로 샌

프란시스코 시단의 주목받는 인물로 떠올랐다. 1963년에는 샌프 란시스코 주립대에서 석사 학위를 받았다. 이후 여러 권의 수상 시집을 발표하며 높은 평가를 받았지만 세상의 관심에서 벗어나 조용히 사색하는 삶을 찾기 위해 유럽으로 건너갔다.

2012년 〈뉴욕타임스〉 부고 기사에 이렇게 적혀 있다. "그는 명성을 거부한 시인으로 유명했다. 작가 회의나 칵테일파티에는 거의 참석하지 않았고 낭독회에 가끔 참여했으며 작품 발표 역시 많지 않았다." 그런데도 2005년 〈파리 리뷰〉는 그를 이렇게 소개했다. "잭 길버트가 드물게 공개 낭독을 할 때면 남녀 관객들이 그에게 다가와 그의 시가 자신의 삶을 바꾸었다고 고백하곤 한다." 그의 시 〈실패와 비행〉을 읽고 나면 그 이유를 알 수 있다.

06

Getting over a Breakup I: Acceptance

이별 극복 1 _ 수용하기

왜 그렇게 창백하고 파리한가, 어리석은 연인이여?

존 서클링

왜 그렇게 창백하고 파리한가, 어리석은 연인이여?
대체, 왜 그렇게 창백한가?
밝은 표정이 그녀의 마음을 움직이지 못하니,
파리하게 보이면 효과가 있겠는가?
대체, 왜 그렇게 창백한가?

왜 그렇게 침울하고 말이 없는가, 젊은 죄인이여?
대체, 왜 그렇게 말이 없는가?
달콤한 말로도 그녀를 얻지 못하니,
아무 말도 하지 않으면 될까?
대체, 왜 그렇게 말이 없는가?

그만두게, 그만둬, 부끄럽지 않은가.
그런다고 그녀의 마음을 움직일 수 없어.

그녀 스스로 사랑하지 않는다면,

어떻게 해도 그녀를 얻을 수 없어.

악마나 그녀를 가지라고 해.

∽

헨리는 내가 여러 해 동안 치료했던 대학원생이었다. 그는 총명하고 사교적이며 유머 감각이 뛰어났다. 친구도 많았다. 그러나 데이트에 대해서는 늘 불안해했다. 우리는 오랫동안 이 문제에 관해 이야기를 나누었다. 이윽고 사랑에 대한 열망이 거절에 대한 두려움을 이겼다.

그가 온라인에서 처음 만난 젊은 여성은 그의 모든 기준에 맞았다. 매력적이고 교양 있으며 예의 바른 사람이었다. 그들은 서로 사진을 교환했다. 다행히 그녀는 그와 데이트하기로 흔쾌히 약속했다. 그 후에도 몇 차례 데이트를 이어 갔으나 그녀는 헨리에게 애매한 신호를 보냈다. 대화에서는 따뜻하고 다정했지만 그가 신체적 접근을 시도하면 시큰둥하게 반응했다. 두 번째 데이트가 끝날 무렵 그가 작별 키스를 하려고 몸을 숙였을 때 그녀는 볼을 돌리고 그의 어깨를 가볍게 두드렸다.

헨리는 낙담하지 않고 더 열심히 그녀의 관심을 얻으려 애썼다. 그녀는 연락을 완전히 끊지는 않았지만 적어도 내 눈에는 그녀에게 연애 감정이 전혀 없어 보였다. 헨리는 점점 의기소침해졌다. 어떻게 하면 관계를 이어 갈 수 있을지 고민에 빠졌고 평소에는 없던 침울한 기색을 보였다. 그는 생기를 잃고 친구들로부터 멀어졌으며 공부에도 집중하기 어려워했다. 그는 그녀의 마음을 얻기 위해 무엇을 더 해야 할지 강박적으로 생각했다. 그때 나는 그에게 존 서클링의 이 시를 읽어 주었다.

다음에 헨리를 만났을 때 그는 서클링의 시를 여러 번 읽어 보았다고 했다. 그는 자신이 좋아하던 여성이 이미 마음을 접었다는 것을 깨달았고 그 사실을 자신이 바꿀 수 없다는 것도 알게 되었다. 우리는 함께 생각했다. 왜 붙잡으려 하는가? 세상에는 그를 기꺼이 만나고 싶어 할 다른 여성들이 얼마든지 있다.

과학과 생물학에 관심이 많던 헨리와 나는 그의 경험을 1950년 대와 1960년대 해리 할로Harry Harlow의 연구와 연결했다. 연구에서 어미로부터 분리된 아기 원숭이들은 '항의'와 '절망'의 시기를 거쳐 새로운 대상에 '재애착'하는 단계로 나아간다. 헨리는 미소를 지으면서 자신이 여자 친구와의 관계에서 상실의 첫 두 단계를 어느 정도 겪었다고 말했다. 항의 단계에서는 그녀를 되찾기 위해 노력을 두 배로 했고, 그다음에는 침체와 절망에 빠졌다. 이제는 다른 누군가에게 마음을 돌릴 시간이다.

시에서 서클링은 사랑을 거절당한 젊은이에게 이성적인 조언을 건넨다. 그리고 묻는다. "왜 그렇게 창백하고 병든 듯 돌아다니는가?" 건강할 때도 그녀의 마음을 얻지 못했는데 몸이 아프다고 해서 더 나은 결과를 기대할 수 있을까? 시인은 말로도 그녀를 얻지 못했는데 왜 침묵이 성공할 것이라고 보느냐고 말한다. 마지막 연에서는 젊은이에게 이런 행동을 멈추라고 단호하게 충고하며 깊은 통찰을 덧붙인다. "그녀 스스로 사랑하지 않는다면, / 어떻게 해도 그녀를 얻을 수 없어."

이것은 연인이 되고자 하는 사람이라면 누구나 귀 기울여야 할 현명한 말이다. 사람들은 관계가 끝났다는 사실을 받아들이지 못하는 연인들의 이야기를 늘 접한다. 그중 어떤 사람은 이미 끝난 관계라는 것을 알면서도 이루어질 수 없는 사랑에 몇 달 혹은 몇 년 동안 매달리며 희망을 놓지 못한다. 어떤 경우에는 거절당한 데 대한 분노를 이기지 못해 스토킹까지 저지른다. 그런 집착은 비극을 초래하기도 한다.

이 시에서 특히 마음에 드는 점은 연륜이 있어 보이는 누군가가 젊은이의 고통을 세심히 지켜보고 그에게 유익한 조언을 해준다는 점이다. 헨리의 경우, 진짜 사랑을 만났고 행복한 결혼을 했다.

시가 건네는
마음 처방전

—————— *1. 현실을 받아들여라.* 역경을 극복하기 위한 효과적인 첫 번째 단계이지만 상황을 받아들이기 전에 먼저 현실을 제대로 평가하자.

2. 사실을 정확하게 인식하라. 작품 속 젊은이의 행동은 이미 관계가 끝났다는 것을 이해하지 못했거나 젊은 여성의 관심을 끌

려는 노력이 실패할 운명이라는 것을 깨닫지 못했다는 것을 보여준다. 젊은이는 현실을 직면해야 한다. 시의 멘토는 이를 이야기하며 투덜거리는 것이 매력적이지 않다는 점을 지적한다. 창백하고 병들어 보이며 무기력해 보인다고 해서 상황은 나아지지 않는다고 말이다.

또 시인은 사랑의 중요한 측면을 설명한다. 관계가 성공하려면 사랑은 자연스럽게 주고받아야 한다는 것이다. 멘토가 여기서 하는 일은 일종의 인지 행동 치료CBT로 젊은이가 자기 생각을 현실과 맞추도록 도와주는 인지적 과정이다.

3. 나아가는 것은 때로 어렵지만 꼭 필요하다. 이제 CBT의 행동적 단계가 온다. 앞으로 나아가라. 시인은 "그만두게, 그만둬, 부끄럽지 않은가"라며 핵심 메시지를 반복한다. 케니 로저스가 〈도박사The Gambler〉에서 노래했듯이 "잡을 때와 접을 때를 알아야 한다". 우연이겠지만 서클링은 유명한 카드 플레이어이기도 했다.

4. 상대가 당신에게 관심이 없다는 신호를 알아차려라. 피오나는 서클링의 조언을 현대 여성에게 매우 실용적이고 매력적으로 보이도록 새롭게 해석했다. 피오나는 30대 중반의 텔레비전 프로듀서로 직장에서는 매우 성공했지만 연애에서는 그만큼의 성과를 거두지 못했다. 그녀는 관계가 정체된 것처럼 느꼈지만 언제 그만두어야 할지 판단하는 데 어려움을 겪고 있었다.

피오나는 내게 그렉 베렌트의 책 『그는 당신에게 관심이 없다』

를 소개했다. 핵심은 이렇다. 남자들은 실제로 관심이 없을 때 그 사실을 솔직히 인정하고 말하기 어려워한다는 것이다. 대신 그들은 전화를 하지 않거나 만날 수 없는 이유에 대해 다양한 핑계와 변명을 늘어놓는다. 그래서 지적인 여성이라도 관계를 계속 이어갈 수 있다는 희망 때문에 황당한 변명을 곧이곧대로 믿고 매달린다. 그 결과 쓸데없는 상처를 받고 소중한 시간을 허비하며 자신의 삶을 이어 나가지 못한다.

시인과
시에 대하여

———————— 셰익스피어와 동시대 인물인 존 서클링은 키가 크고 잘생겼으며 매우 지적인 인물이었다. 그는 짧지만 다채로운 삶 속에 놀라운 업적을 남겼다. 18세에 아버지의 유산을 물려받은 그는 케임브리지 대학에서 공부했고, 극작가 벤 존슨 Ben Jonson 과 시인 리처드 러브레이스 Richard Lovelace 등 당대 지식인들과 교류했다. 카드놀이를 좋아했으며 크리비지 게임을 고안하고 이 게임으로 영국 귀족들과 함께 어울리며 큰 부를 축적했다. 그는 찰스 1세의 스코틀랜드 원정에도 도움을 주었다. 이렇게 바쁜 삶 속에서도 시를 쓸 시간이 있었다는 점이 놀랍다. 서클링은 32세 무렵 세상을 떠났다.

07

Getting over a Breakup II: Reclaiming Yourself

이별 극복 2 _ 자신 되찾기

사랑 이후의 사랑

데릭 월컷

그때가 오리라.
네 문 앞에 도착해
네 거울 속의 너를
큰 기쁨으로 반길 때가,
둘이 서로의 환영에 미소 지으며,

이렇게 말하리라, 여기 앉아라. 먹어라.
넌 한때 낯설었던 너 자신을 다시 사랑하게 되리라.
포도주를 따르라. 빵을 주어라. 네 마음을
자신에게 돌려주어라, 평생 너를 사랑해 왔으나

네가 다른 이에게 마음을 빼앗기느라 외면했던
너를 가슴 깊이 알고 있는 그 낯선 이에게.
책장 위의 연애편지를 내려놓고,

사진들을, 절박한 메모들을 걷어내라.

거울 속에서 너의 이미지를 벗겨내라.

앉아라. 네 삶을 잔치처럼 누려라.

❧

월컷의 시 〈사랑 이후의 사랑〉은 이별 후 어떻게 회복할 것인가를 일러준다. 앞의 두 시에서도 그랬듯이 대부분의 성인은 이별을 경험한 적이 있을 것이다. 어떤 이별도 똑같지는 않지만 그 감정에는 중요한 공통점이 있다. 슬픔, 외로움, 분노, 황량함, 복수심, 낙담, 비관. 당신에게 가장 잘 맞는 형용사를 골라 보고 마음속에 더 떠오르는 단어가 있다면 추가해도 좋다.

〈사랑 이후의 사랑〉은 이러한 감정을 해소하는 해독제와 같다. 여러 번 읽으며 정말 그런지 느껴 보라. 시는 거울 속 자신의 모습을 보는 이미지로 시작하고 그 장면으로 끝을 맺는다. 사람들은 여러 이유로 거울을 본다. 외모를 다듬기 위해 넥타이나 모자가 반듯한지, 화장이 번지지는 않았는지, 면도 자국은 말끔한지 확인하려고 본다. 혹은 자기 점검을 위해 여드름이 났는지, 피부가 건조한지, 주름이나 턱선은 어떤지 살핀다. 하지만 월컷이 말하는 거울은 그런 의미가 아니다. 그는 거울을 자기 확신의 도구이자 자신과의 관계를 상징하는 매개체로 사용하고 있다.

이별의 후유증을 마주하는 방식은 다양하다. 바쁘게 시간을 채우거나 누군가를 급히 찾거나 방에 틀어박혀 슬퍼하거나 과식하거나 과음하게 된다. 월컷은 이 가운데서도 건강한 대응의 핵심은 자신과의 관계를 새롭게 하는 것이라고 말한다. 거울은 바로 그 일을 가능하게 하는 수단이자 은유다.

이별 초기 단계에서는 불행을 느끼기 쉽다. 이때 월컷의 시가 치유에 도움을 준다. 첫 연부터 이렇게 시작한다.

그때가 오리라.
네 문 앞에 도착해
네 거울 속의 너를
큰 기쁨으로 반길 때가,
둘이 서로의 환영에 미소 지으며,

이별의 상황에서 기쁨을 생각하다니 참 이상하게 느껴지지만 월컷의 확신에 찬 언어는 그 가능성을 보여준다. 언젠가는 기쁨이 찾아올 것이다. 지금 느끼는 고통이 영원히 계속되는 감정은 아니다.

시인은 자신의 정체성을 되찾는 것에 중점을 두는 부분에서 너의your라는 단어를 반복해서 강조한다. 너 자신your self, 너의 문your own door, 너의 거울your own mirror. 이런 간단한 단어로 시인은 중요한 점을 말하고 있다. 이별 후에는 쉽게 자신감이나 자존감을 잃을 수 있다는 점이다. 시인은 사람들에게 자신을, 자신에게 속한 것을 되찾으라고 조언한다. 그리고 독자에게 말하는 것처럼 보이지만 시인 스스로에게 그렇게 말하는 듯하다.

거울 효과는 인간과 다른 포유류 모두의 의사소통에서 매우 중요한 요소다. 대화 중에 미소를 지으면 상대방도 미소 지을 가능성이 크다. 찡그리는 경우도 마찬가지다. 팔짱을 끼면 마주 앉은 사람도 어느새 같은 자세를 취한다. 이런 행동을 매개하는 것은 뇌의 전전두엽에 있는 거울 신경세포라는 특별한 세포다.

시인은 독자에게 거울을 들여다보라고 말하며 "서로의 환영에 미소 지을 것"이라고 덧붙인다. 여기서 자신과의 관계에서 회복이라는 주제를 엿볼 수 있다. 그 회복은 환영하는 미소에서 시작된다. 사람들은 미소가 전염된다는 것을 알고 있으며 미소를 짓는 순간 실제로 기분이 나아진다는 것도 알고 있다. 미소 지을 이유가 있든 없든 마찬가지다. 거울 속의 자신에게 미소를 지으면 반사된 모습도 당신에게 미소를 지을 것이며 거울 신경세포 덕분에 미소가 주는 기분 상승효과가 커질 수 있다.

심리 치료사들은 오래전부터 자신과의 관계를 매우 중요하게 생각했다. 그럴 만한 이유가 있다. "자신을 사랑하지 못하면 타인을 사랑할 수도 없다"는 말이 진부하게 들릴지 몰라도 그것은 중요한 진리다. 시인은 이별 후에 다시 사랑을 배우는 과정에서 자신과 화해하고 친해지는 것이 좋다고 말한다. 그는 "여기 앉아라. 먹어라. … 포도주를 따르라. 빵을 주어라" 같은 포근한 어조로 독자를 이끈다. 자신에게 어떻게 이야기하느냐는 스스로의 감정에 중요한 영향을 미친다.

이어서 월컷은 한층 흥미로운 제안을 던진다. "네 마음을 자신에게 돌려주어라." 여기서 그는 이전 연인이 당신을 거부했던 것처럼 어떤 식으로든 당신 또한 자신의 핵심을 거부해 왔음을 암시한다. 이상하게도 당신은 자신이 사랑받을 자격이 없다고 결론짓는 과정에서 그 사람의 편을 든 셈이다. 자신의 마음을 던져 버린 것이다. 시인은 그 마음을 되찾으라고 조언하며 그 마음을 다시 찾을 힘은 이미 당신 안에 있다고 강조한다.

월컷은 또 거부당한 당신이 자신에게도 낯선 존재가 되었다고 말한다. 사랑에 빠지면 때때로 당신은 감정의 소용돌이에 휩쓸려 자신을 잃어버리곤 한다. 그는 당신이 평생 자신을 사랑해 왔음에도 불구하고 사랑에 빠지면 그 사실을 잊기 쉽다는 것을 일깨운다. 당신은 자기 정체성을 확인하기 위해 연인에게 의존하고 상대방의 필요와 욕망에 함몰될 수 있다. 시인은 그 오래된 자기 사랑을 되찾으라고 권한다.

시인은 조언을 이어 간다. 과거 연인과 즐거웠던 시간의 사진이나 관계를 회복하기 위해 쓴 절박한 메모와 같이 불행하게 만드는 기억을 제거하라고 말이다. 일부 사람들이 잃어버린 관계의 자잘한 것에 집착하며 스스로를 괴롭히는 모습을 본 적 있을 것이다.

월컷은 시의 첫머리에서 거울을 들여다보던 당신의 모습에서 자신을 되찾는 생생한 이미지를, 그 거울 속 이미지를 자신에게 돌려주라고 권한다. 이것은 그가 권하는 자기 회복의 물리적 이미지다. 마지막 구절은 강력하며 확신과 포용을 담고 있다. "앉아라. 네 삶을 잔치처럼 누려라."

시가 건네는
마음 처방전

──────── **1. *이별 후에는 자신에게 다정하라.*** 이 시기에는 슬픔, 상실감, 분노, 자기 비난, 비관, 절망 등 많은 부정적인 감정을 느낄 수 있지만 그런 감정은 영원히 계속되지 않는다. 오히려 시간이 흐른 뒤에는 기쁨을 느낄 수도 있다는 것을 인식하자.

2. *거울을 보며 자신에게 미소를 지어라.* 말 그대로 스스로에게 미소를 지으면 도움이 된다. 사람들은 행복할 때 웃지만 웃는 행위 자체가 행복을 만들어낸다는 과학적 증거도 많다. 반대로 찡그리면 불행해질 수 있다.

3. *자신과 대화할 때 다정하고 존중하는 언어를 써라.* "내가 정말 바보 같았어!" "어떻게 그렇게 어리석은 일을 할 수 있었지!"와 같은 말이 나오거나 실수를 했을 때, 그것을 감싸안을 더 부드럽고 사려 깊은 언어가 얼마든지 있다는 것을 기억하라. 자신에게 어떻게 말하는가가 당신의 감정에 큰 영향을 미친다.

4. *사랑할 때도 너 자신을 잃지 말라.* 처음에는 서로의 정체성이 합쳐지는 것이 황홀할 수 있지만 현실을 잊으면 큰 대가를 치를 수도 있다. 사랑에 빠져 있을 때도 자신의 정체성을 유지하라. 시인 칼릴 지브란은 『예언자』에서 연인에게 이렇게 말한다.

"서로의 잔을 채워 주되, 같은 잔으로 마시지 마라. 서로에게 빵을 주되, 같은 빵을 먹지 마라. 함께 노래하고 춤추며 기쁨을 나누되, 각자 홀로 있는 시간을 가져라. 마치 현악기의 줄들이 하나의 음악을 울리지만 줄은 서로 따로이듯이."

5. 자기 사랑을 이기심과 혼동하지 말라. 이것은 요즘 사람들이 흔히 저지르는 실수다. 자기애self-love란 자신 외에 아무도 돌보지 않는다는 의미가 아니다. 이는 사회 구성원으로서 일관되게 자신을 돌보는 것을 뜻한다. 유대인 현자 랍비 힐렐Rabbi Hillel은 이렇게 말했다. "내가 나를 위해 존재하지 않는다면 누가 나를 위해 존재할 것인가? 내가 다른 사람을 위해 존재하지 않는다면 나는 무엇인가? 지금이 아니면 언제인가?"

이는 현대 심리 치료사가 말하는 건강한 자기애자기 자신을 위한 존재와 병리적 자기애자기 자신만을 위한 존재를 구분해준다. 전자는 적절한 자기 돌봄을 의미한다. 이를 월컷은 거절당한 연인을 위해 권장하고 있다. 후자의 사례는 어디에서나 찾아볼 수 있다.

월컷이 이러한 메시지를 전달하기 위해 사용한 시적 기법도 주목할 만하다. 간결하고 명료한 단어, 따뜻하고 친근한 어조, 거울 이미지의 지속적 사용, 절제된 연 구성, 문장이나 단락 끝에서 문장을 완성하지 않고 다음으로 이어지도록 함으로써 시의 흐름에 미묘하게 영향을 주는 앙장브망Enjambment, 시에서 첫 줄을 문장부호 없이 끝맺지 않은 채 다른 줄로 넘어가는 것 방식 등이 그것이다.

시인과
시에 대하여

───────── 데릭 월컷(1930~2017)은 카리브해 출신으로
노벨 문학상을 받은 네 명 중 한 명이다. 노벨상 위원회는 그를
"역사적 통찰에 의한 찬연한 시적 작품 세계, 다문화적 헌신의
산물"로 높이 평가했다. 이후 많은 다른 상과 명예가 이어졌다.
다작 작가였던 그는 23권의 시집과 25편의 희곡을 집필했다.

월컷은 여동생과 쌍둥이 형제와 함께 시 낭송을 좋아하는 교
사 어머니 밑에서 자랐다. 원래 화가로 출발했지만 그는 시에서
자신의 길을 찾았다. 14세에 첫 시를 발표했으며 1962년 32세 때
시집 『초록빛 밤에In a Green Night』를 출간하면서 본격적인 명성을
얻었다. 이 작품으로 그는 여러 저명 시인들의 지지를 받았고 미
국 주요 대학에서 교수직을 맡으며 문단에 자리 잡았다. 그의 서
사시 『오메로스Omeros』(1990)는 〈뉴욕타임스〉의 도서 리뷰에서
그해 최고의 책으로 선정되었다.

월컷은 인생을 뜨겁게, 깊이 살았던 사람이다. 세 번의 결혼과
이혼을 겪은 그는 누구보다 이별과 회복, 다시 일어서는 일의 어
려움을 잘 이해한 듯하다. 아마도 많은 예술가처럼 그는 자신의
체험을 시적 언어로 승화시켰고 사람들은 그의 시에서 큰 위로
와 울림을 얻는다.

08

Declaring Your Love

사랑을 고백하기

소네트 18 : 그대를 여름날에 비하랴?

윌리엄 셰익스피어

그대를 여름날에 비하랴?

그대가 더 사랑스럽고 더 온화하지.

거친 바람이 5월의 꽃망울을 흔들고

여름에 주어진 기간은 너무도 짧네.

때로 하늘의 눈이 너무 뜨겁게 빛나고,

자주 그 황금빛 안색이 흐려지기도 하네.

모든 아름다움은 때가 되면 빛을 잃느니

우연이든, 자연의 변화무쌍한 섭리 때문이든.

하지만 그대의 영원한 여름은 시들지 않으리.

그대의 아름다움 또한 잃지 않으리.

죽음도 그 그늘에서 그대가 헤맨다고 말 못하리.

그대는 영원한 시 속에서 세월과 함께 자라나니.

인간이 숨을 쉬고 볼 수 있는 눈이 있는 한,

이 시는 오래 살아 그대에게 생명을 주리라.

셰익스피어의 소네트 1번부터 17번까지는 일종의 사랑 이야기의 서막을 이루며 본격적인 사랑 고백은 바로 이 18번 소네트에서 시작된다. 이 시는 솔직한 사랑의 고백을 담고 있다. 사랑을 시작하려는 이들의 질문에 대한 답이기도 하다. 처음으로 사랑을 고백하려면 어떻게 해야 할까?

나는 이 유명한 소네트를 아주 특별한 방식으로 처음 만났다. 무슨 일이었는지 기억나지는 않지만 고등학교 시절 어떤 규칙을 어겼는데 역사 선생님이 벌로 나에게 〈소네트 18〉을 외우게 했다. 그때까지 나는 셰익스피어의 소네트를 읽어 본 적이 없었고 그에 대해 아는 것도 전혀 없었다.

시를 처음 읽었을 때 그 신선함은 충격적이었다. 마치 처음으로 아이스크림을 맛본 것과 같았다. 단어와 문구는 보석처럼 빛났다. 그때도 그랬고 지금도 그렇다. 사랑하는 이를 여름날에 비유한다는 발상 자체가 얼마나 놀라운가. 대부분은 이 비교에 기분이 좋아질 것이다. 그러나 셰익스피어는 한 걸음 더 나아가 이렇게 쓴다. "그대가 더 사랑스럽고 더 온화하지."

여기서 온화한temperate이라는 단어는 흔히 좋은 날씨를 묘사할 때 쓰이지만 동시에 극단에 치우치지 않는 성품을 의미하기도 한다. 미래의 연인에게 기대하는 참으로 중요한 특성이다. 셰익스피어가 얼마나 능숙하게, 여름이 사랑하는 이의 매력에 미치지 못하는 이유를 다양한 방식으로 압축해 표현하는지를 보라.

나는 여름이 신체적으로나 정신적으로 취약한 사람들에게 미치는 영향을 연구한 적이 있다. 그 경험에 비추어 보면 많은 사람이 더위로 어려움을 겪고 이로 인해 우울해지고 신경이 예민해지면서 심리 상태가 불안정해진다. 이들은 틀림없이 "때로 하늘의 눈이 너무 뜨겁게 빛나고"라는 구절에 공감할 것이다. 반면 어떤 이들은 계절에 맞지 않게 흐린 여름날에 고통을 겪는다. 하루나 이틀만 날씨가 나빠도 우울감에 빠지기 쉽다. 이들에게는 "자주 그 황금빛 안색이 흐려지기도 하네"라는 구절이 깊이 와닿을 것이다. 또 다른 많은 사람이 공감하는 문제는 여름이 너무 빨리 끝나버린다는 것이다. 여름을 사용할 수 있는 임차 기간이 너무나 짧다.

　　시의 3분의 2쯤 지나가면 이른바 볼타, 즉 전환점이 등장한다. 이 부분에서 시인은 뜻밖의 약속을 내놓는다. 자연의 모든 것이 그러하듯 여름의 아름다움도 때가 되면 사라지겠지만 사랑하는 이만큼은 그 법칙의 예외가 되리라는 것이다.

　　하지만 그대의 영원한 여름은 시들지 않으리.
　　그대의 아름다움 또한 잃지 않으리.
　　죽음도 그 그늘에서 그대가 헤맨다고 말 못하리.
　　그대는 영원한 시 속에서 세월과 함께 자라나니.

　　이어서 셰익스피어가 아니라면 과장된 허풍처럼 들릴지도 모를 자부심을 표명한다.

인간이 숨을 쉬고 볼 수 있는 눈이 있는 한,

이 시는 오래 살아 그대에게 생명을 주리라.

400여 년이 지난 오늘 셰익스피어의 말은 그대로 증명되었다. 그의 언어는 여전히 살아 있다.

이제 시간을 훌쩍 뛰어넘어 현대로 돌아와 보자. 누군가에게 은밀한 호감을 가지고 있으면서도 다음 단계로 어떻게 나아가야 할지 몰라 망설이고 있는 상황을 상상해 보라. 그(녀)는 당신의 동급생일 수도 있고 직장 동료일 수도 있다. 상황은 어디서든 발생할 수 있다. 마음을 드러내고 싶지 않을 수도 있다. 어떻게 첫 걸음을 내디뎌야 할까?

게리 채프먼이 말한 5가지 사랑의 언어를 떠올려 보라. 그중 자신에게 맞는 언어를 고르면 된다. 예를 들어 선물을 주거나 도움을 준다. 하지만 기억하라. 때로는 말 한마디가 기적을 일으키기도 한다.

시가 건네는
마음 처방전

———————— **1. 대담해지라.** 사람들은 사랑의 감정을 처음 느끼기 시작할 때 그 감정을 행동으로 옮겨야 할지, 언제 어떻게 표현해야 할지 망설인다. 작가 아나이스 닌Anaïs Nin은 이러한 머뭇거림과 망설임의 순간을 다음의 유명한 문장으로 표현했다.

"그리고 어느 날, 봉오리 속에 머무는 위험이 피어나는 위험보다 더 고통스러워지는 날이 왔다." 그녀는 또 이렇게 말했다. "인생은 용기에 따라 줄어들거나 늘어난다." 그러므로 당신이 느끼는 사랑이 그만큼의 가치를 지닌 것이라 믿는다면 한 걸음 용기 있게 나아가 보라. 결과가 거절일 수도 있음을 미리 받아들이면서. 만약 거절당하더라도 당신은 용기를 냈고 사랑했으며 그것을 표현하기로 선택했다는 사실에 위로를 받으라. 그리고 눈을 뜨고 새로운 가능성을 계속 찾아보라.

2. **말로 표현하라.** 마음에 둔 사람에게 관심을 표현하는 것은 얼마나 어려운가. 얼마 전 참석했던 약혼식이 떠오른다. 그곳에는 활기찬 친구들과 가족들이 함께 있었다. 그런데 갑자기 조용해졌다. 두 사람이 처음 사랑을 고백하게 된 이야기를 들려주기 시작했기 때문이다.

그들은 그룹 활동을 함께 했는데 한 사람이 더 친밀한 시간을 보내지 못한 것을 아쉬워하며 조심스럽게 물었다. "우리 둘이서만 시간을 보낼 수 있을까?" 그러자 상대가 되물었다. "나한테 데이트 신청하는 거야?" "아마도."

말 한마디로 시작된 작은 용기가 몇 달이 지나 사랑과 헌신, 미래 설계로 이어졌고 둘은 지금 가족과 친구들의 축하를 받고 있다. 어쩌면 그들은 수 세기 전의 셰익스피어와 같은 딜레마 속에 있었는지도 모른다. 서로에게 다가가고 싶지만 언제 어떻게 표현할지를 망설이는 마음. 사람마다 자신에게 맞는 방식을 택해야 한다. 하지만 만약 당신과 마음에 둔 상대가 모두 글을 즐긴다면 〈소네트 18〉을 떠올려 보라. 용기를 내어 당신의 마음을 언어로 전달하라.

셰익스피어식 소네트

* 모든 소네트처럼 14행으로 구성된다.
* 4행씩 3개의 연으로 이루어져 있다.
* 대략 3분의 2 지점에서 전환점이 나타난다.
* 선물에 리본을 묶듯 마지막에 운율 맞는 두 행을 배치한다.
* 운율은 역시 약강오보격이다.
* 운율 배열은 ABAB CDCD EFEF GG.

페트라르카식 소네트에 비해 이 형식은 구조상 약간의 차이를 가지고 있다. 셰익스피어가 특히 잘 다루었던 시의 정수를 마지막 두 행에서 응축하는 힘, 즉 운율이 맞는 종결 연에서 그 진가를 발휘한다. 밀레이가 〈나를 불쌍히 여기지 마세요〉에서 이 기법을 탁월하게 활용했다.

시인과
시에 대하여

———————— 윌리엄 셰익스피어(1564~1616)는 영국 스트
랫퍼드어폰에이번에서 태어났다. 그는 존 셰익스피어와 메리 셰
익스피어 사이의 8남매 중 셋째였다. 아버지는 장갑 제작자였으
며 생애 후반 어려움을 겪기 전까지 마을에서 중요한 직책을 맡
고 있었다. 어머니는 명문 아든 가문의 한 지파 출신이었다. 윌리
엄의 두 형은 유년기에 세상을 떠나 그가 실질적인 장남이 되었
다. 8남매 중 결혼한 사람은 셰익스피어뿐이었다.

　셰익스피어는 지역의 우수한 문법학교에 다닌 것으로 추정되
지만 15세 이후에는 정규교육을 받지 못한 것으로 보인다. 18세
에 그는 26세의 앤 해서웨이와 결혼했다. 그녀는 이미 첫아이를
임신한 상태였다. 결혼 후 6개월 만에 딸 수재나가 태어났다. 이
후 앤은 쌍둥이 남매 햄넷과 주디스를 낳았다.

　1585년 쌍둥이가 태어난 해부터 1592년, 셰익스피어가 28세
되던 해에 이르는 7년간 그의 행적을 보여주는 기록이 전혀 남아
있지 않다. 이 시기는 흔히 '잃어버린 해'로 불린다.

　1592년 무렵 셰익스피어는 런던에서 배우이자 극작가로 생계
를 꾸리고 있었으며 이미 여러 작품이 무대에 올랐던 것으로 추
정된다. 1597년까지 그는 37편의 희곡 중 15편을 출판했고 가
족을 위해 스트랫퍼드에서 두 번째로 큰 집인 '뉴 하우스'를 구
입했다. 당시 스트랫퍼드에서 런던까지의 여정은 말을 타고 4일
이 걸렸다. 그는 극장이 문을 닫는 40일의 사순절 기간에만 집

에 다녀갔던 것으로 보인다. 셰익스피어와 그의 동업자들은 성공을 거두어 자신들의 극장인 글로브 극장The Globe을 세웠고, 이후 제임스 1세 치세에 들어서면서 왕의 극단The King's Men 으로 불렸다. 생전의 셰익스피어도 극예술 분야에서 존경을 받았지만 그의 천재성이 진정으로 인정받기 시작한 것은 19세기에 이르러서였다.

셰익스피어의
소네트

———— 　　　1593~1594년, 런던의 극장은 흑사병 때문에 종종 문을 닫아야 했다. 셰익스피어의 소네트는 아마도 그 시기에 쓰인 것으로 보인다. 그의 소네트에 관해 가장 오래된 기록은 "셰익스피어의 달콤한 소네트가 그의 친구들 사이에 돌고 있다"는 언급으로 남아 있다. 소네트의 완전한 판본인 쿼토 판Quarto edition은 1609년 토머스 소프Thomas Thorpe에 의해 출판되었다. 소프는 윤리적이지 못한 출판 행태로 악명이 높았기 때문에 일부에서는 셰익스피어의 허락 없이 출판했을 가능성도 제기되었다. 이 소네트집은 Mr. W. H.에게 헌정되었으며 내용상 2개의 연작으로 나뉜다. 첫 번째 연작(1~126번)은 흔히 '아름다운 청년fair youth'으로 불리는 한 남성에게 바쳤고, 그다음 28편은 '어두운 여인the dark lady'으로 불리는 한 여성에게 쓴 것이었다. 이 책에 실린 3편의 소네트는 모두 첫 번째 연작에 속한다.

셰익스피어의 소네트는 각각 독립된 시로도 완결성을 지니기에 일부 학자들은 이것을 서사적 연작이 아니라 단순한 모음집으로 보기도 한다. 그러나 나는 셰익스피어 연구자 데이비드 웨스트David West의 견해에 동의한다. 그는 전혀 다른 관점을 제시했다.

> 소네트 18번에서 126번까지는 화자가 젊은 남성에게 품은 사랑의 과정을 그리고 있다. … 그러나 소네트 127번에서 152번까지 넘어가면 화자의 연인은 검은 여인black lady으로 바뀐다. 하지만 곧 드러나듯 이 관계는 사랑이 아니라 육욕에 기반한 것이며 결국 혐오로 끝난다. 이것이 이 연작의 흐름이다. 따라서 셰익스피어의 소네트는 세 명의 주요 인물이 등장하는 하나의 극으로 볼 수 있다. 그중 말을 하는 이는 단 한 사람, 화자뿐이다. 첫 17편의 시, 즉 자손번식을 권유하는 소네트는 드라마의 서막에 해당한다. … 소네트들은 하나의 이야기 구조를 이루고 있으므로 각 시를 인접한 시의 맥락 속에서 읽어야만 비로소 그 의미가 온전히 드러난다.

한 가지 흥미로운 질문은 그의 소네트가 자서전적인가 하는 것이다. 찬성과 반대의 주장이 문학사 전체에 걸쳐 풍부하게 존재한다. 윌리엄 워즈워스는 셰익스피어의 소네트에 대해 "셰익스피어는 이 열쇠로 자신의 마음을 열었다"라고 썼다. 만약 이것이 사실이라면 셰익스피어가 시를 생전에 출판하지 않았거나 혹은 출판을 미룬 이유를 설명할 수 있다. 실제 집행은 거의 이루어지지 않았지만 당시 동성애가 사형에 해당하는 중죄였다는 점을 고려하면 그가 신중할 수밖에 없었다는 점을 이해할 수 있다.

데이비드 웨스트는 〈소네트 18〉을 문맥 속에서 살피며 이렇게 설명한다. "처음 17편의 소네트는 젊은 남성에게 결혼하고 자식을 낳도록 설득하기 위해 서로 다른 17가지 논변을 사용하고 있다. 이는 그의 아름다움을 후세에 보존하기 위함이다." 셰익스피어가 소네트를 누군가의 의뢰로 썼을 가능성, 어쩌면 그 젊은이의 아버지에게서 요청받았다는 이론도 있다.

시인은 첫 17편에서 그 젊은이에 대한 자신의 감정을 신중히 표현하지만 18편에서는 마침내 진심을 드러내기로 한다. 이 시를 비롯해 함께 실린 〈소네트 29〉와 〈소네트 116〉에서도 그가 사랑의 서신을 주고받는 동시에 보편적이고 영원한 시를 창조했다는 것을 알 수 있다.

소네트의 헌정 대상인 Mr. W. H.의 정체에 관해서는 지금까지도 셀 수 없을 만큼 많은 추측과 후보가 있다. 그러나 꿈이 그 내용보다 꿈꾼 사람을 더 잘 드러내듯이 이 사랑의 시 또한 그 대상보다는 시인 자신에 대해 더 많은 것을 드러낼 수 있다. 그의 소네트는 어쩌면 사랑에 빠진 셰익스피어의 진솔한 기록일지도 모른다.

09

Consoled by Love

사랑에 위로받다

소네트 29 : 운명에 미움받고 사람들 눈 밖에 나

윌리엄 셰익스피어

운명에 미움받고 사람들 눈 밖에 나

홀로 버려진 내 신세를 한탄할 때 있네.

무익한 외침으로 귀머거리 하늘을 괴롭히며

나를 바라보며 운명을 저주할 때 있네.

그때 난 꿈꾸네. 희망이 많은 사람이기를

누구처럼 멋진 외모에 많은 벗을 갖기를

이 사람의 재능과 저 사람의 자유를 갈망하며

내 가장 즐기던 것조차 만족할 줄 모르면서.

이런 생각들로 나를 거의 경멸할 뻔하다가도

문득 그대를 떠올리면 내 마음은 마치

동틀 무렵 적막한 대지에서 날아오른 종달새가

천상의 문 앞에서 찬송가를 부르는 듯하네.

그대 달콤한 사랑 떠올리면 난 부자가 되어

내 처지를 왕들과 바꾼대도 거절할 것이네.

시의 서두에서 시인은 거의 절망적인 상태로 등장한다. 운이 없고 사람들의 눈총을 받으며 비참한 생각으로 혼자라고 느낀다. 하늘에 대고 울부짖어도 응답받지 못하고 자신을 바라보며 운명을 저주한다.

임상적으로 볼 때 이는 우울증의 전형적인 모습과 닮았다. 소네트의 처음 몇 줄을 읽으면서 셰익스피어가 이를 쓸 때 우울한 상태였을지도 모른다는 생각이 들었고 더 깊이 조사해 보고 싶은 동기가 생겼다. 시리즈의 이전 소네트는 시인이 잠을 잘 이루지 못해 낮 동안 지쳐 있었다는 것을 암시하고 〈소네트 28〉의 첫 줄에는 이런 묘사가 있다.

> 그럼 나는 어떻게 기쁘게 돌아올 수 있는가
> 휴식의 혜택을 금지당한 내가
> 낮의 억압이 밤에도 풀리지 않은데다
> 그 낮은 밤에, 또 밤은 낮에 억압받고.

그는 다음같이 불쌍한 이야기로 소네트를 마친다.

> 하지만 낮은 매일 내 슬픔을 더 늘리고
> 밤은 밤마다 슬픔의 길이를 더 늘리는구나.

이 구절에서 셰익스피어가 낮과 밤 모두 우울증으로 고통받는 모습을 떠올릴 수 있다. 낮은 답답하고 밤은 휴식이나 안도감을 제공하지 않는다. 수면 장애는 전형적인 우울증 증상이다. 우울한 사람은 잠들기 어렵거나 잠을 유지하기 어렵거나 아침에 너무 일찍 깰 수 있다. 잠을 자도 충분하지 않거나 개운하지 않다. 어떤 사람들은 우울할 때 반대 유형의 수면 증상, 즉 지나치게 많은 잠을 자기도 한다. 하지만 여기서는 그런 경우가 아니다.

소네트 27에서는 여행, 일 혹은 둘 다로 인해 시인이 스트레스 받는 것으로 보인다. 그의 마음은 사랑하는 사람 생각으로 향하고 이는 그의 기분을 북돋는다. 그는 젊은 남자와의 접촉이 끊어진 것(또 다른 스트레스일까?)을 암시하며 감정적 위안을 위해 기억에 의존하고 있다.

다시 29번째 소네트로 돌아가 보자. 처음 4행이 시인의 고통스러운 우울감을 드러내듯 다음 4행은 또 다른 고통을 토로한다.

그때 난 꿈꾸네. 희망이 많은 사람이기를
누구처럼 멋진 외모에 많은 벗을 갖기를
이 사람의 재능과 저 사람의 자유를 갈망하며
내 가장 즐기던 것조차 만족할 줄 모르면서.

자책하는 두 번의 4행 시 다음에 전환이 일어날 때 독자에게는 얼마나 큰 안도가 되는지! 시인도 분명 그랬을 것이다. 그 순간을 정말 기다릴 만한 가치가 있었다.

이런 생각들로 나를 거의 경멸할 뻔하다가도

문득 그대를 떠올리면 내 마음은 마치

동틀 무렵 적막한 대지에서 날아오른 종달새가

천상의 문 앞에서 찬송가를 부르는 듯하네.

첫 번째 행은 처음 두 연의 황량한 분위기가 누그러지고 있음을 보여준다. "거의 경멸할 뻔하다가도"라는 표현은 이전보다 덜 자기 비하적이다. 곧 분위기의 전환과 그 이유가 이어진다. 문득haply은 우연히, 뜻밖에라는 뜻이지만 동시에 행복하게happily를 연상시키기도 한다. 절망에 빠진 마음은 위안을 찾아 헤매기 마련이며 이 경우 사랑하는 이를 떠올리는 것이 위안을 준다. 셰익스피어는 소네트 초반부에서의 음울한 감정과 그 뒤에 이어지는 황홀한 이미지 사이의 대비를 통해 이러한 정서의 전환을 극적으로 드러낸다.

시가 건네는
마음 처방전

————————— *1.* **우울증을 인식하라.** 자신이든 아끼는 누군가든 임상적 우울증을 보일 때 그것을 알아차리는 것은 매우 중요하다. 여기서 말하는 우울증은 단순한 슬픔에 그치지 않고 불면, 기력 저하, 생활 리듬의 혼란과 같은 신체적 변화까지 포함한다. 이러한 변화는 이 소네트뿐 아니라 그 앞선 작품에서도 드

러난다. 신체적 변화와 더불어 우울한 사람들은 시인이 여기서 그러하듯 자신을 평가절하 하고 타인과의 비교에서 자신을 부정적으로 본다.

세계보건기구WHO에 따르면 우울증은 전 세계에서 장애를 가장 많이 유발하고 치료 비용이 많이 드는 질환 가운데 하나이며 자살의 주요 원인이기도 하다. 다행히 오늘날 우울증은 생활 습관의 변화, 심리 치료, 약물로 고칠 수 있다. 생활 습관의 변화에는 운동, 충분한 수면, 생체리듬 강화가 포함된다. 예컨대 아침에는 밝은 빛을 쬐고 밤에는 어둠 속에서 시간을 보내는 것이 좋다. 만약 셰익스피어가 여기서 설득력 있게 묘사한 증상을 자신이나 사랑하는 이에게서 발견하면 전문가의 도움을 받거나 이를 권하는 것이 바람직하다.

2. **인지 왜곡을 바로잡자.** 나는 자신이 만든 작품의 가치나 범위가 부족하다고 여기며 자책하는 창작자들을 전문적으로 치료할 때 〈소네트 29〉를 여러 차례 참고했다. 예술가들은 종종 자신에게 지나치게 가혹하다는 점을 나는 지적하고 싶다. 역사상 가장 위대한 작가조차 아이러니하게도 그의 최고 작품 가운데 하나로 여겨지는 이 소네트에서처럼 자신을 그렇게 준열히 책망한다면, 예술가들의 잦은 자기비판의 타당성 자체에 의문이 든다. 그러니 당신이 실제로 만들어낸 것을 분석하고 스스로 부족하다고 느끼는 부분이 있다면 그 부분을 실질적으로 대응하라. 당신의 작업을 평가하고 피드백을 줄 수 있는 좋은 친구나 동료에게 도움을

요청하라.

　때로는 일에서 잠시 벗어나 머리를 맑게 하는 다른 일을 하는 것이 좋다. 생산적이지도 않고 고통스럽기까지 한 생각의 고리를 끊어야 할 때가 있다. 〈소네트 29〉에서 시인은 사랑을 떠올림으로써 절망의 소용돌이에서 벗어난다.

　사랑에 빠져 본 사람이라면 누구나 연인을 떠올리기만 해도 기분이 좋아지는 기억을 갖고 있을 것이다. 남아프리카공화국에서 의무관으로 외딴 시골의 선교 병원에 복무하던 내가 그랬다. 어느 주말, 병원 위의 아름다운 언덕에 배정된 작은 집에서 혼자 당직을 섰다. 다른 상황이었다면 하이킹과 사색에 더없이 좋은 곳이었겠지만 요하네스버그에 있던 아내가 막 아들을 낳은 터라 가족이 몹시 그리웠다. 다행히 친구가 찾아왔다. 풀이 죽어 있는 나를 본 그는 집에 내가 사랑하는 사람이 기다리고 있다는 사실을 일깨워 주었다. 그는 이 사실이 마음을 새롭게 해 줄 것이라고 말했고 그 생각은 즉시 내 기분을 북돋았다. 그러나 계속 읽어 보자.

3. 사랑만으로 우울에서 벗어나려 해서는 안 된다. 자신이 사랑하고 사랑받고 있음을 상기하는 일은 분명 기분을 좋게 할 수 있지만 심각한 우울 상태라면 그런 생각만으로 지속적인 기분 향상 효과를 기대하기는 쉽지 않다. 나는 종종 작가 버지니아 울프와 관련해 이 점을 생각한다. 그녀는 자살 충동성 우울증으로 고통을 받았다. 마지막 우울증 고비에 그녀는 스스로 생을 마감했지만 남편에게 남긴 편지에서 그들의 사랑이 자신에게 얼마나 큰

의미였는지를 확신시켜주었다. "당신은 내가 상상할 수 있는 최고의 행복을 주었어요. 당신은 연인으로 할 수 있는 모든 것을, 가장 최선을 다해 주었지요. … 우리보다 더 행복했던 두 사람은 없을 거예요."

사랑을 떠올리는 일이 마음을 따뜻하게 하는 연습이 될 수도 있지만 중증의 우울 상태에 있는 사람은 그런 생각만으로 좋아질 것이라 기대해서는 안 된다. 이런 경우에는 반드시 유능한 의료 전문가의 도움을 구하는 것이 중요하다. 우울증은 치료가 가능한 질환이기 때문이다.

4. *시기심을 인식하고 제대로 다루자.* 시기심은 특히 고통스러운 감정이다. 자신을 깎아내리고 남을 높이면서 열등감을 증폭시키기 때문이다. 더 나쁜 점은 시기심에는 흔히 사소함에 대한 자기비난, 친구의 성공을 기뻐하지 못하고 그가 실수하거나 실패하길 바라는 마음이 따라붙는다는 것이다. 그렇다면 이런 고통스러운 감정에 대해 당신은 무엇을 할 수 있을까?

한 선배가 성공한 동료에 대한 시기심 때문에 고생한 경험을 용기 있게 들려준 적이 있다. 그는 "내 접시도 그들만큼 가득 채우려고 밤낮없이 일하면 그들을 부러워하지 않아도 되겠다며 이런 감정을 달래려고 노력했어. 하지만 그건 그 자체로 문제가 되었는데 일이 점점 힘들고 지속하기 어려워졌어"라고 말했다. "그래서 어떻게 했나요?" 내가 물었다. "그들을 시기하는 편이 더 쉬운 일이라고 결론지었지" 하고 그는 미소 지으며 답했다.

〈한 가지 기술〉에서 보았고 앞으로도 다시 보게 되겠지만 가장 고통스러운 감정일수록 부정하거나 맞서 싸우려 하기보다 받아들이는 편이 종종 더 쉽다. 루미의 〈여인숙〉(26장)은 그런 감정을 받아들이고 심지어 환대하기까지 하라고 권한다.

나는 때때로 과거에 내게 의미 있었던 사람들의 근황을 살핀다. 그래서 그 선배를 인터넷에서 찾아보았는데 안타깝게도 그는 이미 세상을 떠났다. 우리가 마지막으로 이야기한 지도 여러 해가 지났으니 그리 놀랍지는 않았다. 길게 실린 그의 부고는 내가 알던 많은 학자의 그것과는 사뭇 달랐다. 학문적 업적만을 나열하는 대신 그 비범한 사람의 수많은 모험, 즉 먼 나라 여행, 한센병 환자 치료, 부두교 의식 관찰 등을 묘사하고 있었다. 그는 삶의 풍성함과 다양함, 낯섦을 있는 그대로 끌어안은 사람이었다. 그것을 읽으며 눈시울이 뜨거워졌고 "동료들을 부러워할 것이 하나도 없었구나"라고 생각했다.

〈소네트 29〉를 통해 셰익스피어를 위대한 시인뿐 아니라 훌륭한 극작가로도 볼 수 있다. 소네트의 전반부는 독자를 시인의 우울한 심리 상태 속으로 몰아넣는다. 그러다 9행의 전환점에 이르러 시인의 기분이 밝아지고 독자의 기분도 함께 상승한다. 고작 14행 안에서 작가가 이런 변화를 유도할 수 있다니 얼마나 놀라운가! 시인은 새벽의 종달새 이미지를 불러와 이런 변화를 극적으로 구현한다. 웨스트의 설명을 빌리면 이렇다.

자연에서 들을 수 있는 가장 환희로운 소리 가운데 하나

는 종달새의 아침 노래이며, 그 기쁨은 종달새가 솟아오르
는 땅의 찌뿌듯하고 축축한 상태와 대비될 때 더욱 커진
다. … 종달새는 땅 위에 둥지를 짓고 이슬에 젖은 땅에서
해돋이와 함께 노래하며 날아오른다.

시인과
시에 대하여

———————— 〈소네트 29〉와 이전의 소네트 두 편에서 제
시한 증상을 종합해 보면 시인이 우울증을 깊이 경험했을 가능
성이 짙다. 근거 없는 열등감과 자기 비하, 타인과의 불리한 비교
에 더해 심각한 수면 문제와 육체적 탈진 묘사는 우울증을 직접
보았거나 겪어 본 사람들에게 매우 사실적으로 들린다.

이 소네트가 시인과 젊은이 사이의 사랑 이야기에서 어디쯤
놓이는지 궁금하다. 첫 번째 사랑 고백 이후 11편의 시가 지나는
동안 두 연인의 관계는 순조로워 보인다. 비록 다른 사정 때문에
떨어져 지내고 있지만 상대를 떠올리기만 해도 시인의 기분은 새
벽 종달새처럼 노래하며 하늘로 치솟는다.

이제 셰익스피어의 소네트 가운데 아마 가장 유명한 작품으
로 넘어가 보자.

10

In Praise of the Marriage of True Minds

참된 마음의 결혼을 찬미하며

소네트 116 : 참된 마음의 결혼을 방해하지 말라

윌리엄 셰익스피어

참된 마음의 결혼을 방해하는

그 어떤 장애도 용납하지 않으리.

사랑은 상황이 바뀐다고 해서 변하고

사랑하는 이가 멀어진다고 멀어지는 게 아니다.

아니, 사랑은 영원히 변치 않는 지표

거센 폭풍 속에서도 흔들리지 않고

떠도는 배들을 인도하는 별이니

높이는 잴 수 있어도 진가는 헤아릴 수 없도다.

사랑은 시간의 어릿광대가 아니라

장밋빛 입술과 뺨이 세월에 시들어도

사랑은 시간의 짧은 흐름에 변하지 않고

심판의 끝까지 견디어 내리라.

만약 이것이 틀린 생각이라 입증된다면

난 쓰지 않았고, 누구도 사랑한 적 없으리.

〈소네트 116〉은 워즈워스를 포함한 많은 사람들이 셰익스피어 최고의 소네트라 극찬하는 작품이다. 이 작품은 흔들림 없는 사랑이라는 개념의 기념비로 자리 잡고 있다. 젊은 시절 나는 '참된 마음의 결혼'이라는 비전에 감동해 친구에게 이 시를 건넸고 그는 크게 감명받아 결혼식에서 일부를 낭송했다. 그의 낭송은 너무도 힘이 있어 많은 하객이 나만큼 깊이 감동했다.

참된 마음의 결합을 찾는 이들에게 그 사랑은 평생 변함없는 지지의 원천이 된다. 〈소네트 116〉은 이 개념을 변치 않는 힘으로 전한다. 어조는 변호사의 모두변론이나 사제의 설교 서두를 떠올리게 한다. 전통적인 기독교식 혼인 예식에서는 혼인을 가로막을 합법적 장애를 아는 사람이 있으면 그 자리에서 밝히라고 요구한다. 이와 마찬가지로 "let not(… 하지 못하게 하라)"라는 말은 "하나님이 짝지어 주신 것을 사람이 나누지 못할지니라"는 구절을 환기한다. 이 시에서 셰익스피어는 최고 권위자의 모습으로 등장한다.

강력한 서두의 선언에 이어 셰익스피어는 사랑이 아닌 것은 무엇인지를 말한다. 곧 "상황이 바뀐다고 해서 변하고 / 사랑하는 이가 멀어진다고 멀어지는 게" 아니라는 것이다. 다시 말해 삶의 불가피한 변화조차 참된 사랑을 흔들어서는 안 되며 누군가가 떠난다 하더라도 진정한 사랑은 흔들리지 않아야 한다. 시인은 이런 방해 요인을 단호히 물리치며 이렇게 반박한다.

아니, 사랑은 영원히 변치 않는 지표

거센 폭풍 속에서도 흔들리지 않고

떠도는 배들을 인도하는 별이니

높이는 잴 수 있어도 진가는 헤아릴 수 없도다.

여기서 그는 사랑을 바다의 선원들에게 길잡이가 되는 별에 비유한다. 모든 배의 길잡이 별은 대개 북극성이다. 그 가치를 잘 아는 선원들은 별의 고도를 측정해 항로를 정했다. 별과 마찬가지로 사랑도 일정한 방식으로는 측정될 수 있지만 진정한 가치는 헤아릴 수 없다.

세 번째 4행 연에서 셰익스피어는 사랑에서 자주 발생하는 문제, 즉 시간의 침식을 다룬다. 그의 이미지는 낫을 든 고전적 형상으로서의 시간으로 옮아가 젊음의 "장밋빛 입술과 뺨", 그리고 삶 자체를 베어낼 준비를 하고 있다. 시인은 왕의 어릿광대처럼 우스갯짓으로 전락하는 것과 달리 사랑은 "시간의 어릿광대"가 아니라고 말한다. 다시 말해 사랑은 시간에 예속되지 않으며 "심판의 끝"에 이르기까지 변함없이 지속된다. 여기서도 전통적 기독교 혼인 서약, 즉 부부가 둘 다 살아 있는 한 서로에게 충실하겠다는 약속의 메아리가 들린다.

〈소네트 116〉이 오늘날까지 의의와 인기를 잃지 않는 까닭은 참된 마음의 결합으로 정의되는 사랑과 인생의 불가피한 변화 속에서도 평생 이어지는 그 힘에 대한 안심 덕분일 것이다. 설령 늘 확고히 지키지 못하더라도 이 이상理想의 메시지에서 꿈과 위안을 얻는 이들이 많다. 셰익스피어는 웅변의 모든 역량을 주장에 실어서 마치 왕의 인장을 찍듯 위엄 있고 장중하게 결론을 내린다.

만약 이것이 틀린 생각이라 입증된다면
난 쓰지 않았고, 누구도 사랑한 적 없으리.

시가 건네는
마음 처방전
—————— **1. 사랑이 장기적으로 성공하려면 마음의 결합이 필요하다.** 사랑하는 사람을 고를 때 흔히 육체적 매력이 앞설 수 있지만 사랑이 오래가려면 그보다 훨씬 더 많은 것이 필요하다. 그중 하나는 중요한 문제에 대해 서로 의견이 맞는가다. 첫 만남에서는 사람을 끌어들이고 매혹하는 피상적 특성에 속기 쉽지만 그런 특성은 시간이 지나면 오래가지 못한다. 인생의 동반자를 고를 때 소네트의 조언을 떠올리며 자신에게 물어보라. "우리는 참된 마음의 결합을 이루고 있는가?"

2. 배우자가 바람을 피운 뒤에도 관계가 지속될 수 있는가? 그렇다면 어떻게 그것이 가능한가? 불륜이 관계의 종말을 의미할 수도 있지만 많은 커플들이 이 문제를 해결할 다른 방법을 찾아낸다. 신뢰를 회복하려면 상대방에게서 다시 신뢰를 얻어야 한다.

불륜의 기저 원인을 이해하고 그것을 해결하려고 노력할 때 가장 좋은 결과를 얻을 수 있다. 어떤 이들은 이 위기에서 실제로 배우고 때로는 전문가의 도움을 받아 소통의 기회로 삼으며 부부 관계를 개선하기도 한다.

시간은 많은 결혼에 도전이 된다. 사회학자 헬렌 피셔는 여러 문화권에서 이혼율이 결혼 후 약 4년 지점에서 정점을 찍는다는 사실을 발견했다. 그 시기가 사람들이 권태를 느끼고 빗나가기 쉬운 때인 듯하다.

3. 평생 가지 않는 결혼이라고 해서 실패로 간주할 필요는 없다.

많은 사람들이 최선의 의도를 가지고 관계를 시작하지만 여러 가지 이유로 결혼을 오래 유지하지 못할 수 있다. 나의 의대 친구한 명은 결혼식에서 〈소네트 116〉을 낭송했지만 안타깝게도 그 결혼은 몇 년 뒤 쓰라린 이혼으로 끝났다. 사랑의 변덕이란 그런 것이다. 최고의 의도만으로는 "심판의 끝"까지 지탱하기 어려울 때가 많다. 그러나 이것이 결혼을 실패로 봐야 한다는 뜻은 아니다. 잭 길버트가 〈실패와 비행〉에서 주장하듯 말이다.

인류학자 마거릿 미드는 성공적인 결혼이 꼭 평생 지속될 필요는 없다고 봤다. 그녀는 사람들에게 3가지 결혼이 필요하다고 제안했다. 사랑을 위한 결혼, 아이를 위한 결혼, 동반자 관계를 위한 결혼. 어떤 사람들은 이 3가지를 한 사람 안에서 모두 찾을 수 있지만 다른 이들에게는 파트너를 바꾸는 것이 더 좋은 방법일 수도 있다.

시인과
시에 대하여

———————— 〈소네트 116〉이 시인과 연인의 낭만적인 이야기 속에서 어디쯤 놓이는지 궁금할 것이다. 126편의 사랑 소네트 연작 중 116이라는 번호 자체가 하나의 실마리를 준다. 또 이 소네트와 앞선 두 편 사이의 어조 대비도 힌트를 제공한다. 〈소네트 18〉에서는 시인이 구혼자의 목소리로 처음 사랑을 고백하며 불멸의 선물을 약속한다. 〈소네트 29〉에서는 우울하고 낙심한 상태에 있다가 연인을 떠올리며 활기찬 상태로 올라간다. 〈소네트 116〉에서는 권위적인 어조를 취하며 한쪽의 불성실함까지 포함한 모든 장애물에 맞서 "참된 마음의 결혼"을 옹호한다.

〈소네트 116〉과 앞선 작품 사이의 또 다른 주요 차이점은 시인과 부재한 인물, 아마도 그 젊은이 사이의 대화가 암시되어 있다는 점이다. 인물의 목소리는 직접 들리지 않지만 간접적으로 느껴진다. 마치 전화 통화를 엿듣는데 한쪽 목소리만 들리고 다른 쪽이 무엇을 말하는지는 추론해야 하는 상황과 같다.

시에서 셰익스피어는 고전적인 수사학 기법을 사용한다. 먼저 "참된 마음의 결혼을 방해하는 / 그 어떤 장애도 용납하지 않으리"라는 전제를 세운 다음, 그 전제를 향한 도전에 맞서 이를 방어한다. 〈소네트 116〉을 누군가의 비난에 대한 반박으로 생각해보면 새로운 의미의 층을 발견하게 된다. 109번에서 116번 사이의 소네트는 같은 주제를 중심으로 돈다. 곧 시인의 부정不貞에 대한 자백, 변명, 사랑하는 이에게 아첨하며 자신의 행실을 용서해 달라고 구하는 내용이다. 이 모든 것이 유명한 〈소네트 116〉을 이해하는 맥락을 제공한다.

또 다른 해석도 가능하다. 시인이 젊은이 또한 충실하지 못했음을 눈치챈 것이다. 시인은 그럼에도 불구하고 관계에 충실함을 젊은이에게 확신시키고 있다고 볼 수 있다. 시인은 이전에 비록 육체적이지 않더라도 정신적 차원의 부정을 비난한 적이 있는데 예컨대 소네트 94와 95에서 그렇다. 어느 해석을 선호하든 그 관계에는 "장애물"이 있었고 아마도 젊은이의 비난도 있었을 것이다. 〈소네트 116〉은 시인이 그것을 바로잡으려는 시도일 수 있다.

이 관계에 무슨 일이 일어났을지 짐작할 수 있을 것이다. 젊은 남자는 떠난다. 시인은 이어지는 10편의 소네트에서 상실감과 자기 책망을 토로하지만 더 이상 대화의 흔적은 보이지 않는다. 〈소네트 126〉에서 그는 "나의 사랑스러운 소년"이라 부르며 일종의 작별 인사를 쓴다. 그 소네트는 괄호로 감싼 빈 두 행으로 쓸쓸히 끝난다. 이는 관계의 종말을 표시하는 침묵을 시각화한 듯하다.

셰익스피어의 정신과 마음을 이해하고 싶은 사람이라면 그의 소네트를 읽는 편이 좋다. 작품이 정말 그의 삶에서 일어난 사건을 비추는 거울인지, 극적인 천재의 마음에서 나온 또 하나의 허구적 창작물인지는 아무도 모른다. 그렇지만 워즈워스가 말한 소네트가 "마음을 여는 데 쓴 열쇠"였다는 주장은 꽤 설득력이 있다. 만약 그렇다면 셰익스피어의 희곡과 시에 표현된 사랑에 대한 깊은 통찰을 즐긴 모두는 진실한 사랑의 길이 결코 순탄하지 않다는 것을 가르쳐준 그 젊은이에게 빚을 지고 있는 셈이다.

11

Loss of a Loved One

사랑하는 이를 잃었을 때

장례식 블루스

W. H. 오든

모든 시계를 멈춰라, 전화를 끊어라.
기름진 뼈다귀를 물려 개가 짖지 못하게 하고,
피아노를 침묵하게 하고 천을 두른 북소리로
관이 나오게 하라, 조문객을 들여보내라.

비행기들이 하늘에서 신음하며 돌게 하고,
'그는 죽었다'는 메시지를 휘갈기게 하라,
비둘기들의 하얀 목에 검은 리본을 두르고,
교통경찰에게는 검은 면장갑을 끼게 하라.

그는 나의 북쪽이자 남쪽, 동쪽이자 서쪽,
내 평일의 일이자 일요일의 안식,
내 정오이자 자정, 대화이자 노래였다.
사랑이 영원할 줄 알았으나 내가 틀렸다.

별들은 이제 쓸모없으니 모두 꺼버려라.

달을 치워버리고 태양을 끌어내려라.

바닷물을 쏟아버리고 숲을 쓸어엎어라.

이제는 그 어떤 것도 소용없으리니.

〈장례식 블루스〉가 대중의 주목을 처음 받은 것은 영화 〈네 번의 결혼식과 한 번의 장례식〉(1994)에서였다. 한 등장인물(배우 존 해나가 연기한)이 남성 파트너의 죽음 뒤에 이 시를 낭송한다. 그는 자신의 슬픔을 표현할 말이 없다며 동성애자였던 오든의 시에 기댄다. 영화에서 시를 읽는 장면은 절정의 순간이다. 카메라는 슬퍼하는 사람들의 얼굴을 하나하나 비추며 그 순간의 엄중함과 젊은 남성이 느끼는 상실의 깊이를 포착한다.

영화가 흥행한 이후 이 시는 유명해졌고 문화적 주류에 진입했다. 흥미로운 사실 하나는 시의 처음 두 연이 오든과 친구 크리스토퍼 이셔우드가 쓴 풍자극 〈F6의 등정〉의 일부로 시작되었다는 점이다. 이 작품에서는 음악에 얹혀 불렸는데 훗날의 진지한 분위기와는 사뭇 거리가 있었다.

시가 영화에서 강렬한 반향을 일으킨 이유 중 하나는 1994년 당시 에이즈 유행이 남성 동성애자에게 특히 치명적이라는 게 알려졌기 때문이다. 대중의 인식은 변하고 있었다. 오랫동안 억압되었던 동성 간의 깊은 사랑과 그 사랑이 끝났을 때의 깊은 슬픔이 널리 이해되기 시작했다. 이 시의 보편성은 모든 사람의 마음을 울렸고 시를 읽고 들은 모든 이들에게 사랑과 상실의 힘에 대한 자각을 더욱 높였다.

겉보기에 시는 단순하다. 첫 연은 조용히 요구한다. 애도자들이 평화롭게 슬퍼할 수 있고 장례가 존엄하게 진행되도록 전화기와 개 짖는 소리, 피아노까지 잠잠히 하라고 한다. 어떤 문화권에는 가족이 세상을 떠나면 집 안의 시계를 멈추는 전통이 있었는데 정서적으로 일리가 있다. 가까운 이가 죽으면 사람들은 시간에 대한 인식에 깊은 변화, 때로는 사랑하는 이의 죽음 이전과 이후로 삶을 가르는 변화를 겪기 때문이다. 아마 시인이 시계를 멈추라고 명하는 것도 이런 개인적 시간의 단절을 관찰하고 존중하려는 뜻일 것이다. 연의 마지막 행에서 시인은 관을 메고 나와 조문객들을 들이라고 명한다. 이렇게 함으로써 그는 본질적으로 통제할 수 없는 상황, 즉 사랑하는 이의 죽음 앞에서 장례 준비의 세부 절차를 어느 정도 통제하려 한다.

2연에서 시인은 자신의 상실이 얼마나 큰지 세상에 알리고자 하는 욕구를 한층 넓힌다. 하늘에 글씨를 휘갈기는 비행기, 비둘기 목의 검정 리본, 교통경찰의 검은 면장갑까지. 애도하는 사람들은 자신의 슬픔이 인정받기를 깊이 바란다. 아버지가 돌아가셨을 때 나는 이것을 본능적으로 배웠다. 독실한 유대교인은 아니었지만 아버지가 다니던 요하네스버그의 회당에 가서 예식의 정해진 때에 다른 애도자들과 함께 유대교의 장례 기도인 카디시

The Kaddish를 올렸다. 내가 일어서서 낭독할 때 공동체의 다른 이들이 나를 바라보며 엄숙하고 진실한 표정으로 눈이 마주칠 때마다 고개를 끄덕였다. 미묘하지만 강력한 방식으로 "당신의 심정을 압니다. 삼가 애도를 표합니다"라고 말하는 듯했다.

의식에서 가장 놀라웠던 점은 다른 이들이 나의 상실을 인정해 준다는 사실에서 내가 엄청난 위안을 얻었다는 것이다. 비록 잠깐이라도 어쩌면 작은 방법으로라도 말이다. 그렇다면 신문 부고란의 작은 글씨가 아니라 왜 하늘 가득 휘갈겨 쓰고 싶지 않겠는가? 왜 공공의 비둘기와 교통경찰이 조의를 표하지 못하겠는가? 우리 모두 그럴 리 없다는 것은 알지만 "왜 안 되지?"라고 묻는 것이 위대한 시인의 상상력이다.

3연의 첫 세 행은 죽은 이가 애도자에게 얼마나 큰 의미였는지를 사방의 방위와 한낮과 한밤, 일상 소통을 이루는 말과 노래로 드러낸다. 나는 엘리자베스 배럿 브라우닝이 자신의 사랑을 햇빛과 촛불에 의해 측정되는 그 너비와 깊이와 높이로 노래하고 그것을 "나날의 가장 고요한 일상"으로 여겼던 울림을 듣는다. 두 시인은 모두 심오한 사랑의 일상적 안식과 기쁨, 그 사랑이 공간과 시간을 품듯이 뻗어 나가는 방식을 묘사하고 있다.

3연의 마지막 구절은 특히 강렬하다. 깊이 사랑에 빠진 사람이라면 사랑하는 이를 잃었다는 것을 믿을 수 없어 이렇게 말하고 싶을 때가 얼마나 많을까. "사랑이 영원할 줄 알았으나 내가 틀렸다." 사랑하는 사람의 죽음에 관해서는 시간조차 우리를 쉽게 속인다.

영화 〈네 번의 결혼식과 한 번의 장례식〉에서 죽음을 맞는 이는 그날 저녁까지 춤추고 농담하며 즐거운 시간을 보내던 활기찬 중년 남자였다. 그의 갑작스러운 죽음은 예상치 못했고 충격적이었다. 사람들은 사회의 발전과 현대 의학의 도움으로 오래 살 수 있으리라는 기대에 익숙하다. 그러나 쌍둥이 빌딩 참사 같은 돌발적 사건은 사랑하는 이들이 오래 건강하게 살 것이라는 확신을 송두리째 뒤엎었다. 그 비극 이후 〈장례식 블루스〉가 인터넷을 통해 널리 퍼지며 사랑받게 된 것은 놀라운 일이 아니다. 많은 사람들이 잃어버린 것을 되새기며 "사랑이 영원할 줄 알았으나 내가 틀렸다"고 생각했을 것이다. 이 한 줄과 시 전체는 코로나19 팬데믹 시기에 또 한 번 강력한 의미를 갖게 되었다.

마지막 연은 사랑하는 사람의 삶에 큰 손실이 미치는 참혹한 영향을 묘사한다. 첫 연에서 단순히 정숙을 요청했던 애도자의 지시는 이제 온 우주에 정지하라고 말하고 있다. 별도, 달도, 해도, 바다도 멈추라고. 그의 세상은 모든 것을 빼앗겼고 우주가 이를 인정하며 연민으로 함께 모든 것을 거두어들이길 바란다. "이제는 그 어떤 것도 소용없으리니."

시가 건네는
마음 처방전
───────────   *1. 타인의 슬픔을 읽는 일은 위안이 될 수 있다.* 지금 애도 중이거나 혹은 그 기억이 아직 생생하다면 누군

가가 같은 감정을 공유한다는 사실을 아는 것만으로도 위안이 된다. 특히 시에서처럼 창의적으로 감정을 표현했을 때는 더욱 그렇다. 역설처럼 보일지 몰라도 고대부터의 관찰에 따르면 사람들은 비극에서 정서적 해방을 찾는다. 현재 자신의 삶에서 비극을 겪고 있지 않은 사람들조차 슬픈 이야기를 통해 카타르시스를 얻을 수 있다.

2. *삶이 덧없고 죽음이 불가피하다는 사실을 직시하라.* 이 깨달음은 우리가 가진 것, 특히 사랑하는 사람들을 더 소중하게 만든다.

3. *"사랑이 영원할 줄 알았으나 내가 틀렸다"라는 말에서 큰 안도감을 느낄 수 있다.* 죽음을 인정하는 일은 삶의 덧없음이라는 현실에 적응하는 과정의 일부다. "내가 틀렸다"고 말하는 태도는 개인적 관계에서도 가치가 있다. 예컨대 손상된 관계를 다시 이어 가려고 할 때 그렇다.

시인과
시에 대하여

─────────── W. H. 오든은 20세기 영어권 문학을 대표하는 시인이자 극작가다. 그는 1907년 영국 요크에서 태어났고 의사인 아버지와 엄격한 성공회 신자인 어머니 밑에서 자랐다. 옥

스퍼드 대학교에 입학해 과학과 공학을 공부했으나 곧 시에 대한 열정을 좇아 영문학으로 전공을 바꾸었다.

오든의 작품 활동은 1920년대 후반부터 1970년대 초반까지 반세기에 걸쳐 이어졌고, 거의 모든 운문 형식으로 전개되었다. 그의 문학 유산 관리인 에드워드 멘델슨은 이렇게 썼다. "오든의 방대한 작품은 폭넓은 정형시 형식에서 타의 추종을 불허하는 기량으로 쓰였으며 백과사전적 범위를 포괄하고 있다."

오든은 제2차 세계대전 직전인 1939년 친구 크리스토퍼 이셔우드와 함께 미국으로 이주해 생애 대부분을 그곳에서 보냈다. 그는 당시 가장 유명한 문화계 인사들과 친분을 쌓거나 협업했다. 〈장례식 블루스〉는 영화 〈네 번의 결혼식과 한 번의 장례식〉 개봉 이후인 1994년에 출간된 오든의 사랑 시 특별판 『사랑에 관해 진실을 말해줘 : 사랑시 10편』에 수록되었다. 이 작은 시집은 큰 성공을 거두어 영어권에서 약 30만 부가 팔렸고 여러 언어로 번역되었다.

12

Will I ever Feel Better?

나는 언젠가 나아질 수 있을까?

시간은 위안을 주지 않네

에드나 세인트 빈센트 밀레이

시간은 위안을 주지 않네. 시간이
고통을 덜어줄 거라던 말은 다 거짓이야!
나는 빗속에서 울며 그를 그리워하고
밀려 나가는 파도를 보며 그를 원하네.
오래전 내린 눈은 모든 산비탈에서 녹고,
작년의 잎은 길목마다 타 재가 되었건만,
지난해의 쓰라린 사랑은 여전히 남아
내 가슴에 쌓이고 옛 생각에 머무네.
내가 가기 두려워지는 곳은 너무나 많아
온통 그의 기억으로 가득 찬 장소들.
마침내 그의 발길과 얼굴이 비치지 않은
어느 한적한 곳에 마음 편히 들어설 때
나는 말하네. "여기엔 그의 기억이 없어!"
그리고 흠칫 멈춰 서네, 그를 생각하며.

친구이자 동료인 케이 레드필드 제미슨Kay Redfield Jamison이 조울
증과 싸웠던 회고록 『불안한 마음An Unquiet Mind』에서 이 시를 처
음 만났다. 그녀는 사랑했던 남자의 갑작스럽고 충격적인 죽음과
회복의 긴 여정을 이야기한다. 그의 죽음 몇 년 뒤 그녀는 강연
을 요청받았고 이 시를 낭독하며 강연을 마쳤다.

이 소네트를 〈나를 불쌍히 여기지 마세요〉, 〈누가 내 입술에
키스했는지〉와 비교해 보라. 세 편 모두 사랑의 상실을 다루지만
상실의 성격은 매우 다르다. 앞선 두 시에서는 연애 관계가 만족
스럽지 못하거나 일시적이었다. 거기서 시인의 상실감에는 자기
비난이 따라붙는다. 마치 "왜 내가 이렇게 잘못된 판단으로 나를
지치게 만드는 사랑을 선택했을까?"라고 말하는 듯하다. 반면 현
재의 시에서 시인의 상실감은 깊이 사랑했던 남자와 그로 인한
삶의 공허를 향한다.

바깥 세계의 모든 것이 슬픔을 불러일으킨다. 비, 파도, 겨울
의 눈, 가을의 낙엽. 이런 기억들은 고통을 덜어주기는커녕 오히
려 확장한다.

지난해의 쓰라린 사랑은 여전히 남아
내 가슴에 쌓이고 옛 생각에 머무네.

시인은 쌓인 슬픔을 이야기한 뒤 다음과 같이 전환한다.

내가 가기 두려워지는 곳은 너무나 많아

온통 그의 기억으로 가득 찬 장소들.

함께 가 본 적 없는 장소조차도 상실감을 불러일으킨다. 그만큼 상실은 그녀의 존재 깊숙이 퍼져 있다. 그녀가 어디로 가든 상실은 따라다닌다. 독자는 시간이 지나도 좀처럼 나아지지 않는, 그리운 이를 향한 깊은 사랑의 모습을 보게 된다.

시의 첫머리에서 시인은 자신을 위로하려 했던 이들을 꾸짖는다. "시간은 위안을 주지 않네. 시간이 / 고통을 덜어줄 거라던 말은 다 거짓이야!" 시간은 과연 슬픔의 고통을 덜어줄 수 있을까? 슬픔에 잠긴 이에게 "시간이 모든 상처를 치유한다"고 말해도 될까? 물론 정답은 없다. 이에 대해서는 '시가 건네는 마음 처방전'에서 다루겠다.

시를 처음 내게 소개해 준 회고록의 친구에 관해 덧붙이자면 그녀는 이렇게 썼다. "결국 시간은 위안을 가져다주었다. 하지만 그것은 자신의 방식대로, 그다지 달콤하지 않은 시간을 들여서였다."

시가 건네는
마음 처방전

---

1. 현실적으로 대부분의 사람에게 시간은 위안을 준다. 다만 슬픔의 초기 단계에서는 그런 말을 듣고 싶어 하지 않을 수도 있다.

2. 슬픔을 붙드는 일은 세상을 떠난 연인을 계속 붙드는 방식일 수 있다. 그 사람을 마음속에 늘 현재로 머물게 하는 것이다.

3. 위로를 건네기 전에 그 사람이 슬픔의 어느 단계에 있는지 고려하라. 방금 사랑하는 이를 잃은 사람에게 "시간이 지나면 나아질 거예요"라고 말하는 것은 오히려 충격일 것이다. 한창 슬플 때는 상상할 수 없는 일이다.

4. 어느 시점이 되면 시간에 따른 슬픔의 측면을 적절하고 유익하게 다룰 수 있다. "요즘 마음이 어떠세요?" 같은 질문은 "시간의 문제일 뿐이에요"처럼 단정적인 말보다 훨씬 낫다.

13

Love Remembered

사랑의 기억

그대 늙었을 때

윌리엄 버틀러 예이츠

그대 늙어 백발이 되고 졸음에 겨워
난롯가에서 고개를 꾸벅일 때, 이 책을 꺼내 와
천천히 읽고 상상해 보라. 그대 한때 가졌던
부드러운 눈길과 이제는 깊게 그늘진 눈을.

수많은 이들이 그대의 우아한 순간을 사랑했고,
진실이든 거짓이든 그대의 아름다움을 사랑했으나
오직 한 사람만이 그대의 방황하는 영혼을 사랑했고,
변해 가는 그대 얼굴의 슬픔까지 사랑했네.

그리고 타오르는 난롯불 옆에 몸을 구부리고
조금은 슬픈 어조로 중얼거리리라.
'사랑'이 떠나가 하늘같이 높은 산 위에 서성이고
별들의 무리 속에 얼굴을 감추었다고.

50년 전 남아프리카공화국에서 학교 다니던 시절부터 이 유명한 시를 줄곧 내 마음에 간직하고 있었다. 나이 든 환자들이 의자나 병상에서 꾸벅꾸벅 졸고 있는 모습을 볼 때면 종종 "그대 늙어 백발이 되고 졸음에 겨워"라는 첫 구절을 떠올리곤 했다.

처음에는 시가 거절당한 연인의 씁쓸한 항변인 줄 알았는데 한 친구의 이야기를 듣고 생각이 송두리째 바뀌었다.

스티븐은 쉰 살을 갓 넘긴 나이에 판찰리라는 아름답고 이국적인 여성을 만나 미친 듯이 사랑에 빠졌다. 키가 크고 기품 있으며 올리브빛 피부와 아몬드형 눈을 지닌 그녀는 아시아의 여신을 떠올리게 했다. 두 사람은 몇 달 동안 격정적인 관계를 이어 갔지만 알 수 없는 이유로 그녀가 관계를 끝내버렸다. 상심한 그는 위안을 구해 이리저리 헤매다가 예이츠의 시를 만났다. 이 시는 그에게 결정적인 도움이 되었기에 그는 시를 베껴 냉장고에 붙여 두고 자주 읽었다.

스티븐은 이렇게 설명했다. "판찰리가 나를 거절한 뒤 나는 스스로를 못나게 느꼈고 어떤 점 때문에 그녀가 흥미를 잃었을까 자꾸 생각했다. 그러다 예이츠의 시를 만났고 시가 내게 말을 걸어왔다. 결론은 이거다. 나는 아무 문제가 없었다. 내가 그녀에게 준 사랑은 순수하고 깊었다. 그녀가 그것을 알아차리지 못했을 뿐이다. 언젠가 그녀도 깨닫게 될지 모른다. 어느 누구보다 그녀를 더 깊이 이해해 줄 사람을 잃었다는 것을. 그 사실을 시가 내게 가르쳐주었다." 그는 자신을 더 긍정적으로 받아들였고 새로운 마음으로 다시 사랑의 세계에 들어갈 힘을 얻었다.

나는 스티븐이 판찰리와 헤어지고도 20년이 넘게 연락을 하고 있는데 그는 오래지 않아 자신을 진정으로 알아주는 여성을 만나 결혼했다. 스티븐은 아내의 자녀와 손주들과도 사랑스러운 관계를 맺었고 생전 처음으로 크고 화목한 가족의 일원이 되는 경험을 마음껏 누렸다. 지금 두 사람은 풍요롭고 모험적인 인생을 즐기고 있다. 판찰리는 스티븐을 거절함으로써 자신도 모르게 그에게 큰 선물을 준 셈이었다. 시는 스티븐에게 자신의 사랑이 가치 있다는 것을 깨닫게 하면서 그가 앞으로 나아갈 수 있는 결정적인 계기를 마련해 주었다. 지금도 그는 예이츠의 시가 깨달음의 중심에 있다고 말한다.

〈그대 늙었을 때〉에서 화자, 어쩌면 예이츠는 젊은 여성에게 말을 건네며 훗날 그녀가 늙었을 때를 떠올려 보라고 권한다. 단 몇 마디만으로 그는 노년의 쓸쓸한 모습을 생생히 그려낸다. 그 상태에서 그녀가 시집을 꺼내어 그가 한때 자신을 사랑했던 일을 돌이켜 보게 될 것이라고 암시한다. 그의 시집이 여러 해 뒤에도 그녀의 책장에 꽂혀 있으리라는 예측에는 그 작품이 오래 살아남을 것이라는 확신이 담겨 있다.

두 번째 연에서 예이츠는 여인에게 지난 세월 그녀의 아름다움과 매력을 사랑했던 남성들을 떠올리게 한다. 그는 그들의 사랑이 때로는 진심이 아니었을 수도 있다는 사실과 대조적으로 "그대의 방황하는 영혼"을 사랑했고 "변해 가는 그대 얼굴의 슬품까지" 알아본 단 한 사람, 곧 자신이 보여준 사랑을 강조한다. 이 두 구절은 시인이 관찰한 바를 놀라울 정도로 정확하게 전한다. "방황하는 영혼"이라는 표현은 특이하고 신비롭다. 어쩌면 그것은 그녀가 멀리 떠나고자 하는 욕망 혹은 그녀가 성소처럼 아끼는 내면의 어떤 은유적 장소로 순례를 떠나고자 하는 열망을 가리키는 것인지도 모른다. 위대한 시가 늘 그러하듯 시의 해석이 여러 방면으로 열려 있다는 점도 매력적이다.

마지막 연에서 예이츠는 난롯불 옆에서 왜 사랑이 떠나갔는지를 반추하는 노년의 여인을 한층 확장해 보여준다. 왜 그는 사랑 Love을 강조한 것일까? 시인은 떠나간 것이 그 자신인지, 산이나 별처럼 먼 것에 가려 보이지 않게 된 사랑 그 자체인지 궁금하게 만든다. 여기서 별들은 잠시 그녀를 사로잡은 화려한 존재, 젊은 무명 시인의 깊고도 헌신적인 사랑을 몰라보고 그녀의 눈을 멀게 한 스타(반짝이는 유명인들)를 의미하는 것인지도 모른다.

시가 건네는
마음 처방전

————————— *1. 거절당하는 것이 오히려 선물일 때가 있다.*
서로 인연이 아님을 더 늦기 전에 알아차리는 편이 훨씬 낫다.

2. 거절하는 사람이 당신의 모습을 규정하도록 하지 말라. 7장에서 권한 것처럼 자기 이미지와 자존감을 스스로 되찾아라.

3. 누군가를 깊이 사랑하고 그를 애정 어린 눈으로 지켜볼 수 있다면 그것은 아주 소중한 선물이며, 그를 알아줄 수 있는 사람에게 마땅히 어울리는 것이다.

시인과
시에 대하여

─────────── 〈그대 늙었을 때〉는 1893년에 발표되었으며 예이츠가 오랫동안 연모했던 아일랜드 배우이자 혁명가 모드 곤 Maud Gonne에게 바친 시로 알려져 있다. 곤을 처음 만난 1889년 그는 23세였고 그녀는 18개월 어렸다. 그는 그녀에게 사랑에 빠진 일을 미얀마의 징이 울리는 듯한 소리, 압도적 소란 속에 기분 좋은 잔향이 여럿 섞여 있는 것에 비유했다. 그는 1891년에 처음 청혼했으나 거절당했고 이후 10년 동안 세 차례 더 청혼했지만 역시 거절당했다. 곤은 아일랜드 혁명가와 불행한 결혼을 했다. 곤을 오랫동안 그리워하던 예이츠는 51세에 조지 하이드 리스와 결혼했고 두 아이를 두었다.

1939년에 세상을 떠난 예이츠는 20세기의 위대한 시인으로 평가된다. 그는 1923년 노벨 문학상을 받았으며, 동료 시인 존 메이스필드로부터 당시 '가장 위대한 생존 시인'으로 극찬받았다.

14

Love after Death

죽음 이후의 사랑

기억해 주세요

크리스티나 로세티

내가 떠난 뒤에도 날 기억해 주세요.

침묵의 땅 아주 먼 곳으로 가더라도

당신이 더는 내 손을 붙잡지 못하고

반쯤 돌아선 내가 떠나지도 머물지도 못할 때.

날마다 우리의 미래를 이야기하던

당신 목소리를 더는 들을 수 없을 때에도

그저 날 기억해 주세요. 당신도 알겠지요.

그땐 조언도, 기도도 이미 늦으리란 걸.

그래도 당신이 잠시 나를 잊었다가

다시 떠올린다 해도 슬퍼 말아요.

어둠과 부패가 사라진 뒤에도

내가 품었던 생각의 흔적만 남는다면,

차라리 나를 잊고 미소 짓는 편이

기억하며 슬퍼하는 것보다 훨씬 나아요.

사람이 죽으면 무슨 일이 일어날까? 물론 육체를 가리키는 것은 아니다. 어떤 이는 정신이라 부르고 또 어떤 이는 영혼이라 부르는 것, 우리 자신을 독특하게 만드는 측면을 말한다. 많은 사람들이 하프를 연주하는 천사나 영원히 불을 뿜는 악마 같은 구체적인 신앙 체계를 지니고 있다. 누가 이들이 틀렸다고 말할 수 있을까? 내가 아는 한 어느 특정 이론을 뒷받침할 만한 자료는 따로 없다.

그래도 이런 신념을 가진 사람들은 쉽게 위안을 얻을 수 있다. 나머지 사람들은 죽음이라는 불가피한 현실에 관한 위안을 다른 데서 찾아야 한다. 크리스티나 로세티는 〈기억해 주세요〉에서 사후 세계에 관한 어떤 구체적 지식도 드러내지 않는다. 그녀는 이를 "침묵의 땅"이라 부를 뿐이다. 이 시는 애상적인 주제에도 불구하고 이상하리만치 위안을 준다. 적어도 내게는 그렇다.

로세티의 시가 초점을 맞추는 대상은 죽은 사람이 아니라 남은 사람이다. 그들은 사랑하는 이의 상실을 어떻게 감당해야 할까? 하나의 실마리는 시의 제목 〈기억해 주세요〉와 첫 번째 행에 있다. 기억의 의례는 모든 문화에서 중요한 부분이다. 사람들은 사랑하는 이의 기일을 기념하고 촛불을 켜고 기도를 올리며 추억을 나눈다. 그런 의례가 보편적인 것은 그것이 인간의 깊은 필요를 충족시키기 때문이다. 이 경우 그것은 떠나간 이와의 연결을 유지하고자 하는 깊은 열망을 충족시키는 일일 것이다.

어머니가 돌아가시기 전까지는 사랑하는 사람들이 우리 안에 살아 있다는 사실을 깨닫지 못했다. 하지만 지금 어머니는 내 안에서 놀라우리만치 생생한 존재로 남아 있다. 때로는 돌아가시지 않은 것처럼 말이다. 나는 지금도 어머니의 타고난 낙관주의에서 힘을 얻는다. 이를테면 휴가 내내 대체로 우중충했는데 마지막 날에 해가 비쳤다면 어머니는 이렇게 말했을 것이다. "좋아. 이제 우린 휴가 전체를 화창하게 기억할 수 있어." 반대로 마지막 날에 비가 왔다면 "잘됐네. 휴가가 끝났다고 섭섭해할 필요 없이 집에 돌아가는 것을 기대하면 되겠네"라고 말했을 것이다.

사랑하는 이가 우리 안에 계속 머물러 있다는 것을 일깨우는 것이 시의 중요한 역할이다. 그녀의 시에서 자극을 받은 나는 주변 사람들을 상대로 비공식 설문 조사를 했다. 놀랍게도 내가 몰랐던 세계를, 우리 안에서 여전히 살아 꿈틀거리는 죽은 존재들을 발견했다. 40년 넘게 정신과 의사로 지내면 이런 사실이 새롭지 않을 수도 있지만 내겐 놀라운 일이었다. 새로운 세계를 탐색할 생각에 흥분했다. 만약 당신이 아직 이런 사고에 익숙하지 않다면 나와 같이 들떴으면 좋겠다. 이런 마음을 가지게 해준 이가 바로 크리스티나 로세티고 그 매개는 그녀의 시다.

우리 안에 사랑하는 이들의 영혼이 살아 있으며 누군가 방에 들어오는 것처럼 존재감을 보여줄 때 사람들은 큰 위안을 받는다. 내가 아는 한 지혜로운 랍비는 설교에서 10대에 세상을 떠난 어린 시절 친구가 여전히 곁에 있음을 느끼는 기쁨을 고백했다. 그 친구는 랍비가 성장하고 공부하고 졸업하는 동안 내내 꿈에 찾아와 수시로 자신의 근황 보고를 해주었다. 내가 주변 사람들에게 물어보았을 때, 일상에서 종종 떠올리며 의지하는 고인이 있다고 대부분 답했다. 그들은 고인을 위로와 지지의 존재로 의지했다. 한 친구는 아버지의 존재를 이렇게 묘사했다.

무언가 어려운 일을 할 때면 아버지가 떠올라. '침착하게 주변을 살피고, 무엇을 하는 게 최선인지 생각해 보라'고 말씀하시는 목소리가 들려. 아버지의 노련하고도 침착한 존재감은 언제나 내 곁에 있지. 최근 그랜드캐니언에서 내리막길 하이킹을 할 때도, 거센 바람에 파도가 휘몰아치던 프로빈스타운 주변에서 수영할 때도 느꼈어. 그 목소리와 차분한 말씀이 내 마음 전체를 불안에서 기쁨과 평온으로 바꾸어 주었지. 아버지는 언제나 내 곁에 있어. 울림이 강한 정서적 시금석으로 말이야.

다른 한 친구는 세상 떠난 이의 존재가 얼마나 소중한지 강조하며 웃음 지었다. "그들이 죽었다고 해서 우리가 또다시 그들을 죽여야 하는 건 아니잖아." 그러고는 지금 주제와도 맞닿아 있는 제임스 조이스의 명작 단편 『죽은 사람들』을 추천했다.

로세티의 페트라르카식 소네트는 연인에게 두 가지 선물을 건넨다. 옥텟에서 로세티는 둘이 함께 나누었던 소중한 경험을 간직하라고 권한다. 그녀가 떠나면 서로에게 조언을 구하거나 함께 기도하거나 미리 세운 계획을 실행하는 등 많은 일을 할 수 없을 것임을 상기시킨다. 하지만 연인이 할 수 있는 아주 중요한 일이 하나 있다. 두 사람이 나누었던 유대감을 자기 안의 살아 있는 존재로 간직하는 것이다.

여기서 문장 흐름과 문법을 단순하게 하기 위해 연인을 남성으로 가정했음을 밝힌다. 다만 이 소네트가 누구에게 쓰였는지는 확실치 않으며 특정한 누구를 염두에 두지 않았을 가능성도 충분히 있다.

옥텟의 끝에서 로세티가 연인에게 요구하는 것은 단 한 가지다. "그저 날 기억해 주세요." 이어지는 세스텟에서는 전환과 함께 연인을 위한 두 번째 선물이 제시된다. 여기서 그녀는 그를 구속하거나 통제하길 바라지 않는다며 연인을 안심시킨다. 한동안 자신을 잊었다가 훗날 다시 떠올리게 되더라도 그것은 자연스러운 일이니 그가 죄책감이나 슬픔을 느낄 필요는 없다는 것이다. 그녀가 가장 바라는 것은 그의 행복이며 자신을 기억해 달라는 소망은 바로 그 바람에서 비롯된다.

나의 비공식 설문 조사 결과 모든 사람이 죽은 이들을 생명력 있는 내적 존재로 경험하는 것은 아니었다. 몇 해 전 쌍둥이 언니를 잃은 한 여성은 언니가 자기 안에 살아 있는 것처럼 느껴지지 않는다고 말했다. 다만 자신의 삶에서 언니가 차지했던 거대한 빈 구멍 하나가 남아 있을 뿐이라고.

떠난 이의 생동하는 정신을 당신 안에서 키우고 확장할 수 있을까? 또 그렇게 하는 데 어떤 가치가 있을까? 로세티의 시는 그것이 가능하다고 내게 확신을 준다.

곰곰이 생각해 보니 이것은 심부전으로 서서히 쇠약해지고 있다는 사실을 알았을 때 어머니가 하려던 일이기도 했다. 어머니는 자녀들과 손주들, 조카들을 위해 각자 좋아하는 색으로 아프간뜨기 담요를 만들어주기로 결심했다. 요하네스버그의 허름한 동네에 있는 양모 가게에 함께 가서 색을 고르던 일을 생생히 기억한다. 어머니 말로는 가장 다양한 선택지가 있는 곳이었다. 그 담요의 선명한 색상은 지금도 집에서 특별한 자리를 차지하고 있으며 어머니의 생기 넘치는 성격을 상기시키는 표지다.

어머니가 돌아가신 뒤 누이들과 나는 유언장을 찾으러 갔다. 그 곁에는 어머니가 물려주는 어떤 유산보다 훨씬 더 귀한 편지 한 통이 놓여 있었다. 편지에서 어머니는 우리를 얼마나 사랑하는지, 우리를 얼마나 자랑스러워하는지, 우리가 삶에서 뜻한 바를 이루어낼 수 있으리라는 확신이 얼마나 큰지를 보여주었다. 나는 그 편지를 책상 서랍에 넣어 두고 늘 위안과 영감을 얻으며 최고의 내가 되기 위해 노력하고 있다. 어머니의 편지를 떠올리면 19세기 영국의 유명한 소설가 조지 엘리엇의 말이 생각난다. "나는 사랑받는 것만이 아니라 사랑받고 있음을 말로 들어야 하는 사람이다. 침묵의 영역은 무덤 너머로도 충분히 크다."

로세티가 자신의 유명한 소네트 〈기억해 주세요〉에서 하고 있는 일은, 즉 각자가 자신의 방식대로 하고 있는 일은 이 세계와 저 "침묵의 땅" 사이를 연결함으로써 남아 있는 사람들에게 생동하는 정신을 불어넣는 일이다.

시가 건네는
마음 처방전

——————— *1. 사랑하는 이들의 기억은 우리 곁에 남아 위로와 기쁨의 원천이 된다.* 기억을 잘 가꾸어 상실로 인한 아픔을 줄여 보라. 그들을 아는 사람들과 함께 이야기 나누기, 글로 써 보기, 의식적으로 떠올리는 시간 갖기 등 다양한 방법이 있다.

2. 삶의 끝자락이 가까워졌다고 느낀다면 사랑하는 이들에게 의미 있는 유품을 남기는 일을 고민해 보라. 그들에게 위안이 되도록 유언장과 함께 짤막한 편지를 남기는 것도 좋다.

3. 누군가를 사랑한다는 것은 당신이 떠난 뒤에도 사랑하는 이가 앞으로 나아가도록 돕는 일이다.

시인과
시에 대하여

——————— 〈기억해 주세요〉는 책의 앞부분에 실린 〈당신을 어떻게 사랑하느냐고요?〉와 비교할 수 있다. 두 작품은 거의 같은 시기에 발표되었다. 배럿 브라우닝의 시는 1849년, 로세티의 시는 1850년이다. 둘 다 어린 시절부터 비범한 재능을 드러낸 여성 시인의 작품이며 완벽하게 다듬어진 페트라르카식 소네트로 수많은 선집에서 쉽게 찾을 수 있다. 그러나 차이점을 살피

는 일 또한 유익하다.

믿기 힘들겠지만 로세티의 시는 19세 때 작품이고 배럿 브라우닝의 시는 40대 중반 때의 작품이다. 두 작품이 모두 사랑을 다루고 있지만 배럿 브라우닝의 시가 깊이 사랑에 빠진 황홀한 체험을 묘사하는 반면, 로세티의 시는 사랑의 상실에 초점을 맞추며 우울한 정서를 담고 있다. 로세티는 10대 중반부터 우울증을 겪었다. 기록에 따르면 그녀에게는 구혼자가 세 명 있었고 그중 한 사람과는 약혼까지 했지만 이런저런 이유로 세 관계 모두가 끝났다.

온라인에서 〈기억해 주세요〉 낭송을 들어 보면 시가 지닌 치유와 영감의 힘을 실감하게 된다. 이 시는 노래로도 만들어졌는데 한 번쯤 들어 보기를 권한다. 로세티는 우울증을 겪었지만 바로 그 때문인지 타인을 깊이 배려했고 고통받는 사람들에게 특히 민감했다. 왕성한 집필 활동과 더불어 그녀는 런던의 전직 성매매 여성 보호소에서 10년 이상 자원봉사를 했다. 또 그녀는 노예제와 미성년자 착취, 동물 학대에 반대했다. 넓은 친구 관계를 유지하며 동료 문인들과도 활발히 교류했다. 한마디로 그녀는 시인으로서도, 한 인간으로서도 오래 기억할 만한 사람이다.

2

내면의 눈

그것들은 내면의 눈앞에 번쩍이며 떠오르네.

이는 고독의 행복이네.

윌리엄 워즈워스

15

자연 속의 초월

수선화

윌리엄 워즈워스

골짜기와 언덕 위를 높이 떠다니는
구름처럼 난 외롭게 떠돌았네.
그러다가 보았네,
한 무리의 황금빛 수선화
호숫가 나무 아래에서
미풍에 한들한들 춤추는 모습을.

꽃들은 은하수에서 빛나고 반짝이는
별들처럼 연이어
호수의 가장자리를 따라
끝없이 펼쳐져 있었다네.
한눈에 보아도 만 송이나 되는 수선화들이
머리를 살랑대며 흥겹게 춤추는 것을.

그 옆에서 물결도 춤을 추었지만

반짝이는 물결보다 더 환희에 차 있었다네.

이렇게 흥겨운 친구들 속에서

어찌 시인이 즐겁지 않을 수 있겠는가.

나는 보고, 또 보았지만 이 풍광이

내게 얼마나 소중한 것이 될지 몰랐었네.

때로 내가 긴 의자에 누워

멍하니 혹은 사색에 잠길 때

그것들은 내면의 눈앞에 번쩍이며 떠오르네.

이는 고독의 행복이네.

그러면 내 마음은 기쁨으로 가득 차

수선화와 함께 춤을 춘다네.

⁓

워즈워스의 〈수선화〉는 시집과 대중문화에서 특히 사랑받는 작품이다. 2004년에는 영국 학생 15만 명이 시의 출판 200주년 기념행사에서 함께 낭독하기도 했다.

무엇이 시를 그토록 특별하게 만드는가? 질문에 답하기 위해 시를 처음 보는 것처럼 새롭게 들여다보자. 소리 내어 다시 읽어보자. 읽는 동안 어떤 이미지가 떠올랐는가? 또 어떤 감정이 들었는가? 나는 바로 이 두 질문의 답 속에 시의 명성이 깃들어 있다고 믿는다. 첫 두 행부터 살펴보자.

골짜기와 언덕 위를 높이 떠다니는
구름처럼 난 외롭게 떠돌았네.

하늘 높이 혼자 떠 있는 구름은 어떤 기분일까? 이 두 행은 당신에게 어떤 감정을 불러일으키는가? 다음 두 행을 생각해 보자.

그러다가 보았네,
한 무리의 황금빛 수선화

이제는 어떤가? 당신은 어떨지 모르지만 나는 첫 두 행을 여러 번 읽고 나서도 외로운lonely이라는 단어가 떠다니는floats이라는 단어와 어우러지면서 평화롭고 걱정 없는 상태가 그려졌다. 그다음 두 행은 깜짝 놀랄 만큼 아름다운 무언가가 갑자기 시야에 나타날 때 느끼는 기쁨의 순간을 전한다. 그 후 시의 리듬이 빨라진다. 몇 마디로 시인은 수선화의 풍성함과 생동감을 전한다. 시의 속도가 붙는다. 시인은 수선화의 풍성함과 얼마나 생생하게 살아 있는 것처럼 보이는지를 동시에 묘사한다.

한눈에 보아도 만 송이나 되는 수선화들이
머리를 살랑대며 흥겹게 춤추는 것을.

워즈워스는 자연의 경이에 대한 자신의 감정을 다시 한 번 더 사람들에게 전한다.

　　이렇게 흥겨운 친구들 속에서
　　어찌 시인이 즐겁지 않을 수 있겠는가.

여기서 시인은 수선화를 단순한 존재로 보지 않고 "흥겨운 친구"라는 살아 있는 존재로 부른다. 시인은 자연의 경이와 그것이 불러일으킨 감정을 충분히 음미하고 간직할 시간을 갖는다. 그러나 그때는 이 경험이 자신에게 얼마나 소중한 줄 미처 깨닫지 못했다. 그는 장면을 "멍하니 혹은 사색에 잠긴" 기분으로 누워 있는 자신의 소파로 옮겨 온 후에야 이렇게 말한다.

　　그것들은 내면의 눈앞에 번쩍이며 떠오르네.
　　이는 고독의 행복이네.

그것이 다시 그에게 수선화의 춤으로 활력을 불어넣고 가슴을 기쁨으로 가득 차게 하면서 다시 한 번 그들과 함께 춤춘다.

여기서 고독solitude, 혼자 있는 행복한 상태과 내가 다른 곳에서 설명한 외로움loneliness, 고통스러운 상태의 구별을 주목하라. 혼자 있는 것은 관점에 따라 행복하거나 고통스러울 수 있다. 시적 묘사에서 두 가지가 교차하는 정서, 즉 평온함과 활기를 생각해 보라. 수선화를 바라보거나 훗날 다시 떠올릴 때 이 두 정서가 어떻게 작용하는지를 말이다.

의식의 변화는 초월에서 흔히 나타나는 현상으로 초월 명상 Transcendental Meditation, TM 중에 경험하는 전형적인 의식 상태다. 나는 수년간 TM을 수련했기에 매우 즐거운 이 의식 상태에 친숙하다. 윌리엄 제임스는 그의 역작 『종교적 체험의 다양성』에서 이렇게 썼다.

> 정상적으로 깨어 있는 우리의 의식은 단 하나의 특수한 유형에 불과하다. 그 주변에는 아주 얇은 막으로 나뉜 전혀 다른 의식의 잠재적 형태들이 놓여 있다. 우리는 그 존재를 의심조차 하지 않은 채 삶을 지나칠 수 있다. 그러나 필요한 자극을 가하면 단번에 그 모든 것이 완전한 형태로 모습을 드러낸다.

필요한 자극이란 만트라 명상 상태를 유도하도록 선택된 특별한 소리일 수도 있고 시와 같은 위대한 작품일 수도 있다. 초월에 대한 더 많은 묘사는 워즈워스의 〈틴턴 수도원〉(17장)과 고대 중국 철학자 노자가 『도덕경』에 남긴 다음 구절에서도 찾을 수 있다.

> 완전히 텅 비우고,
> 오로지 고요함만을 지키고 있으니,
> 온갖 만물은 함께 아우러져서 변화하는데,
> 근원에서 나는 이것들이 되풀이되는 것을 보네.

하늘의 도리는 돌고 돌면서

만물은 각자 그 근원으로 되돌아오는구나.

워즈워스의 〈수선화〉가 보여주는 이 다채로운 의식 상태는 얼마나 놀라운가! 평범한 이에게는 워즈워스의 산책이 그저 흔한 일처럼 보였을지 모른다. 그러나 그의 천재성 덕분에 200년이 지난 지금 그의 눈과 마음을 통해 그 장관을 즐기며 그가 거듭 체험했던 효과를 공유하고 있다.

워즈워스 시의 치유 효과를 더 살펴보기 위해 19세기 영국 철학자 존 스튜어트 밀의 사례를 살펴보자. 밀은 우울증에 빠져 헤어나지 못하던 중 워즈워스의 시를 읽기 시작했다. 그는 자서전에서 그것을 마음의 약이라고 불렀고 자신의 우울증이 치유되었노라고 했다. 그는 그 효과를 자연의 아름다움에 대한 묘사뿐 아니라 자연에 대한 시인의 섬세한 반응에서도 찾았다. 그의 사례는 자연의 아름다움에 어떻게 반응하고 어떤 유익을 얻을 수 있는지에 대한 모델을 제공했다.

〈수선화〉를 여러 번 읽고 난 뒤 나는 워즈워스의 시가 마음을 달래면서도 생기를 북돋우는 놀라운 능력을 지녔다는 데 동의한다. 당신은 어떻게 생각하는가?

시가 건네는
마음 처방전

─────────── **1. 자연에서 영감을 받은 시는 독자에게도 시인과 같은 감정을 불러일으킬 수 있다.** 이는 독자의 기분이나 의식 상태를 바꿀 수 있다.

2. 어떤 경우에는 이러한 변화가 불안이나 우울감을 확연히 줄일 정도로 효과적이다.

3. 자연 세계에 대한 감수성을 기르는 것은 좋은 효과를 낼 수 있다. 시는 그 방법 중 하나다.

시인과
시에 대하여

─────────── 윌리엄 워즈워스(1770~1850)는 18, 19세기에 걸쳐 활동한 영국의 대표적인 시인이다. 그의 어린 시절은 특권과 사랑, 상실, 뛰어난 자연미가 혼합된 시기였다. 아버지는 영국 귀족의 보좌관이었고 가족은 웅장한 저택에서 살았다.

다섯 남매 중 둘째였던 워즈워스는 특히 여동생 도로시와 가까웠다. 어머니는 그가 일곱 살 때 세상을 떠났다. 아버지도 그가 열세 살 때 사망했다.

워즈워스는 자신을 완고하고, 변덕스럽고, 격한 성미의 아이로 묘사했는데 의존적인 상태를 상기시키는 사소한 모욕 하나하나에도 분개하곤 했다. 외가에서 지낼 때 조부모와 삼촌과의 불화 때문에 고통받으며 자살을 생각하기도 했다.

반면 학창 시절은 행복했다. 그는 호수 지방을 마음껏 누비며 윈더미어, 코니스턴 호수에서 배를 타고 스케이트를 타며 새 둥지를 찾고 밤을 줍고 언덕을 걸으며 말을 탔다. 훗날 그는 이러한 경험이 자연 세계의 이미지를 자기 내면에 채워 주었다는 것을 깨달았다. 그는 아동 교육에서 공부에 치우치는 풍조를 성토하며 자신을 소년기의 절반을 산중에서 제멋대로 뛰놀며 보낸 사람이라 불렀다. 어린 시절의 중요성은 그의 유명한 구절 "아이는 어른의 아버지"에 잘 담겨 있다.

소년기 학업을 마친 뒤 그는 케임브리지 대학교에 진학해 졸업했다. 1790년 프랑스혁명 와중에 프랑스를 방문해 아네트 발롱과 사랑에 빠졌고 그녀와의 사이에서 딸 캐롤라인을 얻었다. 1793년 영국과 프랑스의 전쟁 선포로 두 사람은 헤어졌으나 그는 딸을 재정적으로 책임졌다.

25세에 그는 도로시와 함께 살 수 있는 유산을 물려받았고 같은 해 평생의 지적 동반자가 될 시인 새뮤얼 테일러 콜리지와 처음 만났다. 그해 그는 『서정담시집Lyrical Ballads』을 출간했고 자전적 서사시 『서곡The Prelude』을 쓰기 시작했다. 이 작품은 평생에 걸쳐 수정했는데 사후인 1850년에야 출간되었다.

1802년 워즈워스는 소꿉친구 메리 허친슨과 결혼해 다섯 자녀를 두었다. 워즈워스는 73세 때 영국 계관시인에 임명되어

1850년 타계할 때까지 그 직위를 유지했다.

〈수선화〉는 워즈워스와 도로시가 함께 산책한 호수 지방에서 영감을 받은 작품이다. 도로시는 훗날 일기에 "시골 도로 너비만큼 호숫가를 따라 길게 이어진" 수선화를 보았다고 적었다. 그녀의 일기에는 워즈워스의 시에 반영된 요소가 담겨 있다. 수선화 꽃 머리가 "흔들리고 휘청이고 춤추며 바람과 함께 정말로 웃는 듯 보였다"는 묘사가 그것이다. 나중에 워즈워스의 아내 메리도 시에 몇몇 핵심 구절을 보탰는데 그중 마지막에서 두 번째 행은 워즈워스 자신이 시에서 가장 훌륭하다고 인정한 구절이다.

그것들은 내면의 눈앞에 번쩍이며 떠오르네.
이는 고독의 행복이네.

〈수선화〉는 『두 권으로 된 시집Poems, in Two Volumes』에 실렸을 때는 혹평을 받았지만 뒤에 재평가되며 큰 찬사를 받았다. 이는 처음에 혹평을 받은 시인들에게 용기를 줄 만한 일이다.

워즈워스의 시는 영국 북부의 광활하고도 장엄한 호수 지방 덕분에 더욱 빛나고 풍요로워졌다. 그는 지금 관광지가 된 도브 코티지에서 여러 해를 보냈다. 오래전 가을 몇몇 친구들과 그곳을 방문했다. 사방에 나무가 계절의 붉은빛과 주황빛, 초록빛 잎으로 물들어 매우 아름다웠다. 시를 쓴다는 생각을 단 한 번도 한 적이 없었던 친구 한 명이 이렇게 말했다. "이런 아름다움에 둘러싸여 산다면 나도 시를 쓸 수 있을 것 같아."

16

수선화의 기억

성 데이비드 날의 기적

질리언 클라크

이 이야기는 실화다. 1970년대에 일어난 일이며 시로 쓰기까
지 수년이 걸렸다.

"그것들은 내면의 눈앞에 번쩍이며 떠오르네.
이는 고독의 행복이네."
(윌리엄 워즈워스의 〈수선화〉 중에서)

수선화들이 황금빛으로 활짝 핀 오후
태양은 삼나무와 거대한 참나무 사이 길을
조심스레 밟아 내려간다.
시골 저택처럼 보인다. 손님들이 거닐고,
묘목 사이로 정원사들의 엉덩이가 보인다.

나는 정신 질환자들에게 시를 읽어 주고 있다.

한 노파가 내 말을 끊고는
필요한 만큼 석탄을 주겠다고 나선다.
아름다운 밤색 머리칼의 소년은
온전히 몰입해 듣고 있다.

나중에 듣기로 그는 정신분열증 환자라고 한다.
3월 초 햇살의 우리 안에 한 여자가 앉아 있다.
듣지도, 느끼지도 못한 채.
단정한 옷차림의 그녀는 부재중이다.
크고 온순한 남자가 다정하게 의자로 이끌려 온다.

그는 한 번도 말을 한 적이 없다.
노동자의 손은 무릎 위에 올려져 있고
몸은 시의 리듬에 맞춰 부드럽게 흔들린다.
나는 그들의 존재와 부재를 향해 시를 읽는다.
흔들리는 그 커다란 노동자를 향해.

그는 갑자기, 소리 없이 일어선다,
거대하고 온순하지만, 나는 두렵다.
봄물이 천천히 흐르는 것처럼
새벽어둠을 깨는 첫 새소리처럼
그의 목소리가 〈수선화〉를 암송한다.

간호사들은 얼어붙어 경계하고, 환자들은
귀 기울이는 듯하다. 그의 목소리는 쉰 듯하지만
단어들은 완벽하다. 수선화는 밀랍처럼 고요하다.
천 송이, 만 송이, 그들의 음절은 발화되지 않은 채
크림빛과 노란빛은 여전히 그대로다.

40년 전, 골짜기 마을 학교에서
아이들은 시를 달달 외웠다.
불행의 침묵이 덮친 뒤에도 그는 기억하고 있다.
말 속에는 음악이 있었고,
자신에게도 할 말이 있었다는 것을.

그가 낭송을 마치고, 박수가 터지기 전
우리는 꽃들의 침묵을 바라본다.
개똥지빠귀 한 마리가 노래하고,
수선화들은 불꽃처럼 타오른다.

꿈

정신병원 직원들이 클라크를 초청해 환자들에게 시를 읽어 달라
고 요청했다. 이날은 3월 1일 성 데이비드의 날, 웨일스의 수호성
인을 기리는 날이었다. 그는 "삶의 작은 일들을 하라Do ye the little

things in life"라는 말로 유명하다. 이날 수선화는 만개했고 웨일스 전역에서 열리는 성 데이비드의 날 축제는 전통적인 수선화로 장식되었다.

클라크는 세밀한 것을 포착하는 눈을 가졌기에 묘사가 생생하고 대비도 선명하다. "필요한 만큼 석탄을 주겠다"고 말하는 노파의 정신은 혼란스러워도 마음은 너그럽다. 클라크가 "3월 초 햇살의 우리 안에 … 듣지도, 느끼지도 못한" 자세로 앉아 있다고 말한 여자도 있다. 날씨는 아름답지만 여자는 자기 마음의 감옥에 갇혀 있다.

이야기를 전하면서 클라크가 맞닥뜨렸을 어려움의 한 단면을 짐작할 수 있다. 지금은 받아들여지지 않는 1970년대의 언어를 써야 할까, 임상적이면서 사려 깊은 현대 용어를 써야 할까? 그러나 당시 정신 질환자들이 어떤 대우를 받았는지를 전할 때 시인의 언어는 사실적이다. 나 또한 정신과 의사 초년 시절 아무렇지 않게 쓰던 그 무심한 단어들을 기억한다.

이제 클라크의 시선은 시의 중심인물로 옮겨 간다. 의자까지 "다정하게 이끌려" 오는 "크고 온순한 남자." 그는 10년 동안 말을 하지 않은 노동자였다. 클라크는 시를 읽기 시작한다. 처음에 그가 의자에 앉아 시의 리듬에 맞춰 부드럽게 몸을 흔드는 모습을 본다.

그는 갑자기, 소리 없이 일어선다,
거대하고 온순하지만, 나는 두렵다.

어떤 돌발적인 행동을 할지 모르는 덩치 큰 침묵의 사내 앞에서 시인이 느꼈을 두려움에 공감된다. 그러나 시는 기적을 묘사한다. 그 노동자는 〈수선화〉를 암송한다. 오랜 침묵 탓인지 그의 목소리는 쉰 듯하지만 한 단어도 틀리지 않는다.

잠시 클라크의 시선은 바깥의 수선화로 향한다. 워즈워스의 춤추고 활기찬 수선화와 달리 정신병원 바깥의 수선화는 "밀랍처럼 고요"하다. 병원 안 사람들의 고요를 비추듯이. 그 큰 사내처럼 "그들의 음절은 발화되지 않은 채" 침묵하고 있다.

아마도 클라크가 시를 쓰기까지 오랜 시간이 걸린 것은 시의 모든 요소를 하나로 묶어줄 무언가가 필요했기 때문일지 모른다. 그 역할을 한 것이 바로 수선화였다. 피어 있는 꽃으로서나 시 속의 이미지로서나 그 덕분에 시인은 이야기를 이토록 아름답게 엮을 수 있었다.

어쩌면 바로 그 다양한 모습의 수선화들이 크고 무뚝뚝한 노동자의 내면의 눈(혹은 귀)에 번쩍 떠올랐을 것이다. 시는 오래전 아이들이 학교에서 암송하던 시간의 기억을 깨워 오랜 침묵에 잠겼던 그의 목소리를 다시 찾도록 도와주었을지도 모른다.

시가 건네는
마음 처방전

———————— **1. 시를 암송하는 일은 큰 의미를 갖는다.** 간단한 연습으로 좋아하는 시 한 편이나 몇 편을 외워 보라. 언제

그 시들이 의지하고 싶은 자원이 될지 모른다.

2. 뇌졸중이나 치매 등으로 외부와 단절된 것처럼 보인다면 겉모습 뒤에 여전히 감각을 느끼는 존재가 있을 수 있다는 점을 기억하고 그에 맞게 대하라. 또 그 사람 안에 잠들어 있는 생기의 원천을 활성화하려고 노력하라. 예를 들어 젊은 시절의 음악을 들려주면 앞의 노동자처럼 놀라운 기쁨과 활력을 이끌어낼 수 있다. 시 또한 잠든 영혼을 깨우는 열쇠가 될 수 있다.

시인과
시에 대하여

───────── 질리언 클라크는 영어를 모국어로 쓰며 자란 웨일스의 대표적인 시인이자 극작가다. 그녀는 웨일스의 세 번째 국가 시인으로 선정되었고 시 분야에서 여왕의 금메달을 받는 영예를 누렸다. 영국 전역의 학생들이 공부하는 그녀의 시는 10개의 언어로 번역되었다. 저서만 16권에 이른다.

책에 클라크의 시를 싣는 허락을 구하고자 직접 그녀에게 연락했다. 계약도, 협상도, 사례도, 머뭇거림도 없이 그녀는 이렇게 답했다. "사용하세요. 그것이 바로 시가 존재하는 이유입니다." 나는 생각했다. "삶의 작은 일들을 하라."

17

Transcendence in Body and Mind

몸과 마음의 초월

틴턴 수도원

윌리엄 워즈워스

이 아름다운 형상들은
오랜 부재 끝에도 나에게
맹인의 눈에 비친 풍경 같지는 않았다.
외로운 방 안에서, 도시와 마을의 소음 속에서
피곤한 시간마다 나는 이들에게서
핏줄과 온 마음으로 느껴지는 달콤한 감각을,
더 맑아진 정신 속으로 스며들어
고요히 회복시켜 주는 감각을 빚졌노라.
기억나지 않는 즐거움들, 어쩌면
선한 사람의 삶에서 가장 좋은 부분
곧 이름도 기억도 남지 않는
작은 친절과 사랑의 행위들에
적지 않은 영향을 미치는 감정들.
내가 그들에게 또 하나의 선물을 빚졌노라.

더 숭고한 측면 축복받은 기분 속에서

그 신비의 짐 속에서

이 이해할 수 없는 세상의 무겁고 지친 짐이

가벼워진다.

그 고요하고 축복된 기분 속에서

애정은 우리를 부드럽게 이끌어 간다.

마침내 이 육체의 숨결과

우리 인간의 피의 움직임마저도

거의 멎어, 우리는 몸은 잠든 듯 놓여 있으나

살아 있는 영혼이 된다.

조화의 힘과 깊은 기쁨의 힘에 의해

고요해진 눈으로 우리는

만물의 생명을 들여다본다.

…

나는 느꼈다.

고양된 사유의 기쁨으로

나를 뒤흔드는 한 존재를.

깊이 스며든 어떤 숭고한 감각을.

그 거처는 지는 해의 빛과

둥근 바다와 살아 있는 공기이며,

…

생각하는 모든 것, 모든 사유의 대상,

그리고 만물 속을 굽이쳐 흐르는 그것을.   (발췌)

얼마 전 친구 몇 명과 데크에서 이야기를 나누고 있었다. 늦가을 치고 놀라울 만큼 따뜻한 날이었다. 캐롤라이나 재스민이 늘어진 그늘막 쪽으로 시선을 돌리던 참에 친구들의 대화가 격렬한 정치 논쟁으로 바뀌었다. 그전에도 우리는 정치 문제로 다투곤 했다. 멀리서 전쟁을 알리는 트럼펫 소리가 들려오는 듯했다. 그러나 논쟁 속으로 뛰어드는 대신 말했다. "오늘은 정치 이야기 하지 말자."

햇빛은 늦게 핀 캐롤라이나 재스민 사이를 비추었고 나는 다시 혼자만의 초월적인 몽상으로 미끄러져 들어갔다. 덕분에 우리는 불화 없이 즐거운 오후를 보냈다. 나는 오래도록 반복했던 본능적 행동 패턴이 바뀌었다는 사실을 깨달았다. 신경 학자 빅터 프랭클Viktor Frankl의 말을 빌리자면 자극과 반응 사이의 마음속 공간이 열렸고 그 공간 안에서 나는 사려 깊은 결정을 내릴 수 있었다.

그 경험은 〈틴턴 수도원〉과도 맞닿아 있다. 시에서 워즈워스는 스물세 살 무렵, 마음이 괴로웠던 시기에 보았던 자연 풍경을 5년 뒤 다시 찾는다. 풍경을 다시 보는 일은 현재의 생각과 감정, 5년 전의 느낌, 그 사이에 그에게 미친 영향과 뒤섞여 일종의 몽상이나 초월적 상태로 그를 이끈다.

〈틴턴 수도원〉은 그의 몽상과 잃어버린 시간을 찾아서 떠나는 여정의 입구일 뿐이다. 마치 프루스트에게 홍차에 적신 마들

렌 과자가 그랬던 것과 닮았다. 시는 20세기의 그 장르 거장들이 등장하기 한 세기 전부터 의식의 흐름을 보여준다.

〈수선화〉에서 보았듯이 의식의 요소들이 신체와 정서, 사색과 활기 사이를 어떻게 오가는지 주목하라. 또 시 구절을 읽으면서 당신의 의식 상태, 정서, 신체 변화가 어떻게 일어나는지도 느껴 보라.

워즈워스는 예전 방문 때 친숙해진 풍경, 즉 산의 시냇물과 높은 절벽, 나무와 산울타리 등을 묘사한 뒤 5년 동안 "외로운 방" 과 "도시와 마을의 소음 속에서" 지내며 이전의 여행이 자신에게 주었던 유익한 효과에 감사한다. 그는 그 효과를 "달콤한 감각"이 라는 형태로 피와 심장 속에서 신체적으로 느꼈고, 그것이 "고요한 회복"을 그에게 가져다주었다고 말한다. 초월의 신체적 측면은 우리를 새롭게 하고 기력을 되찾게 한다.

여기서 다시 한 번 워즈워스가 독특한 치유의 시인이 된 요소 를 확인할 수 있다. 그는 환경을 놀랍도록 감각적으로 느끼고 그 것이 자신의 몸과 마음에 미치는 효과를 감지한 다음, 그 효과를 글로 표현해 독자가 그것을 체험하고 유익하도록 돕는다.

이어 "기억나지 않는 즐거움" 같은 초월적 상태의 정서적 측면 을 기록한다. 그리고 이렇게 관찰한다. 기분이 좋을 때 사람들은 타인에게 선하게 행동할 수 있으며 "이름도 기억도 남지 않는 / 작은 친절과 사랑의 행위들"로 이어진다는 것을. 시인은 계속 그 체험이 마음과 몸에 미치는 효과를 탐구한다.

더 숭고한 측면 축복받은 기분 속에서

그 신비의 짐 속에서

이 이해할 수 없는 세상의 무겁고 지친 짐이

가벼워진다.

시인은 자연의 이런 체험이 어떻게 삶의 짐을 덜어주는지 그 신비에 감탄한다. 이어 그는 자기 몸으로 시선을 옮긴다. 피와 숨의 움직임이 "거의 멎는"듯 보인다. 그러나 몸이 가라앉는 바로 그때 마음은 기쁨과 통찰로 깨어난다.

조화의 힘과 깊은 기쁨의 힘에 의해

고요해진 눈으로 우리는

만물의 생명을 들여다본다.

시의 더 아래쪽에 나오는 대목에서 시인은 "고양된 사유의 기쁨"과 "숭고한 감각"을 묘사한다. 이는 자연의 평범한 요소를 바라보는 기쁨을 떠올리게 한다. 그것은 대가의 눈으로 관찰하면 더욱 특별하게 보인다.

지는 해의 빛과

둥근 바다와 살아 있는 공기이며,

〈틴턴 수도원〉에서 워즈워스는 초월 상태에서 발견되는 많은 요소를 전한다. 신체의 이완, 새로워짐과 활력, 기분의 호전, 신비로운 경험, 깊은 통찰, 경이로운 우주의 요소와 뒤섞이는 환희….
이는 〈수선화〉에서 환기된 『도덕경』의 사유와도 맞닿아 있다.

시가 건네는
마음 처방전

──────── **1. 자연과 만나는 일은 의식을 향상시키고 삶의 개선을 돕는다.** 자연은 몸과 마음 모두에 강력한 영향을 미친다.

2. 사람들이 시와 자연에 반응하는 방식은 서로 연결되어 있다. 자연은 시에 대한 영감을 주고, 시는 다시 자연에 대한 사람들의 감식을 깊게 한다.

3. 자연과 시에 대한 기억은 첫 경험 이후 오래도록 치유와 영감, 기쁨의 원천이 된다. 시의 소리와 의미는 당신의 몸과 마음에 남아 시 속의 경험을 더욱 강렬하게 증폭시킨다.

18

The Power of Dark and Light

어둠과 빛의 힘

한 줄기 빛이 비스듬히

에밀리 디킨슨

한 줄기 빛이 비스듬히 비치네.
겨울 오후-
대성당에서 들려오는 성가의
무게처럼 짓누르며-

하늘의 상처를 주는데도-
겉으로는 흉터 하나 없고,
그 뜻이 닿는 내면엔
큰 변화가 있네-

누구도 가르칠 수 없네- 아무도-
그것은 봉인된 절망-
공중으로부터 보내진
제국의 고뇌-

그것이 올 때, 풍경들은 귀 기울이며-

그림자들은- 숨을 멈추네-

그것이 사라질 때, 마치 죽음의 모습처럼

아득함을 느끼네-

⁓

이 시를 처음 만난 것은 한 통의 편지를 열었을 때였다. 그 안에서 종이 한 장이 떨어져 나왔다. 1981년에 나는 국립정신건강연구소NIMH의 정신과 주니어 연구원이었고, 해마다 겨울철 우울증이 반복되는 사람들을 찾는 신문 광고에 응답한 편지 수천 통을 열어보고 있었다. 당시만 해도 계절성 정서장애SAD는 아직 의학적으로 인정되지 않았고 개념에 대한 회의도 꽤 있었다. 그래서 디킨슨의 이 시가 어느 편지에서 불쑥 떨어졌을 때, 나는 예술적 아름다움뿐 아니라 내가 평생 연구할 질환의 존재를 증명해 주는 것 같아서 가슴이 뛰었다.

"한 줄기 빛이 비스듬히"에서 겨울빛의 어떤 점이 누군가에게는 압박감을 주는 것일까? 어떤 이는 낮이 짧거나 흐린 하늘 탓이라고 말하겠지만 빛의 특정한 기울기slant를 지적하는 이는 드물 것이다. 그러나 바로 태양과 지구 사이의 이 각도가 겨울의 본질이다. 지구가 기울어진 채 태양을 공전하는 계절이 곧 겨울이다. 그러니 첫 행부터 에밀리 디킨슨을 위대한 시인으로 만드는 요소, 독창적인 통찰과 몇 마디 단어만으로 개념의 핵심을 찌르는 능력이 드러난다.

다음 두 행은 또 다른 예리한 관찰을 보여준다. 바깥 세계와 내면 반응 사이의 직접적인 연결. 우리는 특정한 기울기의 빛이 화자를 압박하며, 그것이 "대성당에서 들려오는 성가의 / 무게"를 떠올리게 한다는 것을 알게 된다.

다음 연은 수수께끼 같은 역설로 시작한다. "하늘의 상처." 디킨슨은 종교의 어떤 측면이 고통스러울 수 있음을 암시하는 걸까? 아니면 단순히 대성당이 어둑한 공간이어서 SAD를 겪는 이에겐 우울감을 불러일으킬 수 있다는 뜻일까? 나로서는 어린 시절 어두운 회당에 오래 앉아 있으며 밖에서 뛰놀고 싶어 안달하던 기억이 떠오른다.

디킨슨은 이어서 말한다. 겨울 오후의 그 고통은 분명하지만

겉으로는 흉터 하나 없고,
그 뜻이 닿는 내면엔
큰 변화가 있네-

즉, 밖으로 드러날 상처는 없으나 내면의 결이 어긋나고 바뀌는 변화, 설명하기 어려운 내적 변조가 바로 겨울빛이 남기는 흔적이라는 뜻이다.

첫 행은 감정적 문제를 가진 환자들이 흔히 토로하는 가슴 아픈 후회를 떠올리게 한다. 자신의 고통을 나타낼 외적 징표가 없

다는 것이다. 그래서 다리 깁스나 절단처럼 눈에 보이는 상처가 있을 때 받게 될 이해를 그들은 제대로 받지 못한다. 사실 그들 자신도 흉터 같은 표지가 없으니 자기 고통의 정당성을 충분히 인정하지 못하기도 한다.

하지만 디킨슨은 통념에 매이지 않고 남이 어떻게 생각하든 자신의 내적 경험을 신뢰한다. 그녀는 그 의미들이 닿는 내면의 차이를 감지한다. 디킨슨이 글을 쓰던 19세기 말에는 '의미(혹은 감정 반응)'가 뇌의 어디에 기록되는지 과학이 아직 밝혀내지 못했다. 오늘날에는 쾌감은 측좌핵nucleus accumbens, 공포는 편도체 amygdala 등 감정이 특정 뇌 영역과 연관된다는 근거가 밝혀졌다.

그녀는 이 숨은 고통을 빛과 연결하고, 그 고통이 각인되는 심층의 장소를 암시한 뒤 다음 연을 이렇게 시작한다. "누구도 가르칠 수 없네- 아무도-" 디킨슨이 쓰던 당시에는 계절성 정서장애를 아무도 몰랐으니 아무도 가르칠 수 없었다. 그러나 빛이 기분에 미치는 영향까지 섬세히 느끼는 사람, 곧 시인은 그것을 이해하고 누군가에게 가르칠 수 있다는 뜻으로도 읽힌다.

디킨슨은 이어서 이렇게 묘사한다.

봉인된 절망-
공중으로부터 보내진
제국의 고뇌-

압박감은 마치 '절망'이라는 봉인이 찍인 편지처럼, 황제가 내려보낸 재앙처럼 고뇌가 되어 달라붙는다.

마지막 신비로운 연은 겨울 우울증의 마비와 그 증상이 사라질 때 어떤 느낌이었는지, 기억하기 어려운 상태의 정지된 감각을 포착한다.

만약 디킨슨이 겨울 오후에 "하늘의 상처"를 느꼈다면, 다른 계절에는 어땠을까? 다행히도 우리는 그녀의 다른 시 속에서 몇 가지 단서를 찾을 수 있다. 예를 들어 봄을 생각해 보라.

나는 감동 없이 봄을 맞을 수 없다-
나는 오래된 욕망을 느낀다-
성급함과 함께 뒤섞인 망설임,
공정해야 한다는 확신-

여기에는 앞으로 나아가려는 충동과 뒤에 머물고 싶어 하는 관성 사이의 긴장이 보인다. 이는 T. S. 엘리엇의 〈황무지〉 첫머리에 나오는 구절 "4월은 가장 잔인한 달… 기억과 욕망을 뒤섞으며"에서도 드러나는 '성급함과 망설임'의 혼합과 닮았다. 디킨슨에게도, 엘리엇에게도 봄은 까다로운 계절이다. 자연이 조정기에 들어가듯 많은 사람에게도 봄은 조정의 때다.

디킨슨이 봄을 두고 이런 양가적 감정을 느꼈을지라도 여름에 이르면 그것이 사라진다. 그녀는 자신을 취한 벌에 비유한다.

공기에 취한- 나는-

이슬의 난봉꾼—

끝없는 여름날을 비틀거리며—

빛나는 하늘의 주막집에서—

시가 건네는
마음 처방전

———————— **1. 주변의 빛을 체험하라.** 하루와 계절에 따라 빛이 어떻게 달라지는지, 풀과 나무와 초록이 어떻게 빛을 부드럽게 하는지, 드넓은 하늘과 사막이 어떻게 빛을 강렬하게 하는지, 강과 호수와 바다는 어떻게 반사하는지 느껴 보라. 변하는 빛을 느끼면 매일의 생활이 더 즐겁고 극적으로 바뀐다.

2. 빛과 날씨, 물리적 환경 변화가 기분에 어떤 영향을 주는지 관찰해 보라. 음울한 날 바깥나들이가 어렵다면 실내에 밝은 빛을 더 들이는 것만으로도 활력을 북돋을 수 있다. 반대로 실내의 빛이 충분하더라도 운동을 곁들여 바깥에서 보내는 시간은 몸과 마음을 더욱 활기차게 한다. 계절 변화로 겪는 어려움을 해결해 줄 연구 자료는 충분히 많다.

3. 아침의 밝은 빛이 하루의 시동을 걸고, 저녁의 부드러운 빛이 숙면을 돕는다. 시간대에 맞춰 밝은 빛이나 어둠에 노출되면 생체 리듬이 강화된다. 빛과 어둠의 타이밍에 반응하는 내부 시계

가 일상의 리듬을 조절해 준다. 이것이 심신의 많은 기능에 영향을 미쳐 사람들을 즐겁고 활기차게 만든다. 몸의 모든 세포에는 생체 시계가 있다. 뇌의 '중추 시계'가 이를 조절한다.

시인과
시에 대하여

─────────── 에밀리 디킨슨의 시는 독창적이고 실험적이다. 너무나 독특해서 한눈에 알아볼 수 있다. 그녀의 시는 짧고 제목이 없다. 쉼표와 마침표 대신 대시(-)를 많이 쓰고, 특별한 대문자를 자주 쓴다. 운율 체계에서도 정규 운과 비슷하지만 조금 어긋나는 불완전 운을 혼합하여 독특한 느낌을 준다.

그녀는 1830년 매사추세츠주 애머스트의 이름난 가문에서 태어났고, 친구와 가족 곁에서 지냈으나 결혼은 하지 않았다. 친할아버지는 애머스트 대학을 창립했으며, 아버지는 성공한 변호사로 그 대학의 재무를 맡았다. 에밀리는 따뜻한 가정에서 자란 둘째 아이로, 오빠 오스틴과 여동생 라비니아가 있었다.

그녀는 왕성한 필력으로 1,800편의 시를 썼지만, 생전에 출간된 시는 고작 10편 정도였다. 그것도 당대의 관습에 맞추느라 대폭 수정됐다. 그녀의 시는 놀랄 만큼 독창적이고, 격정적이며, 고백적이어서 은둔적인 삶과 뚜렷한 대조를 이룬다.

물론 그녀가 처음부터 그렇게 고립적이었던 것은 아닌 듯하다. 스무 살 무렵에는 "올겨울 애머스트는 즐거움으로 들썩여요 …

아, 참 멋진 고장이에요"라고 썼다. 그러나 우울증에 취약했던 것이 아닌가 싶다. 디킨슨에게는 가까운 친구들이 있었지만 가장 다정한 사람은 올케 수전 길버트였다. 그녀에게 보낸 편지만 수백 통인데 1852년에 쓴 한 편지에는 이렇게 적혀 있다.

> 수지, 정말 다음 주 토요일에 집으로 오겠니, 그리고 다시 내 것이 되어 나를 안아주겠니… 나는 너를 기다릴 수 없을 정도로 간절히 바라며, 다시 너의 얼굴을 볼 수 있다는 기대만으로도 뜨겁고 열이 나는 것 같고, 심장이 너무 빨리 뛰어. 내 사랑, 이렇게 가까이 있는 듯 느껴서 이 펜을 경멸하며, 더 따뜻한 언어를 기다린다.

이어 디킨슨의 은둔 성향이 본격화되었고 바로 다음 해에는 "나는 집에서 멀리 나가지 않아"라고 썼다. 이런 경향은 더 심해져서 지인들을 계단 위나 반쯤 닫힌 문 뒤에서 맞이할 정도가 되었다. 그녀의 은둔을 두고 여러 정신의학적 설명이 있지만 내가 보기에는 광장공포증의 전형적인 사례다. 이런 사람들은 밖으로 나가는 게 불안하기 때문에 외출을 피하는 경향이 있다. 지금 같으면 인지 행동 치료와 약물 치료가 가능했을 것이다.

디킨슨은 신장 질환으로 55세에 세상을 떠났다. 그녀의 사후 여동생이 수백 편의 시를 발견했다. 1890년에 첫 시집이 출간된 이후 디킨슨의 명성은 급상승했다.

19

In Praise of Diversity

다양성의 찬미

얼룩의 아름다움

제라드 맨리 홉킨스

얼룩진 만물에 영광 있으라-
얼룩소처럼 두 색이 어우러진 하늘,
헤엄치는 송어의 몸에 점점이 박힌 장미 반점,
갓 타오른 석탄 같은 알밤과 핀치새의 날개,
조각조각 나눠진 들판- 목초지, 휴경지, 경작지,
그리고 다양한 직업과 그 연장, 도구, 장비까지.

서로 반대되고, 독특하고, 드물고, 신기한 모든 것들,
변덕스럽고 알록달록한 것(그 까닭을 누가 알랴?)
빠르고, 느리고, 달콤하고, 시고, 눈부시고, 흐릿한
이 모든 걸 변함없는 아름다움으로 그분이 만드셨다.
그를 찬양하라.

약 150년 전 가난과 정결, 복종의 서원을 마친 예수회 수도사 한 명이 19세기에서 가장 인상적이고 독창적이며 빼어난 시를 썼다. 그의 유명한 시 두 편을 소개한다. 둘 다 짧지만 강렬하며 파베르제 달걀의 아름다움처럼 정교하게 빚어진 작품이다.

홉킨스는 위대한 시인들이 즐겨 쓰던 리듬 형식을 떠나 직접 스프렁 리듬sprung rhythm, 跳躍律, 도약률이라 부른 방식을 고안했다. 전통적 리듬은 흔히 두 음절로 이루어진 음보foot로 구성되며 대개 둘째 음절에 강세가 온다. 스프렁 리듬에서 홉킨스는 첫 번째 음절에 강세를 두고 각 음보의 박자 수를 가변적으로 운용한다. 그의 시를 소리 내어 읽어 보라. 독특한 리듬과 강력한 두운頭韻, 낱말 조합의 묘미가 살아날 것이다.

〈얼룩의 아름다움〉은 찬송가를 연상케 하는 단순한 한 줄로 시작한다. "얼룩진 만물에 영광 있으라−" 예수회 사제가 시에서 주님을 찬양하는 일 자체는 특별할 것 없지만 왜 얼룩진 것을 찬양하는가? 대체 얼룩진 것이란 무엇인가? 사전에서 '얼룩진 dappled'은 점이나 둥근 얼룩으로 표시된다고 풀이한다. 시 제목에는 두 낱말 '두 가지 이상 색을 띠는pied'과 '아름다움beauty'이 나란히 놓여 있다. 얼룩의 무엇이 아름다운가?

주제는 첫 연 전체로 이어진다. 시인은 이런 특징을 지닌 다른 피조물로 축복을 확장한다. 얼룩무늬가 있는 소, 피부에 장밋빛 점들이 박힌 송어. 점moles이라는 단어는 질환을 암시하는 피부

돌기에도 쓰인다. 사람들은 그런 돌기를 본능적으로 꺼린다. 아마도 감염에 대한 두려움 때문일 것이다. 그러나 여기서 시인은 자연스러운 점박이 송어의 아름다움을 본다.

두 번째 연에서 홉킨스는 어떤 방식으로든 다르거나 특이한, 아마도 사람들까지 포함한 존재를 아우른다. 첫 행의 네 형용사를 잘 보라. 얼마나 정교하게 선택되었는가. 반대되고counter는 반대 입장을 취하는 사람이나 대안적 생활 방식을 따르는 사람을 의미한다. 독특하고original는 남과 다르게 생각하거나 행동하는 사람을 뜻하는데 일정한 규범을 요구하는 체제에서는 달갑지 않을 수 있다. 드물고spare는 잉여와 불필요하다는 뉘앙스를 담고 있다. 마지막으로 신기한strange은 낯설거나 위협적으로 보이는 사람을 뜻한다. 홉킨스는 이 모든 비주류를 찬양한다.

두 번째 행에서 그는 이 부류를 '변덕스럽고', '알록달록한'으로 더 넓힌다. 전자는 성실함을 중시하는 세상에서 미덕으로 여겨지지 않고, 후자는 다시 색의 다양성이라는 주제로 돌아가게 한다. 홉킨스는 괄호 속에 거의 던지듯이 "(그 까닭을 누가 알랴?)"를 덧붙여 사물이나 사람의 겉모습과 본성이 어떻게 다른지 알 수 없다고 인정한다.

그는 이어서 "빠르고, 느리고, 달콤하고, 시고, 눈부시고, 흐릿한" 같이 서로 맞서는 속성의 다양성을 찬미한다. 이 모든 것은 변치 않는 아름다움을 지닌 주께서 창조한 것이라고 말한다. 그리고 시를 단 두 단어로 아주 간단히 끝맺는다. "그를 찬양하라." 이는 시의 첫 행과 연관되어 찬송가로서의 순환 구조로 완결된다.

오래전에 시를 만났지만 홉킨스가 열한 개의 행에 얼마나 많은 것을 압축해 넣었는지 지금 봐도 놀랍다. 시에 대한 이해는 시간이 지나면서 점점 깊어졌다. 지난 수십 년 동안 다양성에 대한 인식이 내 속에서, 문화 속에서 그만큼 달라졌기 때문이다. 처음 읽었을 때는 홉킨스가 단순히 예상치 못한 곳에서 아름다움을 발견한다고 생각했다. 실제로 그렇다. 하지만 그는 분명히 다양성의 아름다움을 축복하고 있다. 그가 말하는 '얼룩진'은 단지 여러 색을 뜻할 뿐만 아니라 주류 범주에 속하지 않는 것, 즉 애매하고 불확정적이며 다른 특성을 가진 것을 함께 의미한다.

아마 홉킨스도 19세기 영국을 포함한 많은 사회에서 받아들여지지 않고 억눌렸던 그 차이를 느꼈을 것이다. 그리고 오늘날에야 비로소 숨통이 트인 다양성의 수용(혹은 심지어 찬양)을 바랐을지 모른다. 우리는 지금 서서히 인간 경험의 방대한 스펙트럼과 풍성한 정체성, 문화, 민족, 성별, 성적 표현의 범위를 깨달아 가고 있다. 이것이 오늘의 사회를 한층 흥미롭고 풍요롭게 만든다.

짧은 이 시에는 깊은 사유가 배어 있다. 홉킨스는 자연을 들여다보고 어쩌면 자신을 성찰하며 이미 한 세기 전에 한 가지 핵심 진리를 추출했다. 덧붙이자면 서로 다른 문화가 현대 서구의 다양성 개념을 받아들이는 속도는 빠르거나 느렸다. 어떤 곳은 거의 받아들이지 못했다. 오늘날에도 통용 규범 밖에 선 이들은 특정 문화권에서 박해나 심지어 죽음의 위험에 처할 수 있다. 많은 문화권이 신께 기도하지만 어쩌면 "얼룩의 아름다움 Pied Beauty"을 찬미하는 기도는 아닐 것이다. 많은 사람이 이 시를 읽었지만 그 동안에도 시는 아마 은밀한 메시지로 작용했을지 모른다. "여러분은 모두 신의 피조물이며 각자 나름대로 아름답습니다."

시가 건네는
마음 처방전

────────── *1. 어떤 면에서 자신이 다르다고 느끼더라도 당신은 혼자가 아니다.* 다양성은 자연의 일부이며 서로 다른 존재는 서로 다른 조건에서 꽃핀다. 비주류로 여겨졌던 이들 가운데 예술과 과학 등 여러 분야에 결정적으로 기여한 사람이 많다.

2. 주류에서 성공한 사람은 인정받고 보상받는 특성을 가졌지만 모두가 그런 이점을 가진 것은 아니다. 개인 간의 차이를 존중하려고 노력하라. 사람은 단순히 한 가지 방식이 아니라 서로 다른 성질이 혼합된 얼룩진 존재다.

3. 주류와 다른 점을 가진 사람은 그 다름으로 인해 어떤 상황이나 문제에 대한 특별한 시각과 잠재적인 해법, 발견 및 발명을 낳을 수 있다는 점을 기억하라. 당신의 차이를 최대한 활용하고 그 이점을 누려라. 또 차이를 알아보고 당신이 성장할 수 있는 환경을 만들어줄 사람을 찾아라.

20

A Plea to Save the Natural World

자연을 지켜 달라는 간청

인버스네이드

제라드 맨리 홉킨스

이 어둑한 시내, 말등빛 갈색 물결,
돌을 굴리며 굉음으로 굽이쳐 내달리고
울타리와 골짜기를 지나 거품 양털이
피리 소리처럼 낮게 호수로 흘러간다.

사슴빛 거품의 바람 모자 하나가
국물 위에서 빙글빙글 돌며 뒤틀리고
검고 깊은 웅덩이 벼랑처럼 찌푸린 곳에서
절망이 빙빙 돌다 마침내 가라앉네.

이슬에 젖고, 얼룩진 빛으로 물든 것은
시냇물이 발자취를 새기는 언덕 자락,
빽빽한 히스 덤불, 펼쳐진 양치식물,
개울 위에 앉은 구슬 같은 물푸레나무.

세상이 만약 젖은 것과 야생의 것을
잃어버리면 어떻게 될까? 남겨 두자,
오, 제발 남겨 두자, 야생과 젖은 것들
잡초와 야생이여, 영원히 살아 있어라!

~~

인버스네이드는 시인이 한동안 머물렀던 스코틀랜드 고지대의
작은 마을이다. 시의 첫 세 연은 마치 화가가 세 장의 그림을 그
리듯, 힘차게 흐르는 개울과 주변의 야생 풍광을 묘사하고 있다.
첫 번째 연은 강물이 굽이쳐 내리는 모습, 두 번째 연은 검은 소
용돌이를 이루는 모습, 세 번째 연은 물이 흐르는 시골 풍경을 보
여준다. 그리고 각 연마다 어조와 리듬이 달라진다. 첫 번째 연은
빠르고 경쾌하고, 두 번째 연은 느리고 무겁고, 세 번째 연은 활
기차고 생동감 있다.

시의 세 연을 세 장의 풍경화로 상상해 보라. 각 장면의 색채
와 움직임이 어떻게 달라지는가? 첫 번째는 어둡지만 에너지가
넘치고, 두 번째는 갈색 거품의 모자가 검은 웅덩이로 소용돌이
치며 떨어지고, 세 번째는 시내 위의 "구슬 같은 물푸레나무"가
장식한 밝은 들판이다.

마지막 연에서 홉킨스는 이런 자연의 장엄함이 사라진 세상
을 상상하며 야성과 젖은 것들, 잡초와 야생을 지켜 달라고 간곡

히 호소한다. 기후변화에 관한 어떤 연구도 없던 시절부터 선견지명이 있었던 시인은 이런 보물이 사라진 세상을 떠올릴 수 있었다. 그는 산업혁명으로 인한 오염을 경험했고 사람들이 자연환경의 가치를 충분히 헤아리지 못한다고 걱정했다. 그래서 그는 그것을 훼손하지 말고 남겨 달라고 간청한 것이다.

시가 건네는
마음 처방전

———————————— ***1. 가능한 모든 방법으로 자연환경을 보전하라.*** 19세기에도 중요했지만 지금은 더욱더 중요하다.

2. 절망에 굴하지 말라. 환경보호는 거대해 보이지만 개인이 할 수 있는 작은 일이 많다. 환경 단체 참여와 재활용하기, 나무 심기, 작은 텃밭 가꾸기 등 작은 실천부터 이어 가라. 시인이자 작곡가인 조니 미첼Joni Mitchell의 말을 빌리자면 낙원을 포장해 주차장으로 만들지 말자.

시인과
시에 대하여

———————————— 제라드 맨리 홉킨스(1844~1889)는 지금의 그레이터 런던 지역에서 유복한 영국 가정의 9남매 중 장남으로

태어났다. 아버지는 성공한 사업가이자 시인이었고 어머니는 런던의 의사 집안 딸이었다. 가족은 교양을 중시했으며 형제자매 가운데 예술 쪽에서 성공한 이가 많았다.

홉킨스는 여덟 살에 기숙학교에 들어가 공부했고, 옥스퍼드의 발리올 칼리지에 입학했다. 고전학을 공부하면서 두각을 나타내 동료 한 사람이 그를 발리올의 별이라고 부를 정도였다. 시에 대한 재능 외에도 그는 뛰어난 화가이자 작곡가였다.

뛰어난 천재성에도 불구하고 그의 삶은 불행했다. 반복되는 우울증으로 고통받았다. 아마 양극성 기분 장애였을 것이다.

홉킨스의 시 가운데는 그의 참담한 우울을 연대기처럼 기록한 작품이 있다. 이를테면 여섯 편짜리 '끔찍한' 소네트 가운데 한 편은 이렇게 시작한다.

난 잠에서 깨어나 낮이 아닌 어둠의 장막을 느끼네.
얼마나 긴 시간을! 오, 얼마나 긴 암흑의 시간을 우리는
보냈는가!

우울증 환자에게 아침 시간은 가장 힘들다. 하루가 시작되기도 전에 그런 상태로 깨어나는 일은 그 자체로 시련이다. 로스케의 〈깨어남〉(39장)을 살필 때 더 구체적으로 살펴보자.

'끔찍한' 소네트와 대조적으로 어떤 시는 환희를 발산한다. 이를테면 〈매The Windhover〉는 다음과 같이 시작하는 소네트다.

난 오늘 아침 보았네, 아침이 총애하는, 한낮의 빛의 왕국
의 황태자인,
여러 빛이 섞여 밝아 오는 새벽에 이끌려 날아온 매를,

기분 장애에서 비롯된 불행에 더해 홉킨스는 평생 자신에게
기쁨이나 위안이 될 법한 것을 거부하는 성향을 지녔다. 학창 시
절에는 물을 안 마시다가 쓰러진 적이 있을 정도였다. 옥스퍼드
에서는 가톨릭으로 개종해 예수회 수도자가 되었고 그 때문에
성공회 가문으로부터의 지원을 스스로 포기했다. 예수회 입회에
는 가난, 정결, 복종의 서원이 따랐다. 한때 그는 "종교인이 되기
로 결심"하여 자신의 시 135편을 몽땅 불태웠고 거의 7년 동안
시 쓰기를 중단했다.

홉킨스는 생전에 시를 거의 출판하지 않았다. 사후에 그의 시
가 세상에 알려진 것은 평생 친구인 로버트 브리지스Robert Bridges
덕분이었다. 말년의 홉킨스는 아일랜드에서 사제로 지내며 영국
과 친구들에게서 멀리 있는 것을 슬퍼했고 스스로 실패자처럼
느꼈다. 그런데 얼룩진 그의 마음은 죽음의 문턱에서 신비한 선
물을 받았다. 장티푸스로 44세에 눈을 감으며 홉킨스가 남긴 마
지막 말이 이를 확인해 준다. "나는 너무 행복하다, 정말 행복하
다. 나는 내 삶을 사랑했다."

21

The Importance of Being Needed

누군가에게 필요한 사람으로 산다는 것

눈 내리는 저녁 숲가에 서서

로버트 프로스트

이 숲이 누구 숲인지 알 것 같네.
그의 집은 마을에 있지만
그는 모를 것이네, 나 여기 멈춰 서
그의 숲에 눈 쌓이는 걸 보고 있는 줄.

내 작은 말은 이상하게 여기겠지.
연중 가장 어두운 이때
숲과 얼어붙은 호수 사이
근처 농가도 없는 이곳에 멈춘 것을.

뭔가 잘못된 게 아니냐고 묻는 듯
말은 고삐 방울을 흔들어 울리네.
달리 들려오는 건 부드러운 바람과
솜털 같은 눈송이 흩날리는 소리뿐.

숲은 아름답고, 어둡고 깊네,

하지만 내게는 지켜야 할 약속이 있네,

잠들기 전 가야 할 몇 마일의 길이 있네,

잠들기 전 가야 할 몇 마일의 길이 있네.

∽

유명한 이 시는 어느 날 상담 중 예기치 않게 떠올랐다. 한 여성
이 "더는 살 이유도 없고, 살고 싶은 마음도 없다"고 말하는 중
이었다. 그녀는 내 또래였고 매우 큰 성공을 이루었으며 가족과
동료의 사랑을 받는 사람이었다. 겉으로는 살아갈 이유가 차고
넘치는 것처럼 보였다. 그런데 그런 것은 그녀에게 살아야 할 이
유로 충분치 않았다. 우울과 절망감이 문제였다. 무슨 말을 해야
달라질까? 그때 로버트 프로스트의 시가 떠올랐다.

겉으로 볼 때 시는 단순해 보인다. 각 4행씩 4개의 연으로 이뤄
진 이 짧은 시에서 프로스트는 눈 오는 저녁 마차를 타고 시골을
지나던 한 남자의 이야기를 들려준다. 그는 길가에 멈춰 서서 숲
속으로 흩날리는 눈을 바라본다. 그러고는 다시 마차에 올라 목
적지를 향해 나아가기로 한다. 별일이 생긴 것 같지 않아 보인다.

프로스트의 시는 쉽게 접근할 수 있다. 보통의 고등학생도 무
리 없이 이해할 것이다. 현란한 표현도 없다. 마치 이웃이나 친구
가 이야기하는 것 같다. 그러면서도 그 간결함이 아름답다. 말의

고삐 방울 소리 말고 들려오는 소리를 시인은 이렇게 묘사한다.

　　달리 들려오는 건 부드러운 바람과
　　솜털 같은 눈송이 흩날리는 소리뿐.

　단 두 행만으로도 바람의 결과 거위 솜털 같은 눈송이의 감각
을 사람들에게 전한다. 이 두 행은 사람들을 마지막 연으로 이끈
다. 그곳에서 전환이 일어난다.

　　숲은 아름답고, 어둡고 깊네,
　　하지만 내게는 지켜야 할 약속이 있네,
　　잠들기 전 가야 할 몇 마일의 길이 있네,
　　잠들기 전 가야 할 몇 마일의 길이 있네.

　내 생각에 바로 이 마지막 연이 생을 북돋우는 힘과 치유력을
쥐고 있다. 어떤 면에서 시인의 딜레마는 보통 사람들의 그것과
같다. "숲은 아름답고, 어둡고 깊네"라는 구절은 그가 지쳐 잠시
그곳에서 쉬고 싶지만 나아가야 한다는 것을 나타낸다. 일상에
서 사람들이 흔히 겪는 내적 변환과 같다. 그래서 보통은 이렇게
해석한다. "멋진 저녁이었지만 이제 집에 가야지." 그러나 정신과
의사인 나에게는 그 이상의 무언가가 보인다.
　첫 번째 행과 두 번째 행의 연결을 생각해 보자. 숲이 아름답
고, 어둡고 깊다는 사실과 그가 지켜야 할 약속 사이에는 어떤

관계가 있을까? 시인의 마음속에서 어떤 일이 일어나고 있지만 말로 밝히지는 않는다. 독자는 그 빈틈을 메워야 하는데 바로 이 수수께끼가 자꾸 시로 돌아오고 싶게 만드는 매력이다.

다른 사람이 무엇을 생각하는지 이해하려고 할 때 사람들은 보통 마음 이론theory of mind을 사용한다. 이는 각자가 고유한 동기와 관점을 지닌다는 사실을 이해하면서 자기 자신과 타인의 정신적, 정서적 상태를 해석하는 능력을 말한다. 심리 치료사들은 치료를 위해 환자의 마음속에서 벌어지고 있을 법한 일을 추정하는 정신적 모델을 세운다.

가령 치료 장면에서 누군가 내게 이렇게 말했다고 하자. "저녁에 마차를 타고 가다가 인가 하나 없는 곳에서 문득 멈춰 숲속으로 눈이 내리는 걸 바라보았어요. 보통은 농가도 없는 곳에서 멈추지 않으니 내 작은 말도 뭔가 이상하다는 걸 느낀 것 같았어요. 나는 무척 피곤했지만 숲이 눈으로 차오르는 것을 바라보며 계속 생각했지요. 이 숲은 아름답고, 어둡고, 깊구나 하고요."

나는 아마 이렇게 물을지도 모른다. "혹시 그 숲에 누워 잠들고 눈에 덮이고 싶은 마음이 들지는 않았나요?" 상대방이 "그런 생각이 스쳐 지나가긴 했습니다"라고 답하는 것이 놀랍지 않다. 다시 물어보자. "무엇이 그것을 멈추게 했나요?" 아마 이렇게 대답할 것 같다. "나는 지켜야 할 약속이 있어요."

한 친구가 자신의 아버지 이야기를 들려준 적이 있다. 그의 아버지는 말년에 심한 알코올 문제를 겪었다. 어느 눈 내리던 저녁, 술에 취하고 우울했던 그는 숲으로 걸어 들어가다 통나무에 걸려 눈 덮인 땅에 넘어졌다. 그는 그냥 거기 누워 눈이 자신을 덮게 놔두면 얼마나 평온할까라는 생각을 했다. 추위에 감각이 무디어졌다. 그 순간 그렇게 삶을 끝내도 고통이 없을 것만 같았다. 문득 손녀의 대학 등록금을 대주겠다고 약속한 일이 떠올랐다. 만약 이대로 누워 있으면 그 학비는 누가 책임질까? 영리한 아이의 잠재력을 발휘하도록 돕는 일은 중요한 일이다. 그의 도움이 없으면 그게 가능하겠는가? 그런 생각이 들자 그의 아버지는 몸을 일으켜 천천히 집으로 돌아왔다. 그에게는 지켜야 할 약속이 있었기 때문에 삶을 끝낼 수 없었다.

달라이 라마와 사회과학자 아서 C. 브룩스Arthur C. Brooks는 "자신이 다른 사람에게 필요 없다고 느끼는 노인들은 자신이 필요하다고 느끼는 노인보다 조기 사망 위험이 세 배나 높다"고 지적한다. "우리는 모두 필요한 존재가 될 필요가 있다."

누군가에게 무엇인가를 약속한다는 것은 그 사람이 어떤 방식으로든 당신을 필요로 한다는 점을 당신 스스로 인정하는 일이다. 약속을 지키는 것뿐일지라도 당신은 필요하다는 느낌을 받는다. 어쩌면 시인이 어두운 숲을 응시하며 서 있었을 때도 그런 기분이었을지 모른다. 그에게는 지켜야 할 약속이 있었고 그를 필요로 하는 이들이 있으니 다시 길을 재촉해야 했다.

앞서 자살 충동을 느끼던 여성의 이야기로 돌아가 보자. 모든 시도가 실패하자 나는 정신과 의사가 마지막으로 꺼내는 최후의 카드에 기대었다. 혹시 그녀가 적극적 자살 충동을 느끼는 순간 실시간으로 내게 알려주고 그 충동을 실행에 옮기지 않도록 함께 계획을 세울 기회를 내게 주겠느냐고 '계약'을 제안했다. 그녀는 쓸쓸한 미소를 지으면서 이른바 자살 비행非行 계약의 부조리함에 대해 떠올렸던 의문을 제기했다.

"제가 가장 소중한 모든 것을 뒤로한 채 떠날 각오까지 되어 있는데 … 선생님과의 계약이 무슨 의미가 있겠어요?" 나는 대답할 말이 없었지만 그녀가 곧 나를 구해 주었다. 지금은 작고한 예전의 담당 정신과 의사에게 같은 질문을 했을 때 그는 이렇게 답했다고 한다. "당신이 그 계약을 어기지 않을 거라는 것을 난 알아요. 그럴 사람이 아니잖아요. 그리고 물론 …." 그녀가 덧붙였다. "그가 옳았어요." 그녀에게는 지켜야 할 약속이 생겼고 약속을 어기는 것은 그녀의 성정에 맞지 않았다.

나는 종종 생각한다. 〈눈 내리는 저녁 숲가에 서서〉가 세대를 넘어 사랑받고 의미가 있는 것은 말로 쓰여 있지는 않지만 암시된 무엇인가가 있어서가 아닐까 하고. 프로스트는 "숲은 아름답고, 어둡고 깊네"와 "하지만 내게는 지켜야 할 약속이 있네" 사이에서 시인의 마음속에 어떤 변화가 일어나는지 독자의 상상에 맡겼다. 내가 제안한 해석은 여러 가능성 중 하나일 뿐이다. 독자마다 그 빈틈을 메울 여러 가지 장면을 떠올릴 수 있다. 그러나 중심 요소는 비슷하다. 피곤함, 그런데도 계속 나아가려 힘쓰는 의지, 그를 필요로 하는 이들과 그를 삶에 묶어 두는 약속들, 탈진의 고통, 잠에 대한 깊은 갈망 ….

시가 건네는
마음 처방전

———————— *1. 대부분의 사람들은 누군가가 그들을 필요로 할 때 삶의 목적을 발견한다.* 더 이상 자신이 필요하다고 느껴지지 않는다면 당신이 제공할 수 있는 것을 필요로 하고 고마워할 사람이나 일을 찾아보라.

2. 꼭 사람일 필요는 없다. 당신을 필요로 하는 존재가 동물일 수도 있다. 사랑하는 개나 고양이를 제대로 돌볼 다른 사람을 신뢰할 수 없기에 자살하지 않겠다고 말한 환자도 많았다.

3. 특별한 충성심이나 소명 의식을 느끼는 공동체, 기관일 수도 있다.

4. 자연을 바라보는 일이 생각을 정리하는 데 얼마나 유익한지 기억하라. 수선화 들판, 어둑한 시내, 특정한 겨울빛의 각도, 혹은 이웃의 숲에 차오르는 눈, 그 어떤 풍경이든 좋다.

5. 자신에게 한 약속의 가치를 잊지 말라.

6. 충분한 수면은 정말 중요하다. 푹 자고 일어난 아침에는 세상이 달라 보일 수 있다.

22

The Choices We Make

우리가 내리는 선택들

가지 않은 길

로버트 프로스트

노란 숲속에 두 길이 갈라져 있었지,
나는 두 길을 다 갈 수 없는 것을
아쉬워하며 오랫동안 서서
한 길이 덤불 속으로 굽어 사라지는 데까지
바라보고 있었지.

그러다 나는 다른 길을 택했지, 똑같이 아름답지만,
풀이 우거지고 발길에 닳지 않아
더 나아 보이는 길을.
내가 그 길을 지남으로써
그 길도 똑같이 닳은 셈이 되었겠지만,

그날 아침 두 길은 모두
아무도 다닌 흔적 없이 낙엽에 덮여 있었지.

아, 나는 첫 번째 길을 훗날을 위해 남겨 두었지!
그러나 길은 길에 잇닿은 법이어서,
내가 돌아올 수 있을지는 알 수 없었지.

먼 훗날 어디선가
나는 한숨 쉬며 말하겠지.
숲속에 두 길이 갈라져 있었고, 나는-
사람들이 덜 다닌 길을 택했다고,
그리고 모든 것이 달라졌다고.

∽

삶은 대부분 스스로가 내린 선택의 결과다. 성공과 실패, 환희
와 재난, 행복과 불행이 다 그렇다. 프로스트의 시는 이분법적
선택의 전형적인 이미지, 곧 갈림길을 당신 앞에 제시한다. 겉보
기에 단순한 이 시는 지난 세기 가장 널리 읽힐 만큼 큰 사랑을
받았다.

프로스트는 갈라지는 두 길, 자신이 택한 길과 뒤에 남겨 둔
길을 보여준다. 시의 제목은 〈가지 않은 길The Road not Taken〉이지
만 마지막 행은 그가 실제로 택한 길을 가리킨다. 두 길을 나란
히 보여줌으로써 삶의 선택에는 얻는 것과 잃는 것이 동시에 있
다는 깊은 진리를 드러낸다.

시의 매력 중 하나는 시인이 선택할 때와 돌아볼 때 자기 마음속의 소소한 변화 과정을 사람들에게 보여준다는 점이다. 갈림길을 만난 그는 즉시 한 길을 골라야 한다는 사실을 알아차린다. 두 길을 모두 선택할 수는 없다. 그렇다면 어느 길을? 이런 딜레마의 보편성이 시의 인기를 설명한다.

프로스트는 자신의 선택 과정을 간략하게 서술한다. 한쪽 길을 바라본 뒤 다른 길을 고르지만 왜 그렇게 골랐는지 그럴듯한 설명은 없다. 어쩌면 그도 잘 몰랐을 것이다. 대부분 사람들은 두 가지 선택 중 두 번째 것을 택하곤 한다. 주체적이라는 느낌이 들기 때문이다. "이 길은 안 가고, 저 길로 가겠다." 심리학자들이 아직 검증하지 않았다면 시험해 볼 만한 가설이다.

사람들은 자신도 모르는 잠재적 단서에 따라 선택하는 경우가 많다. 선택한 뒤에 프로스트는 독자와 자기 자신을 향해 선택을 합리화하기 시작한다. "풀이 우거지고 발길에 닿지 않아" 두 번째 길이 더 나아 보였다는 식이다. 그러나 그는 곧 스스로 주장을 반박한다.

내가 그 길을 지남으로써
그 길도 똑같이 닳은 셈이 되었겠지만,

그날 아침 두 길은 모두
아무도 다닌 흔적 없이 낙엽에 덮여 있었지.

프로스트는 첫 번째 선택지를 포기한 것에 약간의 아쉬움을 느끼는 듯하다. 이는 사람들이 어떤 것을 선택한 뒤에 흔히 겪는 일이다. 그래서 그는 자신을 위로하듯 이렇게 말한다. "아, 나는 첫 번째 길을 훗날을 위해 남겨 두었지!" 하지만 어떤 면에서는 그가 자신을 속이고 있다는 것을 잘 알고 있다.

그러나 길은 길에 잇닿은 법이어서,
내가 돌아올 수 있을지는 알 수 없었지.

이야기꾼답게 그는 훗날 이 선택을 어떻게 이야기할지 벌써 염두에 두었을지도 모른다. 한숨 섞인 목소리로 자신이 포기해야 했던 길을 떠올리며 이런 이야기를 들려줄 것이다.

숲속에 두 길이 갈라져 있었고, 나는-
사람들이 덜 다닌 길을 택했다고,
그리고 모든 것이 달라졌다고.

어떤 중대한 선택이든 간에 어느 정도는 포기와 헌신이 필요하다. 나중에 마음을 바꾼다 해도 새로운 선택의 순간과 그를 둘러싼 상황은 달라질 것이고 당신도 달라져 있을 것이기 때문이다.

기회비용의 개념은 삶의 다른 영역에도 똑같이 적용된다. 하나를 고르면 다른 선택지를 포기해야 한다. A에 투자하면 B에

투자할 기회를 포기하고, 그 반대도 마찬가지다. 이를 알고 있는 경영자들 사이의 격언이다. "되돌리기 쉬운 선택이라면 빨리 결정하라. 되돌리기 어려운 선택이라면 더 시간을 갖고 신중히 생각하라." 일상에서도 유용한 원칙이다.

시인이 자신의 선택 이야기를 오랜 세월이 흐른 뒤에 할 것이라고 생각한다면 그것은 중요한 선택이었다는 것을 알 수 있다. 그 경우 그는 다소 빨리 결정을 내린 것처럼 보인다. 하지만 중요한 결정조차 면밀한 계산보다 직감에 의존하는 사람이 많다는 증거가 있다.

시인이 선택하고 그것을 수용한 뒤에는 시의 제목처럼 가지 않은 길에 초점을 맞출 수도 있고, 선택한 길에 초점을 맞출 수도 있다. 시에서든 삶에서든 사람들은 어느 정도 두 가지 선택을 모두 염두에 둘 수도 있다. 마지막에 "사람이 덜 다닌 길을 택한 것이 모든 차이를 만들었다"고 선언한 것은 결국 시인이 자신의 선택에 만족하고 있음을 시사한다.

나는 한때 저명한 고생물학자 스티븐 제이 굴드가 이 시를 논하는 자리에 참석한 적이 있다. 그는 프로스트의 마지막 구절에 이의를 제기했다. 사람이 덜 다닌 길을 택한 것이 모든 차이를 만들었다고 강조하는 것은 과장이라는 것이다. 시인은 두 길 모두 거의 비슷하게 사용되지 않았다고 스스로 말하지 않았는가. 그렇다면 어떻게 그가 사람들이 덜 다닌 길을 택했다고 주장할 수 있느냐는 것이다.

나는 그와 다르게 생각한다. 나는 거대한 지층의 변화가 아니라 자기 삶을 들여다보는 사람들과 함께 일한다. 그들은 많은 중요한 선택, 즉 어떤 직업과 경력을 좇을지, 어디서 살지, 누구를 사랑하고 결혼할지를 고민한다.

그래서 나는 프로스트의 편을 든다. 각자의 이야기는 특별하다. 어떤 길을 택하든 그 길은 결국 사람이 덜 다닌 길이 된다. 그 누구도 당신과 정확히 같은 방식으로 걸어 본 적이 없기 때문이다. 좋든 싫든 그 선택이 모든 것을 바꾸어 놓을 수 있다. 당신은 다른 기회와 도전, 문제를 만나고 다양한 사람들과 관계를 맺는다. 당신이 살아가는 인생은 대부분 당신이 내린 선택의 결과다.

시가 건네는
마음 처방전

————————— *1. 선택은 신중히 하라.* 그 선택이 앞으로 살아갈 인생의 유형을 결정하기 때문이다.

2. 되돌리기 어려운 결정일수록 충분한 시간을 들여 숙고하라. 결혼과 배우자, 진로, 이사 같은 문제가 여기에 해당한다.

3. 큰 결정을 앞두고는 존경하는 사람들의 의견을 듣고 당신 생각과 어떻게 조화되는지 살펴보라. 이를 삼각측량triangulating이라고 한다. 당신이 삼각형의 한 꼭짓점에 있고 자문자들이 다른 두 꼭짓점에 있는 구조다.

4. 최종 결정권은 당신에게 있음을 유의하라. 당신의 삶이니만큼 어떤 길을 택하든 그 보상과 결과는 당신이 직접 감당해야 한다.

시인과
시에 대하여

────────── 로버트 프로스트는 1874년 샌프란시스코에서 태어나 열한 살까지 그곳에서 살았다. 이후 아버지가 세상을 떠나자 어머니, 여동생과 함께 매사추세츠주로 이주해 고등학교를 다녔다. 다트머스 대학교와 하버드 대학교에서 차례로 공부했지만 건강 문제로 학위를 받지는 못했다.

프로스트는 고교 동급생이던 엘리노어 화이트와 결혼했다. 두 사람은 12년 동안 농사를 지었지만 성공하지 못했고, 프로스트의 시가 더 나은 평가를 받지 않을까 하며 영국 이주를 결정했다. 그 선택은 옳았다. 도착한 지 얼마 되지 않아 첫 두 시집 『소년의 의지』와 『보스턴 북쪽』을 출간해 줄 출판사를 찾았다.

제1차 세계대전이 시작된 뒤인 1914년에 프로스트가 미국으로 돌아왔을 때 그의 명성은 상승세를 타고 있었다. 가족들은 뉴잉글랜드에 정착했고 그곳 풍경은 여기 실린 두 편을 포함해 많은 시의 배경이 되었다. 이후 시인으로서 그의 경력은 더 화려해졌다. 시인으로서는 최다인 퓰리처상 4회 수상, 노벨 문학상 후보 31회, 명예 학위 40개를 기록했다.

23

The Force of Longing

갈망의 힘

바다를 향한 열병

존 메이스필드

나는 다시 바다로 가리라. 외로운 바다와 하늘이 있는,
내가 바라는 건 돛단배 한 척과 배를 이끌어줄 별 하나뿐.
키의 반동, 바람의 노래, 펄럭이는 하얀 돛,
바다의 얼굴 위엔 잿빛 안개, 어스름한 새벽이 밝아오네.

나는 다시 바다로 가야 하네, 밀려드는 조수의 부름으로
거역할 수 없는 그 야생의, 맑고 분명한 부름으로.
내가 바라는 건 바람 부는 날, 흰 구름 흘러가는 하늘,
튀어 오르는 물보라, 흩날리는 거품, 갈매기의 울음소리뿐.

나는 다시 바다로 가야 하네, 떠도는 집시의 삶으로,
갈매기와 고래의 길, 바람은 숫돌에 간 칼처럼 날카롭고.
내가 바라는 건 웃음 짓는 동료의 즐거운 이야기 하나,
그리고 오랜 항해가 끝난 뒤의 고요한 잠과 달콤한 꿈.

존 메이스필드(1878~1967)는 죽기 직전까지 37년간 영국에서 가장 찬사받은 생존 시인이었다. 그는 네 명의 군주 아래서 계관시인을 지냈고 시집과 희곡, 논픽션 작품을 집필했다. 그중에서도 가장 널리 알려진 작품은 바로 이 짧은 시다. 큰 소리로 읽어 보자. 당장 가방을 싸 바닷가로 달려가고 싶어지지 않는가?

제목 〈바다를 향한 열병〉은 절묘하다. 만약 제목이 "바다 열정Sea Passion"이었다면 어땠을까? 의미와 박자는 비슷하게 유지했겠지만 열병이 주는 신체적 강렬함, 바다로 달려가고픈 시인의 땀과 갈망은 놓쳤을 것이다. 메이스필드는 "나는 다시 바다로 가리라"라는 도입 구절을 반복하면서 강렬한 힘을 증폭시킨다. 자신에게 무언가를 반복적으로 명령할 때가 언제인지 생각해 보라. 간절히 원하지만 무언가 발목을 잡고 있을 때다. 급히 하고 싶은 것과 그것을 가로막는 요소 사이에는 어떤 긴장이 내재되어 있다. 시인에게 그것은 무엇이었는지, 그가 실제로 바다로 돌아갔는지는 알 수 없다. 이것이 시에 신비와 긴장을 더한다.

첫 번째 연에서 "외로운 바다와 하늘"이라는 구절을 접한다. 이 고독은 모험의 일부다. 혼자 높은 돛대를 조종하며 별 하나만을 길잡이 삼아 항해하는 고독이다. 주변에는 살아 있는 신호가 있다. 키의 반동, 바람의 노래, 하얀 돛의 떨림. 모든 것이 살아 움직인다. 바다의 표면은 안개로 덮여 있고 잿빛 새벽이 밝아 온다. 노련한 선원에게 이 신호들은 생사가 달릴 만큼 중요하다.

두 번째 연에서 내달리는 밀물의 부름은 "거역할 수 없는" 호출로 그를 끌어당기며, 집으로 돌아가던 오디세우스가 세이렌의 노래를 들었던 장면을 떠올리게 한다. 여기서 시인이 바라는 것은 바다의 소리와 시각적 요소, 감각 등 활기차고 끊임없이 움직이는 것이다.

마지막 연에는 새로운 주제가 등장한다. "떠도는 집시의 삶." 단지 바다로 가고 싶은 마음만이 아니라 일상의 의무에서 벗어난 삶, 갈매기와 고래처럼 구속받지 않는 삶을 향한 열망이 배어 있다. 살갗을 "날카로운 칼"처럼 내리치는 바람의 예리함은 고통보다 온전히 살아 있다는 느낌을 전한다.

마지막 두 행은 강렬한 인상을 준다. 끝에서 두 번째 행에서 처음으로 또 다른 인간, "웃음 짓는 동료"가 모습을 드러내어 "즐거운 이야기"를 풀어놓는다. 마지막 행에서 메이스필드는 잠과 달콤한 꿈의 이미지를 제시한다. 맨 끝의 "오랜 항해가 끝난 뒤"는 평화로운 죽음의 감각을 전한다. 이는 길고도 유쾌하지만 마술사 같은 솜씨와 숙달을 요구하는 긴 항해, 즉 한평생을 떠올리게 한다. 단순히 말하자면 "인생은 놀라웠다. 이제 끝났다. 그러니 편히 잠들어 달콤한 꿈을 꾸라"는 것이다.

예이츠의 〈한 아일랜드 비행사가 자신의 죽음을 예견하다〉(43장)나 매기의 〈고공비행〉(33장)에서는 모험과 흥분에 필연적으로 위험이 따르지만 여기서는 그렇지 않다. 메이스필드는 시에서 바다와 모험에 대한 사랑을 "오랜 항해"라 불린 충만한 생과 결합한다. 시인이 실제로 바다로 돌아갔는지는 끝내 밝혀지지 않았기에 시는 모든 삶의 여정에서 모두를 이끄는 갈망의 힘을 남긴다.

메이스필드가 시에서 구사한 여러 특수 효과는 다음과 같다.

(1) 가변적인 리듬 : 배가 흔들리는 감각을 체감하게 한다.

(2) 단음절 어휘의 빈번한 사용 : 시인의 갈망과 일치하는 긴박감을 부여한다.

(3) 두운법 : "키의 반동, 바람의 노래"처럼.

(4) 반복 : "내가 바라는 건…"

(5) 움직임을 뜻하는 말의 연쇄 활용 : 거의 모든 행에서 바다가 끊임없이 들끓고 진동하는 곳임을 전달한다.

(6) 오감에 호소 : "튀어 오르는 물보라, 흩날리는 거품"의 짠내와 맛, "갈매기 울음" 소리….

(7) 감정에 호소 : 바다에서 느끼는 흥분, 유쾌한 항해담의 즐거움, 달콤한 꿈에 대한 열망, 평화롭게 생을 마무리하는 평온의 정서를 함께 느끼게 한다.

시가 건네는
마음 처방전

——————— *1. 꿈을 추구하고 모험심을 장기적인 목표와 조화롭게 통합하면서 삶을 충만하게 살아라.*

2. 목숨을 걸지 않고도 모험적인 삶을 즐길 수 있다.

3. 자신의 생을 잘 살아온 삶으로 생각하는 것은 큰 위안이 된다.

4. 갈망의 힘은 강력한 동기부여 요소다. 위험과 보상을 계산한 뒤 그 힘을 진지하게 받아들여라.

시인과
시에 대하여

───────── 이 시에는 메이스필드가 바다에서 체득한 지식이 깊이 배어 있다. 그의 유년기와 학창 시절은 불행했다. 1878년에 태어난 그는 여섯 살에 어머니를 잃고, 7년 뒤에는 정신분열증으로 입원했던 아버지까지 잃었다. 13세에 해군 장교 후보 교육을 받기 시작했고, 16세에는 칠레행 배에 승선했다.

항해 중 그는 충분한 시간 속에서 엄청난 독서와 글쓰기로 위안을 얻었다. 17세에 뉴욕에 입항하자마자 배를 버리고 꿈을 좇았다.

메이스필드는 뉴욕 일대에서 온갖 잡일을 하면서도 독서에 대한 열정은 잃지 않았다. 1897년, 19세에 절망적인 상태로 영국에 귀국했다. 그의 기록에 따르면 "영국에 닿았을 때 가진 것이라곤 6파운드와 권총뿐이었다. 사무원 일을 구해 보려 했지만(사업에 대해 아는 건 아무것도 없었다), 실패하면 자살할 생각이었다. 병이 깊고 기력이 다해 더는 고난을 견딜 힘이 없었다"고 한다.

영국에서 그의 운명은 바뀌었다. 23세에 훗날 아내가 될 콘스탄스 드 라 셔로아 크롬멜린을 만났고 이듬해 첫 시집『바닷물의 노래Salt-Water Ballads』를 출간했다.

메이스필드는 20세기 영국을 대표하는 성공한 시인이 되었지만 개인적으로는 여러 비극을 겪었다. 그는 아픈 아내가 1960년 세상을 떠나기 전 마지막 1년 동안 그녀를 정성껏 보살폈다. 그로부터 6년 뒤인 1967년에 88세 나이로 세상을 떠나 웨스트민스터사원에 안장되었다.

뒤늦게 그의 상속인, 관리자 및 양수인에게 남긴 쪽지가 발견되었는데 자신의 유해를 어떻게 처리할지에 대한 슬픈 지침이 적혀 있었다.

내가 죽거든 어느 곳에서도
어떤 종교의식도 베풀지 말라.
다만 내 몸을 재로 태워 남몰래
흐르는 물이나 바람 센 언덕에 뿌려라.
그리고 아무도 보지 못하게 하라.
그 뒤에 신께 감사하라. 이제 내가 끝났음을.

24

Finding Hope in Nature

자연에서 희망 발견하기

어둠 속의 개똥지빠귀

토머스 하디

내가 잡목 숲으로 향한 문에 기대어 섰을 때
서리는 유령처럼 잿빛이었고,
겨울의 마지막 여운으로
희미해져 가는 낮의 눈은 황량해졌네.
뒤엉킨 덩굴줄기는 하늘을 가로지르며
부서진 현악기의 줄처럼 뻗었고,
근처를 배회하던 사람들은 모두
집 안의 벽난로를 찾아갔네.

대지의 날카로운 모습은
뻗어 나온 세기의 시체 같았고
구름 낀 하늘은 그의 무덤,
바람은 그의 죽음을 슬퍼하는 탄식이었네.
생명의 싹과 탄생의 옛 맥박은

메말라 굳어 버렸고,

세상의 모든 생명은

내 마음처럼 열정을 잃은 듯했네.

갑자기 한 목소리가 들려왔네.

머리 위 앙상한 나뭇가지 사이에서

가슴 깊은 곳에서 울려 나오는

끝없는 기쁨의 저녁기도 소리였네.

한 마리 늙은 개똥지빠귀, 약하고, 여위고, 작은,

세찬 바람에 휩쓸린 깃털로

짙어지는 어둠 속에

그의 영혼을 그렇게 내던지기로 했네.

그토록 환희에 찬 노래를

부를 이유가

멀거나 가까운 주변의

지상의 사물에서는 찾기 힘드니,

난 생각할 수 있었네.

밤 작별 인사의 행복한 노래 속에

축복받은 희망이 울려 퍼지고 있었다고,

그는 알고 나는 모르는 어떤 희망이.

〈어둠 속의 개똥지빠귀〉는 한 세기도 더 전인 1900년에 쓰였지만 오늘날에도 여전히 유효한 질문을 던진다. 황량해 보이는 세상에서 사람들은 어디에서 희망을 찾아야 할까?

앞의 두 연은 죽음을 암시하는 이미지가 그려져 있다. "유령처럼 잿빛"인 서리, "세기의 시체," 무덤 같은 구름, 바람의 "죽음을 슬퍼하는 탄식". 시의 원래 제목이 〈세기의 임종 곁에서By the Century's Deathbed〉였다는 사실이 놀랍지 않다. 19세기가 저물어 가던 시점, 하디가 바라본 풍경은 자신의 무기력한 심정을 그대로 비추고 있었다.

그러나 세 번째 연에서 시는 급격히 전환된다. 작고 폭풍에 시달려 깃털이 헝클어지고 볼품없지만 노래만은 아름다운 개똥지빠귀의 소리가 들려오기 때문이다. 하디가 불멸의 문장으로 그려낸 새의 모습은 앞의 두 연을 지배하던 황량한 정조와 극명한 대조를 이룬다. 개똥지빠귀의 노래는 시인의 영혼을 변모시킨다. 셰익스피어가 〈소네트 29〉에서 여명 무렵의 종달새 노래를 황홀하게 묘사한 방식과 비슷하다.

개똥지빠귀 노래의 기쁨은 앞부분의 황량함 때문에 더욱 도드라진다. 하디는 셰익스피어처럼 극적 효과를 빚어내는 데 능했다. 사실 클리프행어cliffhanger라는 말도 하디의 연재소설에서 유래했는데 주인공이 실제로 절벽에 매달려 있던 장면에서 나왔다. 하디의 극적 솜씨가 시에서도 유감없이 발휘된다.

하디가 장례식을 연상시키는 처음의 제목을 버리고 희망을 암시하는 〈어둠 속의 개똥지빠귀〉로 바꾼 선택은 탁월했다. 우울 속에서도 하디는 개똥지빠귀가 어떤 희망의 근거를 알고 있다는 가능성을 열어 둔다. 폭풍에 헝클어진 깃털에도 불구하고 개똥지빠귀의 노래에는 시인의 마음을 가능성으로 열어주는 그 무언가가 있다.

일반적으로 비관주의자가 낙관주의자보다 더 현실적이라고 한다. 19세기 말 세계에 대해 어두운 전망을 했던 사람이라면 분명 그랬을 것이다. 뒤이은 반세기 동안 두 차례의 세계대전, 역사적 감염병, 대공황, 홀로코스트가 발생했으니까 말이다. 그러므로 하디가 비관적이었던 것은 당연한 일일지도 모른다. 하지만 개똥지빠귀의 주문 같은 노래가 하디에게 희망의 가능성을 불어넣고 독자들에게 기쁨과 영감을 주는 것은 분명 긍정적인 요소다.

자연에 대한 반응을 들려주는 2부의 모든 시가 그러하듯 바깥에서는 별일이 없어 보여도 시인의 마음속에서는 많은 일이 벌어지고 있다. 위대한 시인은 그 내적 체험을 가공해 듣기 좋고 뜻도 깊은 언어로 전달한다.

하디의 천재성 없이 누군가에게 한겨울 날 문에 기대어 무슨 생각을 하는지 물어본다고 상상해 보자. 대충 "밖은 음울하고, 한 세기를 끝내기에는 끔찍해. 그런데 새가 노래를 시작해서 기분이 좋아졌어. 이제 차 한잔할까?" 정도로 끝날 것이다. 하지만 하디는 같은 경험을 불멸의 걸작으로 바꾸어 놓았다. 그래서 사람들은 오늘날까지 그의 시에 감탄한다.

시가 건네는
마음 처방전

——————— **1. 자연을 온전히 음미하려면 눈과 코뿐 아니라 귀로도 느껴라.** 귀뚜라미, 매미, 연못의 황소개구리 소리도 들어 보고 무엇보다 새들의 소리에 귀를 기울여라. 우리는 그들과 함께 성장했고 아마 우리의 뇌는 그들의 움직임과 소리에 기쁨과 희망을 느끼도록 연결되어 있을지도 모른다.

2. 자연 세계와 다른 곳에서도 희망의 징후를 찾아보라. 그것이 당신의 마음을 북돋아 줄 것이다.

시인과
시에 대하여

——————— 토머스 하디(1840~1928)는 영국 남서부 도싯 지방의 노동자 가정에서 태어났다. 하디의 정규 교육은 16세에 끝났고 그는 건축가의 견습공이 되었다. 하지만 개인적으로 공부를 계속 이어 갔다. 첫 직업에서 성공했으나 그의 진정한 열정은 문학에 있었고 독학으로 시인과 대중소설가로 큰 성공을 거두었다. 시인으로서 그는 W. H. 오든, 딜런 토머스, 로버트 프로스트 등 다음 세대 시인들에게 강력한 영향을 끼쳤으며 노벨 문학상 후보에도 두 차례 올랐다.

하디의 첫사랑은 엠마 라비니아 기포드로 건축 업무 중 엠마를 처음 만났고 4년 뒤에 그녀와 결혼했다. 엠마는 하디의 초기 문학 활동을 도왔고 하디가 소설을 쓰기 시작하면서 두 사람은 런던과 도싯을 오갔다. 그의 소설은 빅토리아시대의 도덕관념 일부에 도전하며 유명세와 논란을 동시에 불러왔다. 하디 스스로는 자신의 소설보다 시를 더 높이 평가했고 말년에도 창작 에너지를 시에 쏟았다.

하디와 엠마는 서서히 소원해졌지만 1912년 엠마가 세상을 떠날 때까지 한집에서 지냈다. 몇 해 뒤 그는 플로렌스 에밀리 더 그데일과 재혼했지만 실패한 엠마와의 관계에 계속 집착했고 그녀에 대한 지속적인 헌신을 담은 시까지 썼다. 많은 시인들처럼 하디도 심각한 우울증을 겪었다.

하디보다 38세 연하인 플로렌스는 헌신적인 아내로서 그의 노년 건강과 안위, 사생활을 세심히 돌보았다. 하디가 88세로 눈을 감기 직전에 마지막 시를 그녀에게 구술할 정도였다. 그러나 정작 하디는 엠마를 잊지 못했다. 엠마가 세상을 떠났을 때 그는 "외로운 남편이 옛사랑을 담아"라는 문구를 적은 화환을 바쳤다. 하디가 죽었을 때 그의 유해는 영국의 위대한 시인들이 잠든 웨스트민스터사원에 안장되었지만 그의 뜻에 따라 심장만은 엠마가 있는 고향 본당 교회 묘지에 묻혔다.

3

인간의 경험

인간이라는 존재는 한 채의 여인숙.

잘랄루딘 루미

25

The Power of Hope

희망의 힘

희망이란 날개 달린 것

에밀리 디킨슨

희망이란 날개 달린 것-

영혼 위에 와서 앉아-

말없이 노래 부르며-

결코- 멈추는 법이 없네-

사나운 돌풍 속에서도- 그 노래는- 달콤하지-

하지만 폭풍은 참 혹독해-

수많은 이를 덥혀 준 작은 새를

어쩔 줄 모르게 하지-

나는 그것을 가장 냉랭한 땅에서도-

가장 낯선 바다 위에서도- 들었네-

그러나- 막다른 궁지에서도- 그것은,

내게서- 부스러기 하나 구하지 않네.

내게 디킨슨의 시는 '희망' 그 자체의 화신처럼 느껴진다. 수없이 많이 읽었지만 여전히 이 짧고 가녀린 시가 가진 위로와 치유의 힘에 대해서 곱씹는다. 마치 시에 등장하는 작지만 자유롭게 날아다니는 새를 상상하듯이 말이다.

새와 희망의 접목은 적어도 성경 시대까지 거슬러 올라간다. 창세기에 전하듯 노아의 비둘기가 물이 빠졌다는 것을 알려주기 위해 올리브잎을 물고 방주로 돌아온 것이 그 처음이다. 노아와 그의 방주는 모든 생명체와 함께 대홍수를 견뎌냈다. 새의 노랫소리는 종종 희망을 북돋운다. 하디의 개똥지빠귀가 그랬고 셸리가 찬미한 종달새도 그러했다.

찬란한 노래뿐 아니라 새들은 마음껏 날아다니는 능력 덕분에 자유를 상징한다. 계절 따라 북쪽이나 남쪽으로 이동하며 어디든 스스럼없이 날아가는 것처럼 보인다. 새들의 깃은 다양하고 때로는 눈부시게 아름다워서 많은 사람을 새벽 들판으로 불러 모은다. 새들은 공룡의 후손이기도 하기에 그 생존력에 감탄하게 되고 한편으로는 사람들이 사라진 뒤 지구의 새로운 주인이 될지도 모른다는 예감까지 든다. 이런 특성들이 사람들의 마음에 희망과 경이를 불러일으킨다. 새들의 노래를 듣고 그들의 자유로운 모습을 볼 때마다 사람들은 새롭게 일어선다.

깃털 달린
존재

――― 디킨슨은 왜 그 생물을 단순히 새라고 하지 않고 "날개 달린 것the thing with feathers"이라고 부르는 것일까? 당신은 어떻게 생각하는가? 아마 특정한 새의 구체성을 가리키는 것이 아니라 '새다움'의 본질을 포착하고자 했기 때문일 것이다.

이 기법은 그림에서도 찾아볼 수 있다. 19세기 화가들은 새 그림이나 소묘를 실제와 흡사하게 깃털의 미세한 결까지 사실적으로 묘사하곤 했다. 〈어둠 속의 개똥지빠귀〉의 "세찬 바람에 휩쓸린 깃털로" 같은 표현은 이와 비슷한 사례다.

20세기에 들어서면서 변화가 일어났다. 피카소는 단 몇 번의 붓놀림만으로 새의 인상을 만들었다. 디킨슨이 "날개 달린 것"이라고 묘사함으로써 하고 있는 일이 바로 그것이다. 디킨슨의 시는 하디의 시보다 거의 40년 앞선 1861년에 쓰인 것으로 알려져 있다. 당대 기준으로 얼마나 놀랍도록 현대적이고 독창적이었을지 생각해 보라. 이 점이 생전에는 시를 출판하기 어려웠던 이유를 어느 정도 설명한다.

디킨슨은 "날개 달린 것"을 앞서 말한 "특정 빛의 기울기"와 거의 같은 방식으로 다룬다. 그것이 인간의 뇌와 마음에 어떤 효과를 내는지, 또 어디에서 그 효과가 발휘하는지를 궁금해한다. 그녀에 따르면 빛의 특정한 기울기는 의미가 있는 내면의 차이를 일으키는 반면 날개 달린 것은 영혼 속에 자리 잡고 있다.

신경외과 의사 와일더 펜필드Wilder Penfield가 인간의 뇌를 전기로 자극해 각 영역의 주관적 효과를 지도화하기 훨씬 이전에 이미 디킨슨이 우리의 영혼 어딘가에 희망이 자리 잡고 위안을 발휘하는 곳이 있다고 암시한 것이다.

영혼 속에 자리 잡은 생명이라는 발상은 단순한 "깃털 달린 존재"를 넘어서 실제 새를 떠올리게 한다. 디킨슨이 마술을 부리는 방식이 바로 이렇다. 먼저 그녀는 추상화되고 양식화된 날개 달린 것을 쓰다가 곧 영혼에 자리 잡은 살아 있는 생명체로 옮겨 간다. 새 같은 존재, 희망이라는 추상개념, 뇌와 영혼이라는 영역과 실제 새 사이를 유려하게 오간다. 시를 읽는 이는 능숙한 마술사의 손에 이끌려 다닌다!

영혼에 내려앉은 새는 말없이 곡조를 노래한다. 이성적 사유 없이 울려 나오는 순수한 느낌의 곡조를 말이다. 사람들은 왜 희망하는가? 어떻게 희망할까? 희망 없는 가운데 희망한다는 것은 무슨 뜻일까? 이런 표현에 설명을 덧붙일 수는 있지만 설명을 넘어서는 감정 자체, 곧 말 없는 곡조가 있다. 그것만으로도 따로 주목할 가치가 있다.

두 번째 연에서 시인은 폭풍의 이미지를 도입한다. 하디처럼 자연을 예리하게 관찰하는 디킨슨은 작은 새가 험한 날씨를 견뎌내는 능력에 감탄한다. 그녀는 희망이 가장 필요할 때, 폭풍 속에서 가장 달콤하게 들린다고 적는다. 그리고 새는 작지만 최악의 날씨(하지만 폭풍은 참 혹독해-)가 아니라면 쉽게 주눅 들지 않는다고 말한다.

두 번째 연은 위로의 음조로 끝난다. 디킨슨의 날개 달린 것은 최악의 날씨 속에서도 많은 사람들을 따뜻하게 해준다. 이 지점에서 디킨슨의 새는 아이가 진정할 때까지 쉬지 않고 자장가를 부르고 담요를 끌어 올려 덮어 주는 어머니의 모습과 겹친다. 시인은 희망처럼 추상적인 것을 가져와서 포근한 깃털 침대나 이불 같은 물리적 속성으로 구체화하고, 가장 필요할 때 곁에 있으며 필요한 만큼 오래 함께하고 가장 어려운 상황에서도 버텨 주는 좋은 부모의 속성으로 형상화한다.

마지막 연에서 시인은 권위의 어조를 띤다. 그녀는 "가장 냉랭한 땅"과 "가장 낯선 바다"처럼 춥고 기묘한 곳에서도 희망을 직접 경험했다고 말한다. 맨 끝에서 시인은 개인적인 경험을 밝히고 자신의 경험으로는 좋은 부모와 같은 희망은 극한 상황에서도 단 한 조각의 요구조차 한 적이 없었다고 말한다.

이토록 간명하게 희망의 정수를 응축한 시는 디킨슨의 시 외에는 떠오르지 않는다. 세 개의 연으로 된 이 짧은 시 속에서 날개 달린 것은 생생하게 살아 움직인다. 작지만 새는 용기와 끈기, 충성심을 보여준다. 작은 몸집에 큰 품성을 지닌 존재, 그것은 모두의 안에 들어 있는 일부이기도 하다. 시인은 설교하거나 지시하지 않으면서 이렇게 말하는 듯하다. 각자의 안에는 인생의 고난을 이겨낼 소중한 요소가 깃들어 있다고, 아마도 시가 주는 가장 큰 위안은 당신 안에도 날개 달린 것이 살고 있음을 깨닫게 한다는 점일 것이다.

시가 건네는
마음 처방전

─────────── *1. 희망은 의료와 상담의 여러 상황에서 핵심적인 감정이다.* 의사와 상담사는 사람들에게 희망을 유지하도록 돕는다. 이는 때로 생사를 가르기도 한다. 디킨슨의 시는 희망이 필요한 이들과 함께 읽고 대화하기에 특히 유익하다.

2. 절체절명의 순간, 예컨대 바다에 떨어진 긴급 상황에서도 희망은 구조될 때까지 버티게 하는 생명선이 될 수 있다.

3. 희망은 전염되어 공동의 어려움에 맞설 수 있도록 하는 사회적 선의 원천이 된다. 설령 희망이 생사를 가르는 상황이 아닐지라도 절망보다는 희망과 함께 사는 편이 훨씬 더 낫다.

26

Welcoming Your Emotions
당신의 감정을 환영하기

여인숙

잘랄루딘 루미

인간이라는 존재는 한 채의 여인숙.
아침마다 새로운 손님이 찾아오네.

기쁨, 우울, 옹졸함,
잠깐 스쳐 가는 깨달음이
뜻밖의 방문객으로 찾아오네.

그 모두를 환대하고 맞아들이라!
설령 슬픔의 무리라 하여,
네 집을 난폭하게 휩쓸고
가구를 몽땅 없애버린다 해도,
그 손님을 정중히 대하라.
그는 어쩌면 너를 비워내고
새로운 기쁨을 들이려는 것일지 모른다.

어두운 생각, 부끄러움, 악의,
그들을 문간에서 웃으며 맞고,
집 안으로 초대하라.

무엇이 찾아오든 고마워하라.
모두가 저 너머로부터 온
인도자들이니.

책을 쓰기 시작한 초기에는 시가 정말로 치유할 수 있다는 전제
에 대해 의구심을 가진 사람들이 많았다. 너무도 소중한 신념이
었기에 사람들이 불신하는 것을 느낄 때마다 낙담했다. 하지만
이런 반응은 다른 일에서도 여러 번 겪은 적이 있다.

    그런 회의적인 반응 속에서 에든버러에서의 한 만남은 특히
강한 인상을 남겼다. 한가로운 여름 저녁, 오랜 친구와 새 친구
들과 함께 차를 타고 가는데 누군가 다음 프로젝트가 무엇이냐
고 물었다. 설명을 마치자 놀랍게도 동승자 중 한 명인 일라리아
나르디니-그레이Ilaria Nardini-Grey가 나보다도 더 들뜬 반응을 보
였다.

    당시 일라리아는 30대 중반으로 결혼해서 딸이 하나 있었다.
구시가지의 거리를 구불구불 지나며 그녀는 자신의 삶이 어떻게

루미에 의해 바뀌었는지 들려주었다. 우리가 만나기 약 5년 전, 일라리아는 런던의 기업계에서 잘나가고 있었고 오래된 연인도 있었다. 그러다 아버지의 임종을 위해 에든버러로 돌아왔고 그의 죽음은 그녀의 삶을 뒤흔들었다.

아버지의 죽음은 일라리아를 실존적 위기로 몰아넣었다. 그녀는 우울과 불안에 시달리다 영적 여정을 시작했고 루미의 시에서 답을 찾았다. 기차 안에서 그의 시를 처음 읽던 순간, 그녀는 놀라운 무언가를 경험했다. 그녀는 이렇게 설명했다.

> 루미의 시를 읽기 시작하자 그 단어들이 내 영혼을 치유해 주었어. 몸을 관통하는 에너지가 솟구치고 온몸에 소름이 돋았지. 삶과 영성, 사랑, 모든 것의 열쇠에 관해 그토록 기다려 온 것이 바로 이것이었어. 기차 안에서 눈물이 계속 나 모두가 나를 바라봤지만 개의치 않았어. 그건 기쁨과 안도의 눈물이었고 '이거야'라는 눈물이었거든. 마치 영혼이 움직이고 마음이 활짝 열린 것 같았어. 그때 이후 내 삶은 변했고 루미의 시를 읽은 뒤로 멋진 일이 내게 일어났지. 나는 그가 위대한 영혼, 위대한 영적 스승 중 한 사람이라고 믿어. 그는 우리에게 영광을 보여주니까.

일라리아는 루미의 글이 "이해하기 쉽고, 아름답고, 치유적"이라며 마음에 드는 작품은 거듭해서 읽는다고 했다. 그녀는 자신의 이야기가 거의 마법처럼 들릴 수 있음을 인정했다. 루미를 발견한 지 6개월 만에 남편을 만났고 코칭 분야로 진로도 확정했다. 곧이어 임신도 했다.

그녀는 루미의 시가 자신에게 미친 영향을 이렇게 요약한다. "그 시들은 내 삶에 사랑을 데려왔다. 먼저 코칭과 타인을 돕는 일을 통해, 다음으로는 남편을 통해, 마지막으로는 루미라고 이름 지은 딸을 통해서."

20대 초반부터 일라리아는 공황 발작과 우울증, 광장공포증 같은 정신의학적 진단을 받았다. 그녀는 이 상태에서의 회복 시점을 루미의 시를 발견한 때로 본다. "물론 어느 날은 다른 날보다 괜찮았다. 나도 사람이니까"라고 덧붙였지만 정신과 증후군이 없어진 것은 루미를 만난 이후라고 말했다.

간단한 웹 검색만 해도 루미의 시가 자기의 삶을 바꾸었다고 말하는 사례를 여럿 찾을 수 있다. 이를 염두에 두고 이 중세 시인이 왜 이렇게 큰 호소력을 지니는지 알아보기 위해 그의 인기 있는 시 중 하나인 〈여인숙〉을 살펴보자.

시는 몇 가지 단순한 진술로 시작한다.

인간이라는 존재는 한 채의 여인숙.
아침마다 새로운 손님이 찾아오네.

이 구절은 읽을 때마다 신선하게 다가온다. 장황한 서두 없이 곧장 한가운데로 당신을 던져버린다. 여인숙에 관해 내가 떠올리는 것은 기쁜 마음과 음식으로 손님을 맞이하는 매력적인 장소라는 점이다. 루미는 매일 찾아오는 손님들, 곧 당신의 감정을 그렇게 맞아들이라고 권한다. 감정이 손님과 닮은 점은 끊임없이 오간다는 사실이다. 불쾌한 감정이 찾아오거나 좋은 감정이 떠날 때 기억해야 할 중요한 포인트다.

루미는 손님과 감정을 나열하면서 뒤섞어 놓는다. 기쁨 바로 옆에 우울과 옹졸함이 나란히 놓인다. 감정이란 그렇게 번갈아 나타나고 때로는 서로 반대되는 것끼리 공존한다.

때로는 손님이 예고 없이 찾아온다. 순간적인 깨달음 같은 형태로 찾아오니 이에 대비하라고 루미는 조언한다. 『햄릿』에서 "슬픔은 한 명의 스파이처럼 오지 않고 군대처럼 몰려온다"고 했다. 루미에 따르면 감정의 손님들도 슬픔의 무리가 되어 들이닥칠 수 있다. 설령 그것이 상처를 남길지라도 역경이 지나가면 기쁨이 찾아올 수 있다.

다음으로 루미는 부끄러움과 어두운 생각, 악한 마음 같은 것을 다시 소환한다. 그는 그런 생각을 웃으며 맞아들이고 괴로운 생각이 가져올지도 모를 것에 감사하라고 권한다. 그것이 당신을 인도할 수도 있기 때문이다.

오래전 내가 정신분석을 받았을 때, 분석가가 자주 하던 말이 있다. "당신이 항상 착하고 밝은 것만은 아니다." 당연하다. 아무도 그렇지 않다. 다만 나는 내 안의 더 어두운 감정을 받아들이는 데 애를 먹었고 분석가는 내가 감정을 회피하고 있음을 올바르게 지적한 것이었다. 그럼에도 불구하고 그가 루미의 방식처럼 조금 더 친절하게 말했다면 얼마나 좋았을까 하는 생각이 든다.

루미의 시가 지닌 치유력은 그가 무엇을 말하느냐뿐만 아니라 어떻게 말하느냐에도 있다. 모두가 같은 인간 조건 속에 함께 있다는 사실을 그는 부드럽고 명확하게 일깨워준다.

시가 건네는
마음 처방전

——————— **1. 어떤 감정은 아프다.** 사람들이 본능적으로 부정하고 싶어 하므로 그 고통스러운 감정을 있는 그대로 명명하는 것은 중요하다. 〈소네트 29〉에서 셰익스피어는 부족감, 수치심, 불만, 자기 비하, 질투 같은 고통스러운 감정을 생생히 묘사한다.

또 하나의 흔하고 고통스러운 감정은 죄책감이다. 누군가에게 죄책감을 불러일으키는 말을 하면 그는 그 불편한 감정을 피하려고 화를 내거나 당신을 피할 수도 있다. 이를 유발할 만한 말을 택할 때 주의하자. 루미가 지적하듯이 수치와 악의도 고통스러운 손님이다.

2. 한번 이름 붙인 뒤에는 고통스러운 감정을 수용하는 것이 유익하다. 그러면 대개 통증이 줄어든다. 지금까지 여러 시에서 이 원리를 확인했다.

(1) 〈한 가지 기술〉(1장) : 상실을 받아들여라.

(2) 〈왜 그렇게 창백하고 파리한가, 어리석은 연인이여?〉(6장) :

거절당하는 현실을 수용하라.

(3) 〈나를 불쌍히 여기지 마세요〉(3장): 빨리 판단하는 이성과 느리게 배우는 마음의 불일치를 받아들여야 한다.

3. 단지 수용에 그치지 말고 환대하라. 루미는 한 걸음 더 나아가 고통스러운 감정까지도 맞아들이라고 권한다. 역경이 예기치 못한 선물을 가져올 수 있기 때문이다.

4. 손님이 오가는 것처럼 감정도 오고 간다. 좋은 감정이든 나쁜 감정이든 마찬가지다. 때로는 기다리기만 해도 그렇다. 다만 수용, 인지 재구성, 가족과 친구에게 다가가기 등으로 인해 불쾌한 감정이 지나가는 속도가 빨라질 수는 있다.

5. 우울증을 가지고 있으면 슬픔, 죄책감, 비관 같은 감정을 경험한다. 이는 매우 고통스러운 상태다. 이런 감정으로 기능이 떨어질 만큼 힘들다면 전문가의 도움을 받는 것을 고려하라.

6. 긍정적 감정도 진지하게 받아들여야 한다. 무엇인가에 대한 열정이 있다면 주변의 회의론 때문에 멈추지 말라. 누가 아는가? 당신이 옳을 수도 있다.

27

The Healing Power of Reconciliation

화해의 치유력

옳고 그름을 넘어

잘랄루딘 루미

옳음과 그름의 생각 너머 들판이 있습니다,
그곳에서 당신을 만나겠습니다.

영혼이 그 풀밭에 누울 때,
세상은 너무 가득 차 말로 다 할 수 없습니다.
생각, 언어, 심지어 '서로'라는 말조차
아무 의미가 없습니다.

❦

누가 옳고 누가 그른가? 이 질문은 어린 시절부터 노년까지 많은
사람의 마음을 사로잡는다.

어느 날 한 어머니가 어린 아들과 딸이 늘 다투는 문제로 나

를 찾아왔다. 그녀는 두 아이에게 대기실에 앉아 기다리고 있으라고 일렀다. 얼마 후, 화가 난 이웃이 문을 두드리며 아이들이 자기 정원에 들어와 연못 근처에서 위험하게 놀고 있다고 알렸다. 화가 난 어머니가 큰아이를 꾸짖자 큰아이는 "개가 먼저 뛰쳐나갔어요. 전 말리려고 따라간 거예요"라고 했다. 그러자 동생은 "누나가 먼저 시작했어요! 너무 심하게 굴어서 전 도망친 거예요"라고 맞받아쳤다.

바로 그것이다. 누가 옳고 누가 그른가? 부부 상담에서도 흔히 보는 장면이다. 사람들은 재판정에 선 것처럼 불만을 늘어놓는다. 우리 사회, 더 넓게는 서로 다른 사회 곳곳에서도 이 장면은 반복된다. 끝없는 다툼, 손가락질, 상대에게 책임 돌리기. 누가 옳고 누가 그른가? 이를 어떻게 해야 할까?

루미는 짧은 시에서 옳고 그름의 문제를 단칼에 가르고 "옳고 그름의 생각 너머에 있는 곳"에 무엇이 있는지를 보여준다. "거기에 들판이 있다"고 말하며 "그곳에서 만나자"고 제안한다. 그가 먼저 화해를 향해 걸음을 내딛고 당신을 초대하는 듯하다. 조건이나 압박이 없는, 부드러운 초대다. 몇 마디 말로 그는 매혹적인 장면을 불러온다. 긴 풀밭에 누운 영혼, 말로는 담아낼 수 없을 만큼 충만한 세계, 옳고 그름의 관념을 내려놓자 사라지는 언어, 생각, 개별적 자아의 경계. 여기서 루미는 갈등을 우회하는 길을 보여준다. 곧, 상대에게 손을 내미는 일이다. 장엄한 비전처럼 보이지만 현실에 근거가 있는가? 아니면 시인의 꿈에 불과한가? 당신은 어떻게 생각하는가?

나는 루미의 비전이 깊은 진실을 담고 있다고 본다. 상담실에서 종종 부부에게 나는 판사가 아니며 여기는 법정이 아니라는 점을 상기시킨다. 사람들이 찾으려는 것은 두 사람이 함께 나아갈 수 있는 만남의 자리다. 방어벽을 낮추고 처음 서로에게 끌렸던 이유를 떠올리며 지금도 공유하고 있는 것은 무엇인지, 공유된 역사나 아이들처럼 함께 지키고 싶은 보물은 무엇인지 되새기는 자리 말이다.

치료자들은 일반적으로 부부에게 서로가 방금 한 말을 그대로 반복해 보라고 연습을 시킨다. 상대의 말을 반복하는 그 과정만으로도 긴 풀밭에 나란히 누워 있는 것처럼 상대의 마음속에 들어가 있는 듯한 느낌을 받을 수 있다. 이는 상대의 말을 제대로 들었는지 확인하고 감정이 격해질 때 흔히 생기는 오해를 피하는 방법이기도 하다.

특히 기억에 남는 것 중 하나는 위대한 작가이자 신경 학자이며 홀로코스트 생존자인 빅터 프랭클과의 만남이다. 그는 『죽음의 수용소에서』의 저자다. 빈 교외에 있는 그의 여름 별장 거실에서 나는 여러 가지 질문을 했고 그는 하나하나 솔직하고 관대하게 답했다. 내가 "홀로코스트에 대해 독일인들을 용서했습니까?"라고 묻자 그는 이렇게 대답했다. "사실 저는 용서라는 말이 정확히 무엇을 의미하는지 잘 모르겠습니다. 저는 차라리 화해를 생각하고 싶습니다. 과거의 원한을 제쳐 두고 서로 잘 지내야 한다는 생각 말입니다." 가족을 잔혹하게 잃고 자신도 죽음의 수용소에서 목숨을 잃을 뻔했던 사람에게서 나온 놀라운 대답이다.

독재 정권 아래서 이웃을 억압하고 고문하던 사람들이 정권 교체 후에도 계속 살아야 했던 여러 나라에서도 비슷한 결론이 내려졌다. 내가 태어난 남아프리카공화국에서는 잔혹한 아파르트헤이트 체제가 무너진 뒤 진실화해위원회가 설치되어 아파르트헤이트하에서 저지른 범죄를 고백한 이들에게 사면을 허용했다. 목적은 피해자와 가해자가 길에서 마주치더라도 적대감 없이 서로를 바라보고, 함께 거래하며, 끔찍한 상처를 치유하고 공동의 목표를 추구하도록 하는 것이었다. 아이들의 다툼이든, 부부의 언쟁이든, 정치적 분쟁이든, 사람들은 화해를 가장 좋은 해결책으로 본다. 루미라면 진작 그렇게 하라고 말했을 것이다.

시가 건네는
마음 처방전

——————— *1. 소중한 사람과 갈등이 생겼을 때 우선순위를 정한다.* 옳음을 고집할 것인가 사이좋게 지낼 것인가? 둘을 동시에 갖기는 어렵다.

2. 먼저 이해하려 노력하고 그다음에 이해받으려고 하라.

3. 당신과 상대 사이에 조화가 이루어지면 둘 다 동의할 수 있는 기본 원칙과 그것을 가장 잘 지키는 방법을 의논할 시간이 생긴다.

4. 사람들 사이에 적대감이 있다면 때로는 공식적인 화해 절차를 통해 도움받는 것이 좋다.

시인과
시에 대하여

───────── 잘랄루딘 루미(1207~1273)는 페르시아어를 쓰는 부모 아래 아프가니스탄에서 태어났지만 생애 대부분을 오늘날의 튀르키예에서 보냈다. 아버지는 신학자이자 법학자였다.

루미의 삶에서 결정적인 사건은 1244년에 일어났다. 루미는 샴스 타브리지Shams Tabrizi를 만났고 "내가 이전에 신이라 여겼던 것을 오늘 한 인간에게서 만났다"고 말했다. 그 만남 이후 루미는 위대한 시들을 쓰기 시작했다. 두 사람은 여러 해 동안 지극히 가까운 사이였다. 때문에 루미의 제자들이 질투했다. 심지어 샴스가 사라졌을 때, 루미의 질투심 많은 제자들이나 아들에 의해 살해되었을 가능성이 제기되었다. 루미는 잃어버린 친구를 찾아 멀리까지 헤맸지만 결국 샴스가 돌아올 수 없다는 것을 받아들여야 했다. 그는 "그의 본질이 나를 통해 말한다"라며 샴스를 자기의 일부로 체험하고 슬픔을 견뎠다.

루미는 튀르키예 코니아에서 아버지 곁에 묻혔고 그의 무덤은 위대한 시인이자 치유자에게 감동받은 수천 명의 방문객이 모이는 장소가 되었다.

28

Leaving Home

집을 떠나다

여행자여, 길은 존재하지 않습니다

안토니오 마차도

여행자여, 당신의 발자국만이

유일한 길, 그밖에는 아무것도 없습니다.

여행자여, 길은 존재하지 않습니다.

당신이 걸어가며 길을 만들어야 합니다.

당신이 걸어가며 당신만의 길을 만들고,

뒤돌아볼 때

다시는 걸을 수 없는

그 길이 보입니다.

여행자여, 길은 존재하지 않습니다.

다만 바다 위에 남는 배의 항적만 있을 뿐입니다.

몇 해 전 연로한 사촌 누나와 대화를 나눈 적이 있다. 그녀는 남편을 여읜 뒤 아들을 따라 캐나다로 이주해 살고 있었다. 남아프리카공화국이 그립지 않으냐고 묻자 이렇게 답했다. "그곳을 그리워할 형편이 아니야. 거기서 다리를 다 태워 버렸으니까 여기 북미에서 내 삶을 만들어야 해." 실제로 그녀는 훌륭한 삶을 일구었다. 여든 번째 생일 파티에 많은 친구가 참석했는데 몇몇은 옛 친구였지만 대부분은 그녀가 집이라 부르게 된 그 나라에서 새로 사귄 친구들이었다.

그녀의 이야기를 한 것은 특별해서가 아니라 보편적이기 때문이다. 북미에서 원주민을 제외하면 우리는 본디 이민자다. 따라서 마차도의 시와 그 안에 담긴 교훈은 미국의 많은 사람들, 나아가 전 세계 사람과 매우 관련성이 높다.

모든 이민자들은 공통적인 이야기를 가지고 있다. 누구와 무엇을 남겨 두었는지, 여기에 오기까지 무엇이 필요했는지, 어떻게 낯선 세계에 스며들었는지, 새로운 보금자리가 제공한 자유와 기회, 뒤섞인 그리움과 향수에 관한 이야기를 모두 가지고 있다.

어떤 이민자들은 기대와 다르다는 실망감이나 다른 이유 때문에 고국으로 되돌아가기도 한다. 그러나 많은 사람들은 자신이 떠나온 가난, 폭정, 억압, 위험, 기회 부족 때문에 그런 선택은 상상조차 못 한다. 그들은 돌아갈 곳이 없다는 사실을 너무 잘 안다.

여기서 밝히자면 나는 특권을 가진 이민자였다. 의학 교육을 받고 일자리도 확보한 상태에서 입국했다. 수백만 명의 평범한 이민자들은 대개 운이 좋지 않다. 그들은 종종 가혹한 환경에서 매우 힘들게 일하며 자신의 삶을 개척해야 한다.

새로운 나라에 머물기로 선택한 사람들에게는 내 사촌의 간명하면서도 깊은 깨달음이 중요한 원칙이 된다. "다리를 불태웠다. 돌아갈 수 없으니 집과 가족이 얼마나 그립든 그 생각에 매달리지 말아야 한다." 안토니오 마차도가 짧고 유려한 시에서 표현한 것도 바로 이 원칙이다.

마차도의 시선 속에는 불태울 다리조차 없다. 당신이 걸어온 길은 배의 항적처럼 이미 사라져 버렸다. 길은 존재하지 않는다. 오직 당신의 발자국이 잠시 남았다가 사라질 뿐이다. 지금 이 자리에 발을 딛고 있는 당신만이 현실이다.

마차도의 시는 또 하나의 비유로 읽을 수 있다. 사람들은 각자의 고유한 길을 여행하며 자신만의 길을 만들어 간다. 숲속 갈림길에서 어느 길을 택하느냐에 따라 인생이 달라진다는 프로스트의 시가 떠오른다. 다시 돌아갈 길은 없다. 선택의 시간은 지나갔다. 당신은 새로운 장소에 이미 와 있다. 선택지와 대안은 닫혔으니 사라져 버린 발자국이 아니라 현재와 앞날의 길에 집중하는 편이 낫다.

스페인어로 처음 쓰인 마차도의 시 구절은 노래로도 불렸다. 싱어송라이터 호안 마누엘 세라트Joan Manuel Serrat가 〈여행자여 길은 없습니다Caminante no hay camino〉라는 제목으로 불러 스페인어권 전역에서 큰 인기를 얻었다.

시가 건네는
마음 처방전

———————— *1. 수용하라.* 역경을 헤쳐나가는 첫 번째 단계는 수용이다. 더이상 돌아갈 길이 없다는 사실을 받아들일 때 새로운 시작이 가능하다.

2. 가볍게 여행하라. 남아프리카, 동유럽 출신 이민자들이 자녀에게 전하는 격언은 다음과 같다. "교육이 핵심이다. 이민을 가야 할 때 가지고 갈 수 있는 전부가 그거 하나뿐일 때가 많다."

시인과
시에 대하여

———————— 안토니오 마차도(1875~1939)는 스페인의 세비야에서 태어나 그곳에서 유년기를 보냈다. 1883년 가족과 함께 마드리드로 이주했다.

1899년 형과 함께 파리로 가 번역가로 일했고 오스카 와일드를 포함한 주요 문인들을 만났다. 그는 마드리드에서 박사 학위를 받고 소르본에서 수학했으며 고등학교 프랑스어 교사가 되었다.

1903년 첫 시집 『고독』을 출간했다. 1912년 마차도는 어린 여성과 결혼했으나 그녀는 몇 년 만에 결핵으로 세상을 떠났다. 그녀의 죽음은 깊은 슬픔을 다룬 연작시를 낳았다. 1936년에 발발한 스페인 내전은 마차도와 형을 생이별하게 했다. 노모와 함께 프랑스로 피신한 마차도는 그곳에서 세상을 떠났고 그의 노모도 며칠 뒤 눈을 감았다.

29

And those You Leave Behind

그리고 남겨진 이들

어머니께 보내는 편지

살바토레 콰시모도

가장 사랑하는 어머니, 이제 안개가 내려앉고,

나빌리오 운하는 수문 위로 거칠게 흘러가고,

나무들은 물을 머금고, 눈빛처럼 타오릅니다.

저는 북쪽에서 불행하지 않습니다.

제 마음이 평안하지는 않지만,

그렇다고 누구에게 용서를 구하지도 않습니다.

오히려 많은 이들이 저에게 눈물을 빚지고 있지요.

어머니께서 병석에 계신 것도 압니다.

시인들의 많은 어머니처럼,

가난 속에서도 멀리 있는 아들을 향한 사랑만큼은

그저 지극하시지요. 오늘은 제가 이렇게

편지를 씁니다… 마침내 당신은 말하겠지요.

밤에 집 나간 그 애가 한 줄 써 보냈구나.

불쌍한 아이, 너무나 여린 마음을 지녀서

언젠가는 그들이 그를 죽일지도 모른다고-

네, 저는 기억합니다. 회색빛 정거장

아몬드와 오렌지를 가득 실은 느린 기차들,

까치로 가득한 이메라 강어귀,

소금과 유칼립투스 냄새가 서린 곳.

하지만 진심으로 감사드리고 싶어요.

제 입술 위에 얹어 준 그 비틀린 미소,

당신의 미소를 닮은 부드러운 미소.

그 미소가 저를 고통과 슬픔에서 구해주었습니다.

그리고 지금 제가 어머니를 위해 눈물을 흘린다면,

아직도 이유를 알지 못한 채 기다리는 모든 이들을 위해

눈물을 흘린다면, 그것은 별일이 아닐 것입니다.

오, 순한 죽음이여,

부엌 벽에 매달려 똑딱이는 시계를 건드리지 마세요.

제 어린 시절 모두가 그 시계의 유약 바른

다이얼 위, 그려진 꽃들 위에서 지나갔습니다.

그 바늘들, 오래된 심장을 건드리지 마세요.

누가 대답하겠습니까? 오, 연민의 죽음이여,

수치의 죽음이여. 안녕, 사랑하는 이여, 안녕,

나의 가장 사랑하는 어머니.

~

살바토레 콰시모도의 이 시는 남아프리카공화국을 떠날 때 매우 의미 있었다. 가끔 소리 내어 읽거나 친구에게 읽어주곤 했다. 그럴 때마다 아픔과 안도감이 섞인 것처럼 고통과 위로가 동시에 전해졌다.

시인은 편지를 가장 사랑하는 어머니에게 보낸다. 그는 집을 떠난 뒤 어느 정도 시간이 지나 글을 쓰면서 어떻게 떠났는지, 누구를 뒤에 남겨 두었는지, 그 후에 무엇이 있는지 되돌아볼 힘을 얻었다.

첫 행에서 시인은 "이제 안개가 내려앉고"라며 곧바로 풍경 묘사로 넘어간다. 그러나 더 읽어 내려가다 보면 시를 이끄는 중심 요소는 어머니의 노화다. 그녀에게도 안개가 내리는 중이며 그것을 떠올리는 일은 어느 자녀에게나 괴롭다.

그는 이탈리아 북부의 나빌리오 운하를 묘사하며 그 물이 "눈빛처럼 타오른다"고 말한다. 뒤이어 그는 자신이 태어난 시칠리아의 또 다른 강 이메라를 떠올리는데 그 강은 집을 떠나 북쪽으로 향하던 기억과 맞닿아 있다.

네, 저는 기억합니다. 회색빛 정거장
아몬드와 오렌지를 가득 실은 느린 기차들,
까치로 가득한 이메라 강어귀,
소금과 유칼립투스 냄새가 서린 곳.

시의 첫머리에서 그는 어머니에게 "북쪽에서 불행하지 않다"고 말하면서도 "마음이 평안하지는 않다"고 덧붙인다. 시 전반에 흐르는 모자간의 공감은 아들의 복잡한 성격을 생각할 때 어머니가 이 소식에 그리 놀라지 않을 것이라는 점을 시사한다. 그는 잘못한 일이 없어 "누구에게 용서를 구하지도 않는다"며 어머니를 위로한다. 오히려 다른 사람들이 그에게 저지른 잘못 때문에 울어야 한다고 말한다. 그만큼 남한테 올바르게 행동했다는 이야기다. 어머니가 이 문장을 읽으면 기뻐하리라는 것을 잘 알고 있다.

시인은 자기가 떠나던 때 어머니가 어떤 마음이었을지 상상한다. 어머니는 너무 쉽게 마음을 내어주는 아들이 남에게 상처받기 쉬울까 봐, 심지어 누군가에게 해를 입지 않을까 걱정했을 것이다. 그러나 곧 그의 공감은 어머니에게로 옮겨 가고 그는 자신이 어머니에게서 물려받은 쓸쓸한 미소에 감사하다고 말한다. 미소 덕분에 슬픔을 덜었지만 어머니가 늙어 죽음에 가까워지는 모습을 떠올릴 때 눈물이 흐르는 것까지 막지는 못한다.

시인은 감동적인 구절에서 죽음에게 직접 말을 건다. 죽음을 "순한" 것이라 부르며 "벽에 걸린 부엌 시계에 손대지 말라"고 간청한다. 몇몇 문화권에서는 누군가 집에서 죽으면 시계를 멈추는 풍습이 있다. 그래서 시는 간절한 호소로 죽음에게 말한다. 나는 해마다 그 구절을 수없이 되뇌었다.

부엌 벽에 매달려 똑딱이는 시계를 건드리지 마세요.

제 어린 시절 모두가 그 시계의 유약 바른

다이얼 위, 그려진 꽃들 위에서 지나갔습니다.

그 바늘들, 오래된 심장을 건드리지 마세요.

다른 관점에서 보면 시계를 멈추는 것은 무정하게 흐르는 시간을 멈추고 싶다는 뜻일 수도 있다. 시인은 묻는다. 죽음이 이 경우만은 예외를 허락할 수 없는가? 그러나 그 역시 자신의 물음이 수사적이라는 것을 안다. 죽음은 요청에 응답하지 않고, 시곗바늘은 계속 다이얼 위를 움직일 것이다. 끝에서 그는 어머니의 노화와 죽음을 멈추려는 모든 간청이 헛되다는 것을 깨닫고 어머니에게 작별을 고한다.

시인과 마찬가지로 나도 좋은 어머니 덕을 보았다. 어머니는 내가 북미로 이민 가는 것을 막지 않았다. 사실 어머니와 아버지는 나를 위해 할 수 있는 모든 일을 했다. 두 분의 부모도 이민자였기에 절차를 잘 알았다. 기회가 있을 때 떠나라, 호들갑 떨지 말아라! 돌이켜 보면 가장 좋은 여건에서 이주하더라도 가족과 집을 영영 떠나는 감정은 출렁이기 마련이다. 〈어머니께 보내는 편지〉는 남겨 두고 온 사랑하는 이들을 향한 마음을 다룬다.

시간이 흐르면서 어머니의 건강이 조금씩 나빠지는 것을 보았다. 임종 자리에 함께하지 못할지도 모른다는 생각이 마음을 짓눌렀다. 나는 그 가능성에 대해 어머니와 이야기를 나누었다. 어머니는 현실적인 사람답게 답했다. "전화는 항상 있잖니."

밴쿠버에 갔을 때 일이다. 키 큰 나무로 가득한 스탠리파크를 걷다가 공중전화를 보고 어머니를 떠올렸다. 그때는 아직 휴대폰이 어디서나 통하던 시절이 아니었다. 나는 전화를 걸었다. 어머니는 내가 누군지는 알아보았지만 그 이상은 잘 알아차리지 못했다. 나는 예전의 대화를 떠올렸다. 어머니는 죽어 가고 있지만 나는 멀리 떨어져 있으며 어찌할 도리가 없다는 것을. 다만 늘 전화가 있고 사랑하는 어머니에 대한 기억이 있었다.

정신과 의사로서 나는 많은 사람이 어머니로 인해 마음의 고통을 겪고 마음껏 사랑할 수 없었다는 이야기를 들었다. 하지만 살바토레 콰시모도의 시를 읽으면 그는 그런 사람 중 하나는 아니라고 생각한다. 시인은 오래전에 세상을 떠났지만 가장 다정한 어머니를 두었고 어머니는 그를 사랑하며 세상에 자신의 흔적을 남기도록 자유롭게 해 주었다는 사실에 기쁨을 느꼈을 것이다.

시가 건네는
마음 처방전

———————— 1. 이민을 떠나거나 먼 곳으로 이주할 때 남겨 둔 이들에 대한 슬픔과 상실감을 느끼는 것은 자연스럽다.

2. 떠난 이들 또는 남겨진 이들과 가능한 한 연락을 유지하고 도울 수 있으면 도와주어라.

3. 자녀가 멀리 떠나가야 한다면 그들을 떠나보내라.

시인과
시에 대하여

——————— 살바토레 콰시모도(1901~1968)는 1959년 노벨 문학상을 받았다. 그는 시칠리아에서 태어났고 공학자가 되기 위해 팔레르모와 로마의 기술학교에서 공부했다. 라틴어와 그리스어를 공부했지만 계속 공부할 형편이 되지 않아 정부의 토목 기술직을 택했다. 1930년에 첫 시집『물과 대지Water and Lands』를 출간했다. 이탈리아 문단에서 유명해진 그는 1938년 밀라노로 옮겨 글쓰기에 전념한다. 그는 20세기 중반 이탈리아 문학을 대표하는 거장이 되었다.

그는 두 번 결혼했다. 1926년 비체 도네티와 결혼했는데 그녀는 1948년에 세상을 떠났다. 이후 유명 배우이자 무용가인 마리아 클레멘티나 쿠마니와 결혼해 아들 하나를 두었다.

30

The Importance of Self-Actualization

자아실현의 중요성

내 눈의 빛이 사라진 걸 생각하니

존 밀턴

내 눈의 빛이 사라진 걸 생각하니,

이 어둡고 광활한 세상에서, 반생도 살기 전에,

생명 같은 재능이 쓸모없어졌구나.

비록 내 영혼은 창조주를 간절히 섬기길 원하나,

그분이 훗날 탓할까 봐, 내 한 일을 설명하려 할 때,

나는 어리석게 묻네,

"내 눈을 멀게 하시고는 어찌 노동을 원하시는지요?"

하지만 그 불평을 가로막고 신중한 대답이 들려오네,

"신은 인간의 노동이나 재능을 필요로 하지 않네,

그의 온화한 멍에를 가장 잘 메는 자가

그를 가장 잘 섬기나니.

그는 왕과 같네. 그의 말 한마디에 수천의 무리가

육지와 바다를 건너 쉬지 않고 달려올 테니.

가만히 서서 기다리는 자들도 그를 섬기는 사람이네."

존 밀턴은 천재이자 최고의 영향력을 지닌 영국 시인이다. 오늘날 그의 대표작 『실낙원』을 비롯한 주요 작품은 너무 길고 난해해서 대중에게 널리 읽히지는 않는다. 그러나 작은 보석 같은 이 시를 통해 그의 훌륭한 지성과 심오한 정신을 만날 수 있다.

첫 행에서 시인은 자기 성찰의 주제, 즉 한창나이에 찾아온 실명을 이야기한다. 그는 이로 인해 생긴 특별한 문제, 곧 자신이 가진 단 하나의 재능을 사용해 하나님을 섬길 수 없게 되었다는 점에 초점을 맞춘다.

밀턴이 말하는 재능은 여러 방식으로 이해될 수 있다. 글 쓰는 능력일 수도, 하나님을 섬기는 능력일 수도 있다. 신약성경의 비유(마태복음 25:14~30)에 따르면 주인은 여행을 떠나기 전 세 하인에게 각자의 능력에 따라 다른 액수의 돈(다섯 달란트, 두 달란트, 한 달란트로 당시 거액의 화폐 단위)을 맡겼다.

주인이 돌아왔을 때 다섯 달란트와 두 달란트를 받은 하인들은 그것을 불려 두 배를 만들었다. 셋째 하인은 잃을까 두려워 돈을 땅에 묻어 두었기에 내놓을 이익이 없었다. 주인은 그 한 달란트를 빼앗아 가장 많이 가진 자에게 주었다.

이 소네트에서 밀턴은 재능을 숨기는 것은 죽음과 같다고 말한다. 그는 실명하여 온종일 일하지 못하게 되면 불리한 심판을 받게 될지 자문한다. "빛을 잃은 자에게도 하루의 노동을 요구하실까?" 의인화된 인내가 응답한다. "신은 인간의 노동이나 재능을 필요로 하지 않네, / 그의 온화한 멍에를 가장 잘 메는 자가 / 그를 가장 잘 섬기나니." 시는 "가만히 서서 기다리는 자들도 그를 섬기는 사람이네"라는 유명한 구절로 끝을 맺는다.

밀턴의 시는 페트라르카식 소네트 형식을 따른다. 첫 8행에서 문제를 제시하고 마지막 6행에서 이를 해결한다. 이 시를 선택한 것은 뛰어난 작품성 때문만이 아니라 두 가지 중요한 주제를 다루기 때문이다.

첫 번째는 자기실현이다. 밀턴이 말하는 재능을 숨기는 것이 죽음과 같다는 말은 심리학자 매슬로가 말한 자아실현 개념을 떠올리게 한다. 매슬로는 이렇게 썼다. "음악가는 음악을 해야 하고, 화가는 그림을 그려야 하며, 시인은 시를 써야 한다. 그래야만 비로소 그는 자기 자신과 평화로울 수 있다."

매슬로의 욕구 단계는 흔히 피라미드로 표현되는데 인간의 욕구를 중요도 순으로 나타낸다. 피라미드의 맨 아래는 생리적 욕구, 그 위는 안전, 이어서 사랑과 유대감, 그다음은 존중, 맨 꼭대기에는 다른 모든 욕구가 충족된 뒤에야 도달하는 자아실현이 있다. 임상 경험을 통해 나는 자아실현이 얼마나 중요한지 늘 깨닫는다. 때로는 그것이 정말 "생명 같은 재능이 쓸모없어진" 것처럼 느껴지기도 한다.

자기실현은 유명인이나 성공한 사람에게만 해당하는 일이 아니다. 대부분의 사람들은 크든 작든 어떤 재능을 지니고 있으며 그것을 숨기는 일은 고통이 되고 표현하는 일은 기쁨이 된다. 나는 고향의 중년 여성 미니를 잊지 못한다. 그녀는 마을에서 겉은 바삭하고 속은 촉촉한 생강 쿠키를 잘 굽기로 매우 유명했다. 글을 쓰는 지금도 냄새와 맛이 떠오른다. 사람들은 누구나 미니를 쿠키와 동일시했고 그녀는 자신을 쿠키 굽는 여자라고 자랑스레 소개하곤 했다. 이것은 재능을 지닌 사람이 성취감을 느끼기 위해 표현하는 수많은 사례 중 하나일 뿐이다.

밀턴의 소네트에서 또 하나의 중요한 주제는 신에 대한 믿음이다. 그는 하나님을 제대로 섬기지 못한다는 죄책감에서 해방되었다고 생각할 때 안도감을 느낀다. 죄책감은 고통스러운 감정이므로 죄책감에서 해방되는 은총의 상태는 안도감과 희열을 동반한다. 어떤 종교적 가르침은 그럴 만한 근거가 되는 행위를 하지 않았더라도 존재 그 자체에 선함이 있다고 느끼도록 격려한다. 미국 철학자 아브라함 조슈아 헤셸Abraham Joshua Heschel의 말처럼. "존재한다는 것만으로 축복이다. 살아 있다는 것만으로 거룩하다."

죄책감이나 열등감 같은 고통스러운 감정을 내려놓으면 더 자유로워지고 더 효과적으로 일할 수 있다. 밀턴은 여러 필경사에게 구술하는 방식으로 계속 글을 쓸 방법을 찾았다. 그는 완전히 실명한 뒤에도 『실낙원』을 비롯한 중요한 작품을 집필했다.

시가 건네는
마음 처방전

——————— *1. 당신이 가진 재능이 무엇이든 그것을 나타내고 실현하는 것이 매우 중요하다.* 꼭 돈이나 명예를 가져다주

는 것이 아니어도 좋다. 스스로 성취감을 얻고 인정받고 감사하다고 느끼는 것이면 무엇이든 된다.

2. 자신에게 너무 가혹하게 굴지 말라. 할 수 있는 범위에서 최선을 다하면 된다. 장애물이 있으면 인정하고 다른 길을 찾거나 도움을 요청하라. 그 과정에서 자신에게도 격려의 말을 건네자.

3. 생산성을 발휘할 시간이 지나간다는 것에 괘념치 말라. 그저 좋은 사람으로 존재하는 것만으로도 충분하다.

시인과
시에 대하여

—————————— 존 밀턴(1608~1674)은 다방면에 걸친 천재였다. 그는 중년 이후 시력을 잃었지만 위대한 작가의 한 사람으로 평가받고 있다. 그는 65세까지 살았는데 당시 평균 수명이 40세였던 것을 감안하면 매우 오래 살았다. 그의 학식은 백과사전적이었고 여러 언어에 능통했으며 많은 곳을 여행했다. 높은 정치적 직위를 역임했고 문학사에서 손꼽히는 시편을 남겼다.

그는 유럽 대륙을 여행하며 피렌체에서 가택 연금 중이던 갈릴레이를 만났다. 세 번 결혼했고 다섯 명의 자녀를 두었다. 1652년 무렵 실명하여 이후에는 구술 방식으로 글을 써야 했다. 바로 그 시기에 〈내 눈의 빛이 사라진 걸 생각하니〉를 썼다.

31

The Power of Faith

믿음의 힘

시편 23편

다윗의 시

여호와는 나의 목자시니 내게 부족함이 없으리로다.

그가 나를 푸른 풀밭에 누이시며

쉴 만한 물가로 인도하시는도다.

내 영혼을 소생시키시고

자기 이름을 위하여 의의 길로 인도하시는도다.

내가 사망의 음침한 골짜기를 다닐지라도

해를 두려워하지 않을 것은

주께서 나와 함께하심이라.

주의 지팡이와 막대기가 나를 안위하시나이다.

주께서 내 원수의 목전에서 내게 상을 차려 주시고

기름을 내 머리에 부으셨으니

내 잔이 넘치나이다.

내 평생에 선하심과 인자하심이 반드시 나를 따르리니

내가 여호와의 집에 영원히 살리로다.

위로를 주는 시 모음집에 시편이 한 편도 들어 있지 않다면 그것은 완전하지 않다. 구약성경에 있는 150편의 시편 중 많은 것이 다윗 왕의 작품으로 전해지며 오래전부터 치유와 연관이 있었다. 시편은 병든 사람이나 마음이 아픈 이를 위로하기 위해 자주 읽힌다. 위로의 성격을 보여주는 시편을 하나만 고르자면 시편 23편이 가장 유력한 후보다. 여기 사용된 킹제임스성경의 어휘와 구절은 특히 아름답고 그 이미지도 매우 시적이다.

시편 23편은 목자의 형상을 내세우는데 그 이미지가 첫 세 절 내내 이어진다. 밀턴의 시와 같은 맥락에서 주는 전적으로 긍정적 존재로 그려진다. 첫 구절에서 시인은 부족함이 없을 것이라 말한다. 다시 말해 주의 보살핌 아래 시인의 모든 필요가 채워진다는 뜻이다.

시인은 먼저 자신의 신체적 필요, 즉 편안히 눕고 잘 수 있는 푸른 풀밭과 평화롭게 걸을 수 있는 쉴 만한 물가를 말한다. 주는 그가 길을 잃지 않도록 인도한다. "자기 이름을 위하여 의의 길로 인도하시는도다."

그다음 모든 시편 가운데 가장 기억에 남는 구절이 나온다. 골짜기를 지나는 동안 우리 위에 그림자처럼 드리워지는 죽음의 묘사다. 그러나 그곳에서도 시인은 두려워하지 않는다. 그가 하나님이 함께하심을 느끼기 때문이다. 때로는 징벌을 떠올리게도 하는 막대기가 여기서는 위로의 근원이 되며 목자의 지팡이 또

한 그러하다.

이제 목자는 시인에게 음식을 베푼다. 원수들 앞에도 상을 차려준다. 다시 말해 주의 보호 덕분에 원수가 가까이에 있어도 시인은 편히 먹을 수 있다. 주는 이어 시인의 머리에 기름을 부어 그를 높인다. 이는 평범한 이를 왕이나 제사장으로 격상시키는 의식이다. 이 대목에서 시인은 충만함을 느끼며 짧게, 압축된 고백을 한다. "내 잔이 넘치나이다." 너무도 아름답게 표현된 이 구절은 이제 일상 언어의 일부가 되었다. 마지막 구절에서 시인은 영적 여정을 이어 가며 미래에 대한 확신을 선언한다. "내 평생에 선하심과 인자하심이 반드시 나를 따르리니 / 내가 여호와의 집에 영원히 살리로다."

시인은 하나님과의 관계에서 느낀 기쁨을 나누며 어떤 두려움도 위협도 없는 완전한 위로의 그림을 보여준다. 시편 23편이 오랫동안 사랑받는 이유가 결코 놀랍지 않다.

시편 23편과 관련해 잊지 못할 일화가 하나 있다. 고등학교 라틴어 수업 시간에 "사망의 음침한 골짜기를 다닐지라도"라는 구절을 영어에서 라틴어로 번역하는 과제가 있었다. 나는 그 구절을 가정법으로 옮겼다. "내가 혹시 사망의 음침한 골짜기를 다닐지라도." 라틴어 선생님인 엘레나 토머스 박사는 강한 억양과 날카로운 기지를 겸비한 이탈리아 여성이었는데 그 번역에 이의를 제기했다. "왜 가정법을 쓰는 거지요? 당신은 사망의 음침한 골짜기를 지나가고 있어요! 우리 모두 그렇지요! 여기에 가정법 따위는 없어요!" 선생님이 옳다. 내 실수는 숙제에 보이는 문법 이상의 것을 엮어 넣은 것이었다. 당시에 나는 나 자신의 죽음이라는 가능성에서 거리를 두고 싶었다.

몇 년 뒤, 치명적인 공격을 당해 거의 죽을 뻔한 상태로 인턴으로 일하던 병원의 병동에 누워 지낼 때 나는 "음침한 골짜기"를 뼈저리게 자각했다. 병문안을 와준 엘레나(그때 우리는 서로 이름을 부르는 사이였다)는 다정했고 배려 깊었다.

"노먼, 기분이 어때?" 그녀가 물었다. "바보 같은 기분이에요." "왜 바보 같은 기분이 드는데?" 지금도 그녀의 이탈리아 억양, 왜라는 단어에 힘을 주던 목소리가 들리는 듯하다. "밤늦게 골목에 차를 대고 여자 친구랑 있었던 내가 바보였지요." "아, 노먼. 밤늦게 차 안에서 여자 친구와 함께 있는 것, 그게 바로 인생이야!" 나는 큰 위로를 받았다.

그 후 여러 해 동안, 남아프리카공화국으로 가족을 보러 돌아갈 때마다 나는 엘레나를 찾아갔다. 오랜 간격을 두고 사람을 만나면 그렇듯이 그녀도 나이 드는 것이 보였다. 심지어 그녀는 실명했지만 불 같은 기개는 꺾이지 않았다. 고향 친구 데이비드는 그녀의 건강이 나빠지자 꾸준히 연락을 취했고 그녀가 병환으로 마지막에 입원했던 병원을 찾았다. 그녀는 88세로 세상을 떠날 때까지 정신이 또렷했다. 데이비드의 마지막 방문에서 엘레나가 물었다. "무슨 일 있니?" "선생님이 걱정돼요." 그가 말했다. "사람은 다 죽는 거야." 그녀가 말했다. "대수롭지 않아."

놀라운 스승이었던 엘레나는 라틴어 수업에서 내게 가르쳐준 교훈, 즉 문법을 넘어 삶의 근본 진리를 말하는 교훈을 끝까지

지켰다. 사람은 모두 죽는다. 그녀는 50년 후 죽음의 순간까지 그 진리를 붙들고 있었다. 사람은 모두 사망의 음침한 골짜기를 지나고 있다. 그렇기에 어떠한 위로든 간절히 필요하다.

시가 건네는
마음 처방전

——————— *1. 지치거나 아프거나 낙담할 때 시편 23편의 구절 또는 다른 여러 시편을 살펴보면 새로운 힘과 희망, 위로를 찾을 수 있다.*

32

The Thrill of Discovery

발견의 전율

채프먼의 호메로스를 처음 읽고

존 키츠

나는 황금의 왕국들을 많이 여행했노라,

훌륭한 나라와 왕국들도 많이 보았노라.

아폴로를 섬기는 시인들이 머무는

서쪽의 여러 섬을 돌아다니며.

넓고 넓은 땅 이야기를 종종 들었으니,

깊은 이마의 호메로스가 그곳 주인이라 했도다.

그러나 그 순수하고 고요한 세계를 숨 쉬지 못했노라,

채프먼이 우렁차고 대담하게 말하는 것을 듣기 전까지는.

그때 나는 하늘을 관측하는 천문학자 같았네,

새로운 행성이 시야 속으로 들어올 때처럼.

혹은 용감한 코르테스가 독수리 같은 눈으로

태평양을 응시하던 때처럼- 그의 부하들도

격정 어린 추측에 사로잡혀 서로를 바라보던-

다리엔의 어느 봉우리 위에서 말없이.

⁓

시의 첫 행에서 키츠는 사건의 배경을 설명한다. 그리스의 섬들, 위대한 시인 호메로스, 그리고 그의 작품을 1616년에 처음 출판한 조지 채프먼의 번역본이 그것이다. 키츠가 말하는 "황금의 왕국"은 고대 세계를 뜻한다. 황금은 햇빛이 가득한 섬만이 아니라 그곳에서 흘러나온 황금 같은 작품을 가리킨다. 당시 시인들은 태양신 아폴로에게 충성을 보였고 그중 "깊은 이마"를 가진 호메로스가 최고의 자리에 있었다. 분노한 아폴로가 중요한 역할을 하는 그의 대서사시 『오디세이』와 『일리아스』는 키츠에게도 익숙했다.

채프먼의 번역은 키츠를 찬탄하게 했다. 젊은 시인을 너무나 흥분시켜 호메로스의 위대한 작품을 새롭게 체험하면서 느낀 발견과 경이를 소네트로 토해내게 했다. 키츠의 흥분은 고대 그리스의 또 다른 이야기를 떠올리게 한다. 위대한 물리학자이자 수학자인 아르키메데스는 한 가지 문제와 씨름하고 있었다. 왕이 새로 얻은 왕관이 진짜 순금인지 값싼 금속과 합금된 것인지 가려내야 했다.

문제를 풀려면 왕관의 밀도를 알아내야 했다. 그러기 위해서는 왕관의 무게와 부피를 모두 알아야 했다. 무게는 재기 쉬웠지만 울퉁불퉁한 물체의 부피를 재는 법을 아는 이가 없었다. 그러던 중 아르키메데스가 세상에서 가장 유명한 욕조에 몸을 담갔다. 물속에 몸을 담그자 욕조의 수위가 올라가는 것을 보는 순간 번개같이 답이 떠올랐다. 왕관을 물에 담갔다가 밀려 나온 물의 부피를 재면 왕관의 부피를 알 수 있고 따라서 밀도를 구할 수 있다! 그는 너무 신이 나서 아테네 거리로 뛰쳐나가, 전설에 따르면 알몸으로 달리며, "유레카(찾았다)!"라고 외쳤다. 그는 왕관을 시험했고 안타깝게도 왕과 장인의 기대와 달리 밀도가 너무 낮았다. 이는 밀도가 더 큰 금이 밀도가 더 낮고 값싼 금속과 섞였다는 것을 뜻했다.

이 작은 일화는 발견의 경이로움과 그 흥분을 남과 나누고자 하는 충동을 보여준다. 키츠는 고전적 페트라르카식 소네트에서 바로 그 감정을 전한다. 시인은 호메로스의 다른 번역본(아마 드라이든과 포프의 번역)을 읽었지만 채프먼의 번역처럼 신선함, "그 순수하고 고요한"을 느껴 본 적은 없었다. 키츠는 8행의 끝에서 거의 외치듯 흥분을 드러낸다. "채프먼이 우렁차고 대담하게 말하는 것을 듣기 전까지는."

전환점에서는 마지막 6행의 무대가 마련된다. 주제는 발견의 경이로움이다. 흥분한 키츠는 자신이 상상하기에 비슷한 감정을 불러일으켰을 다른 발견을 떠올린다. "하늘을 관측하는 천문학자"를 언급하면서 키츠는 아마도 얼마 전 천왕성을 발견한 천문학자 윌리엄 허셜 경을 염두에 두었을지도 모른다. 그는 파나마의 다리엔주 산꼭대기에서 처음으로 태평양을 바라본 "코르테스"의 신화적인 일화를 들고 온다. 사실 키츠는 두 명의 정복자를 혼동했다. 그는 멕시코에서 아스테카 왕국을 정복한 에르난 코르테스가 아니라 유럽인으로서 최초로 태평양을 발견한 바스코 누네스 데 발보아를 의미한 것이다. 그러나 오류가 지적된 뒤에도 시에는 "코르테스"를 그대로 두었는데 아마 그 편이 운율상 훨씬 낫기 때문일 것이다.

두 경우 모두 키츠가 전하는 것은 발견의 사실만이 아니라 그에 따르는 놀라움과 경이의 감각이다. 당신은 어떤 새로운 행성이 시야로 미끄러져 들어올 때 천문학자가 느꼈을 전율과, 정복자가 "독수리 같은 눈"으로 처음 태평양을 응시하며 그의 부하들과 "격정 어린 추측" 속에서 서로를 묵묵히 바라보며 느꼈을 감정을 함께 느낄 수 있다. 이 모든 것은 키츠가 채프먼의 『호메로스』를 처음 접했을 때 느낀 흥분과 연결된다.

키츠의 이 시는 메릴랜드 국립정신건강연구소에서 전임의이자 연구원으로 일하던 때 떠올랐다. 동료들과 나는 겨울마다 우울해진다고 보고한 사람들의 집단을 모집했다. 연구에 들어올 당시 그들은 모두 멀쩡해 보였고 회의적인 동료들은 겨울이 오면 정말 우울해지겠느냐고 의문을 제기했다. 그러나 예고된 대로 낮이 짧아지자 참가자들은 훗날 계절성 정서장애라 부르게 될 증상을 보고하기 시작했다. 어느 시점에 우리는 중요한 단계를 밟을 준비가 되었다. 환자들을 밝은 환경, 빛에 노출시켜 반응이 있는지 보는 일이었다.

나는 빛 치료에 처음 반응한 환자 가운데 한 사람을 생생히 기억한다. 그는 연구 병동으로 들어오며 환하게 웃었고 특히 겨울에 이렇게 행복했던 기억이 없다고 말했다. 병동의 간호사들은 비록 격정 어린 추측까지는 아니었지만 기쁨이 가득한 얼굴로, 서로를 다정하게 바라보았다. 그 순간 나는 키츠의 시와 인생의 큰 기쁨 중 하나인 경이로움의 경험을 떠올렸다. 지금 나는 크고 작은 경험 앞에서 느끼는 감각을 의식적으로 키우려고 노력한다. 그러면 삶의 기쁨이 더 커진다.

시가 건네는
마음 처방전

—————————— **1. 매일 어디서든 경이로움을 경험할 준비를 하라.** 마음을 열면 많은 곳에서 놀라움과 기쁨을 발견할 수 있다. 예컨대 석양, 황혼, 사랑에 빠지는 순간, 아이의 탄생, 아이가 자라는 모습을 지켜보는 일, 연극 공연, 짜릿한 스포츠 경기, 예를 들어 시카고 컵스가 108년 만에 2016년 월드시리즈에서 우승한 것, 자신의 예술과 기술, 전문성을 펼치며 사람들이 그 혜택을 받는 것을 보는 일 등…. 경이로움을 만날 기회는 무한하며 어디에나 있다.

2. 경이의 한 원천으로 발견을 고려해 보라. 알다시피 시인의 "발견"은 우연히 고전의 신선한 번역을 만난 일에 불과하다. 다른 누군가는 전혀 다른 사건에서 의미 있는 발견을 찾는다. 당신이 아

르키메데스 같은 과학자라면 욕조에 몸을 담그고 있다가 자연법 칙을 발견할 수도 있다. 다만 도시 거리를 달리기 전에 가운을 걸 치는 것을 권한다.

시인과
시에 대하여

——————— 존 키츠(1795~1821)는 생이 짧고 작품의 양 도 동시대 시인들보다 적지만 영국의 위대한 시인 중 한 명으로 꼽힌다. 그는 〈그리스 항아리에 대한 송가〉, 〈우울에 대한 송가〉, 〈나이팅게일에게 바치는 송가〉 등 영어권에서 가장 뛰어난 시를 남긴 것으로 평가된다.

키츠는 네 형제자매 중 맏이였고 어린 나이에 부모를 모두 잃 었다. 마구간을 운영하던 아버지는 키츠가 여덟 살 때 말에 밟혀 숨졌고, 어머니는 6년 뒤 결핵으로 세상을 떠났다.

키츠는 엔필드 학교에서 교육을 받았고 그곳 교장은 고아 소 년들에게 아버지 같은 관심을 기울였다. 교장의 아들인 찰스 카 우든 클라크는 키츠의 좋은 친구가 되었고, 부자父子 모두 키츠의 문학적 포부를 격려했다.

키츠는 학교를 일찍 떠나 약사 자격을 취득했지만 그의 사랑 은 시에 있었다. 25세 때 그는 영향력 있는 편집자 리 헌트Leigh Hunt를 만났고, 헌트는 일반적으로 키츠의 첫 성숙기 작품으로 여겨지는 〈채프먼의 호메로스를 처음 읽고〉를 실어 주었다.

키츠가 이 유명한 소네트를 쓰게 된 경위는 잘 알려져 있다. 클라크가 먼저 채프먼의 번역을 키츠에게 보여주었다. 두 친구는 밤새 번역을 읽었고 키츠는 몇몇 대목에서 환호성을 질렀다. 날이 밝자 키츠는 집으로 돌아갔는데 아침 10시쯤 클라크는 식탁 위에서 이 소네트를 발견했다.

이 시는 1816년에 쓰였고 이후 위대한 고전이 되었다. 하룻밤을 꼬박 새운 뒤 몇 시간 만에 이런 걸작을 써낸 키츠가 얼마나 비범한 천재였을지 놀랍기만 하다. 당시 그의 나이는 21세였고 남은 생은 고작 5년이었다.

키츠는 남은 5년 동안 젊은 천재가 발휘할 수 있는 모든 에너지를 쏟아냈다. 시집을 한 권 더 출간했고 잉글랜드와 스코틀랜드로 도보 여행을 떠났으며 결핵에 걸린 동생 톰을 돌봤고 패니 브론과 사랑에 빠졌다.

그러나 머지않아 키츠 자신도 결핵에 걸려 건강이 크게 악화되었고 의사는 그에게 겨울 동안 따뜻한 지방으로 가 있으라고 권했다. 그는 화가이자 친구인 조지프 세번Joseph Severn과 함께 로마에 갔고 세번은 헌신적으로 그를 간호했다. 키츠는 친구의 품에서 눈을 감았고 1821년 로마에 묻혔다. 그의 부탁대로 묘비에는 다음과 같은 문구가 새겨졌다. "여기에 물 위에 이름을 쓴 자가 누워 있노라."

The Enduring Thrill of the Moment

순간의 전율

고공비행

존 길레스피 매기 주니어

오! 나는 지구의 거친 굴레를 벗어나
웃음 띤 은빛 날개로 하늘에서 춤추었네.
태양을 향해 솟구쳐 오르며, 햇빛에 쪼개진 구름의
떠도는 환희 속에 합류했네- 그리고
그대는 상상도 못한 백 가지 일을 해내었네- 저 높이
빙글 돌고, 솟구치고, 흔들리며 햇살 가득한 고요 속 높이
머물렀네.
나는 외치는 바람을 뒤쫓아 달리며, 내 열정적인 비행기로
인적 없는 하늘의 궁정을 향해 날았네…

위로, 위로- 긴, 황홀하게 타오르는 푸른빛 속으로.
바람 몰아치는 고도를 거침없이 넘어서-
종달새도, 독수리도 결코 날지 못한 곳에 이르렀네.
그리고 고요히, 숭고한 마음으로 나는 걸었네.

아무도 침범하지 못한 우주의 성지를.

손을 내밀어, 신의 얼굴을 만졌네.

~

시인의 시집에는 비행을 다룬 시가 여러 개 실려 있다. 그 활력은 종종 위험과 함께 나타난다. 밀랍과 깃털로 만든 날개를 펼친 이카로스를 떠올려 보라. 그는 기쁨에 취해 태양에 너무 가까이 날아올랐다가 추락한다. 그러나 어쩌면 이 시야말로 모든 시를 통틀어 인간 비행의 스릴을 가장 순수하게 구현한 작품일 것이다. 실제로 〈에어 앤드 스페이스 매거진Air and Space Magazine〉은 〈고공비행〉을 항공 시 가운데 가장 오랫동안 사랑받는 작품으로 꼽았다.

가장 유명하고 자주 인용되는 구절은 아마 첫 행일 것이다. "오! 나는 지구의 거친 굴레를 벗어나." 로널드 레이건 대통령은 1986년 챌린저 우주왕복선의 비극적 폭발 이후 이 구절을 인용했다. 전직 배우였던 그는 그 위대한 문장을 제대로 살렸다. 그의 연설에서 내가 기억하는 것은 사실상 그 한 줄뿐이다. "지구의 굴레(중력)"가 "거칠다"는 발상 자체가 신선하다. 대부분의 사람들에게 대지를 단단히 딛고 서 있는 일은 안정과 안도감의 원천이다. 그러나 이 조종사 시인에게 대지는 달갑지 않은 것, 구금이나 불쾌한 사회적 모임처럼 벗어나고 싶은 것이었다.

매기의 이 시는 제2차 세계대전 때 스핏파이어 전투기를 몰고

1만 미터 이상의 고도를 비행하며 그의 최고 기록을 경신한 것에서 영감을 얻어 썼다. 하늘을 그토록 빠르게 날다가 갑자기 죽음을 맞을 수 있는 상황이니 얼마나 두려웠을까! 그런데 시인에게는 즐거움일 뿐이었다.

현대적인 소재를 다루었지만 이 작품 또한 페트라르카식 소네트임을 곧 알 수 있다. 앞의 8행은 "웃음 띤 은빛 날개", "햇빛에 쪼개진 구름의 떠도는 환희" 같은 즐거운 이미지로 장식되어 있다. 조종사인 시인은 선회하고 치솟고 머물고 바람을 쫓으며 마음껏 즐긴다. 전환점이 나타나는 8행 끝에는 말줄임표가 보인다. 나는 이것이 조종사의 의도가 변하는 순간을 나타낸다고 본다. 구름 가까이의 저공비행에서 그 기체의 최고 기록을 넘어서는 고공비행으로의 전환이다.

나머지 6행은 이렇게 시작한다. "위로, 위로—긴, 황홀하게 타오르는 푸른빛 속으로." 이제 행복은 도취로 변한다. 시인은 자신이 가장 강력한 새들조차 도달하지 못하는 높이까지 날아올랐음을 자각한다. 마지막 세 행은 절정의 경험을 묘사한다.

나는 걸었네,
아무도 침범하지 못한 우주의 성지를.
손을 내밀어, 신의 얼굴을 만졌네.

매기가 스핏파이어를 몰고 구름 위로 솟구칠 때 어떤 기분이었을지 알아보려고 나는 수십 년째 대형 항공사에서 비행해 온 조종사 벤 버먼Ben Berman에게 물어보았다. 버먼은 그 순간을 이렇게 묘사했다.

구름을 뚫고 그 속으로 돌진하거나 구름 바로 위를 날며 프로펠러가 구름 꼭대기를 가르고 기체가 그 위를 스치듯 나는 것은 조종사에게 특별한 경험입니다. 이처럼 꼭대기에 있는 것을 온 더 톱being on the top이라 부르는데 고도 약 1,800~4,500미터의 속도를 온몸으로 느낄 수 있습니다. 단단해 보이는 구름 덩어리에 아주 가까이 붙어 있다가 그것이 금방 길을 내어주기 때문이지요. 더 높은 고도로 오를 계획이라면 그 경험을 즐길 수 있는 시간은 몇 초에 불과합니다. 기체의 반응을 면밀히 살펴야 하기 때문이지요. 기수와 날개 끝을 지평선과 맞춰 보고 상승률, 피치 자세, 속도를 순간순간 점검해야 합니다. 여러 기능을 재빨리 전환하며 조작해야 해요.

버먼은 매기가 가능한 한 높은 고도로 비행한 것을 대담하면서도 잠재적으로는 위험한 행동이라고 본다. 그는 먼저 그 짜릿함을 묘사하고 이어 위험을 설명한다.

기록을 세우려면 기체가 낼 수 있는 최대 고도를 넘지 않도록 조심해야 합니다. 처음에는 급상승(줌 클라임)으로 시작하며 이야! 하고 외치고 싶어질 겁니다. 하지만 여기에는 노력도 필요합니다. 어느 고도를 목표로 해야 운용 한계 고도 이하에 머무를 수 있는지 알아야 합니다. 당신을 떠받치는 것은 공기라는 사실을 기억하세요. 높이 올라갈수록 공기는 희박해집니다. 날개 위의 공기가 옅어지면 실속 상태에 빠질 수 있고 비행기가 하늘에서 떨어질 수도 있습니다.

버먼은 매기의 비행에서 나타난 황홀감이 저산소증에 의해 촉발되었을 수 있다는 추측에 동의한다. 이는 조종사가 너무 높이 날아 산소마스크가 산소 농도를 보충하지 못할 때 발생할 수 있다.

시인의 황홀감에는 자기 과신도 섞여 있다. 그는 "너희가 꿈도 꾸지 못한 일들을 나는 수없이 했다"고 자랑하며 새들도 닿지 못하는 곳에서 날고 있다고 말한다. 이카로스처럼 그는 닿을 수 있는 데까지 높이 나는 기쁨을 만끽하며 사람들을 그 벅찬 비행에 동승시킨다. 그렇게 해서 매기는 그 순간의 스릴을 결정체로 만들었고 영원히 보존했다.

〈고공비행〉은 매슬로가 정의한 '최고 경험Peak Experience'으로 볼 수도 있다. 매슬로는 이런 경험을 특정한 사고방식이 뒤따르는 황홀감 상태로 보았다. 매슬로에 따르면 최고 경험 동안 세계는 오직 아름답고, 선하며, 바람직하고, 가치 있게만 보인다. 최고 경험은 사람들의 삶에 의미를 부여하는 매우 소중한 것으로 여겨질 수 있으며 시의 마지막 행에서 보듯 종교적 의미를 띠기도 한다.

다만 최고 경험을 좇다가 과도한 위험을 감수하면서 자신을 위험에 빠뜨리는 경우도 있다. 버먼은 매기의 〈고공비행〉에 대한 마지막 생각을 전하며 조종사들에게 잘 알려진 표현을 인용했다. "나이 든 조종사와 대담한 조종사는 있을 수 있지만 나이 들고 대담한 조종사는 없다."

시가 건네는
마음 처방전

──────── **1. 최고 경험은 그것을 체험하는 사람에게 가장 가치 있고 중요한 일이다.** 일상에서 최고 경험은 사랑에 빠질 때, 결혼할 때, 첫아이를 얻을 때, 당신에게 중요한 무언가를 성취할 때 흔히 일어난다. 이런 기쁨과 행복에는 도파민, 세로토닌, 엔도르핀 등의 뇌 신경전달물질이 관여한다.

2. 최고 경험에 중독되지 않도록 유의하라. 강렬한 기쁨이나 도취에 관여하는 뇌 회로는 너무 자주, 너무 강하게 활성화되지 않도록 진화되었다. 경우에 따라 그것이 위험하고 불필요한 위험을 감수하게 만들 수 있기 때문이다.

시인과
시에 대하여

──────── 파일럿 장교 존 길레스피 매기 주니어는 캐나다 왕립 공군에서 복무한 미국인이다. 그는 1922년 중국에서

미국인 아버지와 영국인 어머니 사이에서 태어났다. 두 사람은 선교사였다. 아홉 살 때 어머니와 함께 영국으로 건너가 명문 럭비 스쿨에 다녔고 그곳 선배였던 루퍼트 브룩Rupert Brooke처럼 시인이 되기를 꿈꾸었다. 그는 브룩의 문체를 본떠 제1차 세계대전에서 전사한 브룩의 시신이 그리스에 매장된 것을 다룬 시로 학교 공모에서 상을 받았다.

매기는 미국을 방문했다가 제2차 세계대전 발발로 영국으로 돌아가지 못해 그곳에서 학업을 마쳤다. 예일대 장학금을 거절하고 1940년 캐나다 왕립 공군에 자원입대한 그는 파일럿 장교 훈련을 받았고 영국으로 돌아가 스핏파이어 조종을 배웠다.

1941년 매기는 전투 임무를 시작했다. 점령된 프랑스에서 매기가 속한 4기 편대는 루프트바페의 공격을 받고 매기만 살아남았다. 1941년 말, 현역 복무 10주 차에 매기는 스핏파이어로 훈련 비행 중 다른 젊은 조종사와 공중에서 충돌하여 사망했다. 그는 사망하기 몇 달 전, 고도 약 10,000미터를 비행한 후 〈고공비행〉을 썼다. 그때 그는 고작 19세였다.

34

The Long Reach of Trauma

트라우마의 긴 그림자

선고

안나 아흐마토바

그리고 돌처럼 무거운 말이 떨어졌네.
아직 살아 있는 내 가슴 위에.
괜찮아, 난 준비하고 있어.
어떻게든지 감당해 나갈 테니.

오늘 해야 할 일이 너무도 많네.
기억을 단호하게 죽여야 하고,
내 영혼을 돌로 변하게 하고,
다시 살아가는 것을 배워야 하네-

하지만… 여름의 뜨거운 소리는
내 창밖에 펼쳐지는 축제처럼 울리네.
오래도록 난 이것을 예감했었네.
햇빛 찬란한 날, 그러나 텅 빈 집.

조지아 공과대학의 인지과학 교수 낸시 널세시안Nancy Nersessian 덕분에 이 시를 알게 되었다. 그녀는 전 미국 계관시인 로버트 핀스키의 '페이보릿 포엠 프로젝트Favorite Poem Project'에 이 작품을 제출했다. 〈선고The Sentence〉는 중대한 정서적 문제, 트라우마의 심리적 결과를 다루며 외상후스트레스장애PTSD라는 정신 건강 문제를 다루고 있어서 특히 흥미롭다.

시는 2개의 기묘한 구절을 잇는 것으로 시작한다. "돌처럼 무거운 말." "아직 살아 있는 내 가슴." 삶과 무생물이 뒤섞인 감각을 전달한다. "괜찮아. 난 준비하고 있어." 시인은 자신을 다독이듯 말한다. "어떻게든지 감당해 나갈 테니." 부모가 아이를 위로하듯이. 그러나 어른이 되면 안다. 실제로 신경 쓸 일이 있을 때가 아니면 "신경 쓰지 마"라는 말을 하지 않는다는 것을.

두 번째 연에서 시인은 하루 동안 자신에게 기이한 지침을 내린다. 기억을 단호하게 죽이고 영혼을 돌로 변하게 하고 다시 살아가는 법을 배울 것. 이 지침은 답보다 더 많은 의문을 낳는다. 기억을 죽일 수 있는가? 설사 가능하다 해도 바람직한 일인가? "다시 살아가는" 욕망은 분명 건강해 보이지만 그는 그것을 어떻게 배우려는가? 영혼을 돌로 만든다면 그것은 어떤 삶이 될까?

마지막 연은 희망의 한마디로 시작한다. "하지만…." 아마도 "여름의 뜨거운 소리"를 통해 "창밖에 펼쳐지는 축제처럼" 저절로 기분이 나아질 수도 있다는 가능성을 열어준다. 그러나 시는 비관적인 톤으로 끝난다. 날은 눈부시지만 안식처이자 위안의 장소인 집은 텅 비어 있다.

PTSD를 경험한 사람이라면 시에 표현된 감정이 매우 낯익을 것이다. PTSD 증상에는 여기서 언급된 요소들이 포함된다. 무감각과 단절, 회피(기억을 죽이고 싶은 욕망), 우울한 기분, 활동에 대한 현저한 흥미 저하.

나는 널세시안에게 아흐마토바의 많은 시 가운데 왜 이 작품을 택했는지 물었다. 그녀는 이 시가 가장 강하게 울렸다고 말했다. 오랫동안 각별했던 오빠 데이비드를 이해하는 데 큰 도움이 되었기 때문이라고 말했다. 그녀가 들려준 말은 이렇다.

> 데이비드는 19세의 어린 나이에 장교로 임관했고 베트남에 파병되었다. 그는 성장하면서 하고 싶은 일이 많았다. 꿈도 너무나 많았다. 그는 언제나 활기차고 힘이 넘쳐서 누구에게나 눈에 띄었다. 하지만 베트남에서 돌아왔을 때는 생기가 사라져 있었다. 베트남에서 헤로인에 중독되었지만 치료의 도움으로 중독은 끊을 수 있었다. 그러나 다른 문제는 결코 사라지지 않았다. 데이비드는 늘 섬광처럼 되살아나는 기억과 악몽에 시달렸다. 결혼하고 아이들도 낳았지만 그는 평생 부서진 사람으로 살았다.

베트남전이 끝난 것은 1975년이지만 널세시안은 오빠의 정신적 죽음을 1970년 7월 4일로 생각했다. 그녀는 이렇게 묘사했다.

그는 임무를 막 마치고 돌아왔고 극도로 지쳐 있었다. 그
래서 친구 빌리 설리번에게 그날만 대신 선두를 맡아 달
라고 부탁했다. 빌리 설리번은 선두에 섰고 그는 그 자리
에서 전사했다. 데이비드는 그 일에서 결코 회복하지 못했
다. 그는 늘 그날 자신이 죽었어야 한다고 생각했고 그 뒤
매년 7월 4일이면 끔찍한 시간을 보냈다.

널세시안은 아흐마토바의 시에서 위안을 얻었다. 오빠가 그 끔
찍한 기억과 싸우며 살아온 오랜 고투를 시가 잘 표현하고 있다
고 느꼈다.

시의 마지막 연은 전쟁터에서 돌아온 많은 참전 용사들을 떠
올리게 한다. 그들은 민간인 생활의 환영을 받더라도 내면의 무
감각 때문에 그 즐거움을 누리지 못한다. 날은 화창하지만 집은
텅 비어 있다. 그것이 데이비드의 이야기다.

PTSD를 위한
초월 명상

—————— 전투 관련 PTSD에 관해 내가 배운 거의
모든 것은 PTSD로 고통받는 참전 군인들에게 초월 명상TM,
Transcendental Meditation이 미치는 효과를 연구하는 과정에서 나온
것이다. 이들은 제2차 세계대전과 베트남, 아프가니스탄, 이라크
전쟁의 희생자들이었다. 몇 명은 내 친구이기도 했다. 그중 한 사

람인 제리 옐린은 제2차 세계대전 경험과 PTSD, TM의 도움으로 회복된 과정을 기록으로 남겼다.

회고록 『회복력 있는 전사The Resilient Warrior』에서 옐린은 제2차 세계대전 당시 전투기 조종사로서의 삶을 이렇게 묘사한다. "나는 빠르게 죽음과 친숙해졌다." 그는 이오지마에서 일본 본토 상공까지 장거리 임무를 19차례 수행했는데, 함께했던 젊은 조종사 11명 가운데 고향으로 돌아온 이는 한 명도 없었다. 그는 이렇게 고백한다. "1946년부터 1975년까지 내 삶은 공허했다. 전장에서 겪은 고조감은 일상의 저점이 되었다. 부모님, 누이, 친척, 친구 누구와도 아무 연결이 없었다." 결혼했고 네 아들이 태어났지만 그는 계속 고통받았다.

"나는 만족이나 성공할 이유를 찾을 수 없었다. 의미나 가치를 지닌 어떤 사람과의 연결도 찾지 못했다. 가족이 곁에 있어도 나는 우울하고, 불행하고, 외로웠다."

옐린은 30년간 고통받다가 TM을 배우게 되었다. 몇 주 연습한 뒤 그는 이렇게 말했다. "내면과 연결되는 감각을 느꼈다. 분노와 원망이 사그라들기 시작했고 이전에는 알지 못했던 차분함이 내게 찾아왔다. 가족에게도 그랬다. 시간이 흐르자 나는 주변 세계를 다르게 생각하게 되었고, 내 삶에 없었던 방향성을 찾았다."

이러한 관찰은 나와 동료들이 PTSD에 영향을 미친 TM의 효과를 체계적으로 연구하게 만들었다. 우리는 미국 보훈부 샌디에이고 의료 시스템에서 유망한 대조 연구를 수행했으며 현재 여러 기관과 대규모 연구가 진행 중이다.

시가 PTSD를 치유할 수 있을까?

──────── 이라크전에 참전한 소설가 케빈 파워스는 〈뉴욕타임스〉 기고문 「나를 자살로부터 지켜준 것」에서 이렇게 고백했다. 그는 PTSD로 일상생활이 어려울 정도의 증상을 안고 귀향했다. 날마다 우울했고 자살 충동을 느꼈고 술로 자신을 마비시켰다. 그는 회복의 시작을 이렇게 묘사한다.

> 어느 날 무슨 이유에선지 『딜런 토머스 시 전집』을 집어 들었고, 그중 자주 인용되는 다음 구절에서 더 적절한 말이 없어 은총이라 부를 수밖에 없는 순간을 얻었다. '이 시들은 거칠고, 의심으로 가득하고, 혼란스럽다. 그러나 인간을 사랑하는 마음과 신을 찬양하는 마음으로 썼다. 그렇지 않다면 나는 완전히 바보일 것이다.' …
> 오랜만에 나는 다른 사람 속에서 나 자신을 보았다. 그 단순한 연결 고리가 PTSD의 가장 무서운 통념, 즉 자신이 완전히 혼자이고 고립되어 있으며 그 상태가 영구적이라는 생각으로부터 조금씩 벗어나게 했다.

나는 파워스와 인터뷰하면서 회복의 지렛대가 된 딜런 토머스의 말 가운데 무엇이 그토록 특별했는지 물었다. 그는 이렇게 답했다.

아마 그의 용기와 취약함이었을 것이다. 결함과 부족함을 인정하면서도 노력과 시도와 열망을 축하하는 태도. 그러니까 세상과 관계 맺고 싶어 하되 그것이 불완전할 수도 있다는 것을 받아들이는 태도가 위안을 주었다. 딜런 토머스는 20세기의 거장으로 명성이 높지만 대담함과 함께 일종의 겸손과 소박함을 인정한다.

파워스는 적절한 말이 적절한 시간에, 적절한 방식으로 제시되었을 때 사람들이 고통스러운 소외감에서 벗어나 동료의 곁으로 돌아갈 수 있다는 것을 새삼 일깨워 준다.

2019년 〈월스트리트저널〉 기사에서 뉴욕 브롱크스의 재향군인 병원에서 시행 중인 시 치료 프로그램을 다루었다. 여기에 참가한 한 참전 용사는 과거에 기억하던 시 〈인빅터스Invictus〉를 요청했다. 이 시는 극한의 역경을 극복하는 내용을 담고 있다. 그는 이를 소리 내어 읽으면서 질병과 싸워 나갈 결의를 다지는 데 큰 용기를 얻었다. 이런 일화는 시가 PTSD와 다른 질환으로 고통받는 사람들에게 도움을 줄 수 있다는 생각을 뒷받침한다.

시가 건네는
마음 처방전

1. 마음과 몸은 트라우마를 오래 기억한다.

피해자가 의식적으로 떠올리지 못하더라도 평생 기억할 수 있다.

2. 자신이나 사랑하는 이에게서 PTSD 증상을 빨리 발견하는 것이 중요하다. PTSD는 피해자와 가족의 삶에 중대한 영향을 끼칠 수 있으며 제대로 치료하면 나을 수 있다.

3. 문학, 특히 시는 PTSD를 겪는 사람들에게 고통을 혼자 겪고 있지 않다는 것을 알려줌으로써 치유에 도움을 준다.

시인과
시에 대하여

———————— 안나 아흐마토바(1889~1966)는 60년간의 문학 경력을 자랑하는 20세기 러시아의 위대한 시인이다. 그녀는 상트페테르부르크 근교의 귀족 가문에서 태어나 부유한 환경에서 자랐고 여학교에서 교육을 받았다. 키예프의 법대에 진학했으나 시적 재능을 일찍 인정받고 문학의 길을 택했다.

그녀는 시인 니콜라이 구밀료프의 주목을 받았다. 그는 그녀의 재능을 세상에 알렸고 오랜 구애 끝에 7년 만에 결혼했다. 신혼여행 중 그녀는 파리에서 화가 아메데오 모딜리아니를 만나 깊은 우정을 쌓았다.

이후 상트페테르부르크의 문학계에서 미모와 카리스마로 명성을 얻었으나 제1차 세계대전과 볼셰비키 혁명을 겪으며 급격한 변화를 맞았다. 시의 주제도 사랑에서 정치와 인간의 고통으로 옮겨 갔다. 당연히 전체주의 체제와 충돌했지만 주변의 만류에도 불구하고 러시아를 떠나지 않았다. 그녀는 구밀료프와 이혼했고 그 뒤에 만난 남편과도 결별했다.

러시아 지식인으로서 오랜 세월 아흐마토바는 두 차례의 세계 대전과 스탈린 시대의 공포를 견뎌야 했다. 그녀가 겪은 모욕과 고난, 상실의 목록은 헤아리기 어렵다. 잦은 질병, 국가의 적으로 낙인찍혀 금지된 시, 투옥되거나 추방된 친구와 가족…. 그녀의 아들은 젊은 시절 대부분을 강제 노동 수용소에서 보냈고 여러 차례 구속된 끝에 시베리아로 7년간 유배되었다. 전 남편 구밀료프는 감옥에서 총살당했으며 그녀가 알던 많은 사람들이 같은 운명을 맞았다. 아흐마토바는 아들을 위해 음식을 전하고 탄원을 올리기 위해 몇 시간씩 교도소 앞에 줄을 서야 했다. 대표작 『레퀴엠』의 유명한 서문에 그 경험을 이렇게 기록했다.

예조프의 공포정치가 극에 달하던 해, 나는 레닌그라드 교도소 앞에서 17개월을 보냈다. 어느 날 누가 나를 알아보았다. 그때 파랗게 질린 입술을 한 여자가 내 뒤에 서 있었는데 물론 내 이름을 들어본 적도 없는 사람이었다. 그러나 그 여자는 모두가 마비된 듯 서 있던 그 줄에서 깨어나 속삭였다. *(그곳에서는 모두 속삭였다.)*
"당신, 이것을 묘사할 수 있나요?"
나는 대답했다. "네, 할 수 있습니다."
그때 그녀의 얼굴에 미소처럼 보이는 무언가가 스쳐 갔다.

이 장면에서 알 수 있듯이 트라우마와 그림자를 더 명확하게 표현할 수 있는 사람으로 아흐마토바만큼 적합한 인물이 없다. 아흐마토바의 12행 시 〈선고〉는 이 위대한 시인의 정신, 예술, 트라우마의 참혹한 모습을 엿볼 수 있는 창이다.

35

The Danger of Anger
분노의 위험성

독을 품은 나무

윌리엄 블레이크

나는 친구에게 화가 났네.
그에게 분노를 말했더니 분노는 사라졌네.
나는 원수에게 화가 났네.
그에게 말하지 않았더니 분노는 자라났네.

나는 무서워서 분노에 물을 주었네,
밤낮없이 내 눈물로 적셨네.
나는 그것을 미소로 햇볕에 쬐었네,
부드럽고 기만적인 아양으로 키웠네.

그 나무는 밤낮으로 자랐네.
마침내 빛나는 사과를 맺었네.
내 원수는 그것이 빛나는 것을 보았네,
그리고 그것이 내 것임을 알았네.

밤이 하늘을 가린 사이에,

그는 내 정원으로 몰래 들어왔네.

아침에 나는 기뻐하며 보았네.

그 나무 아래 뻗어 있는 내 적을.

∽

〈독을 품은 나무〉를 읽으면 덩컨이라는 사람이 떠오른다. 그는 매우 성공한 중년 사업가였지만 분노 때문에 집과 직장에서 많은 문제를 겪었다. 덩컨의 분노는 여러 모습으로 나타났다. 도발이나 모욕을 당했다고 느끼면 그는 격분했고 얼굴이 벌겋게 달아올랐다. 그의 아내는 그가 뇌졸중에 걸릴까 걱정했다. 그는 종종 다른 사람들의 중립 행동이나 동기를 적대적으로 해석했고 폭발한 분노의 망치 아래 수많은 관계를 무너뜨렸다.

덩컨은 지미 그린이라고 부르는 어느 사업 파트너에게 복수극을 벌이기 시작했다. 그는 세션마다 그린의 최신 만행을 성토했고, 어떻게 되갚아줄지 복수 계획을 구구절절 늘어놓았다. 나는 그에게 영구적인 분노 상태로 사는 것이 그 자신에게 얼마나 위험한지 여러 번 설명했지만 소용없었다.

흔히 복수는 차갑게 식힌 뒤 먹는 요리라고 한다. 덩컨은 때로는 그것을 오래 기다릴 줄도 알았지만 동시에 돌발적으로 분노를 폭발시키기도 했다. 예를 들어 누군가 차로 끼어드는 것은 도저히 참지 못했다. 한 번은 그런 일을 당하자 차선을 바꿔 상대 운전자 옆에 차를 바짝 붙였다. 다음 신호에서 둘 다 멈춰 섰을 때, 그는 창문을 내리고 상대 운전자 얼굴에 침을 뱉은 뒤 그대로 내달렸다.

중국 속담에 따르면 복수를 계획하기 전에는 무덤을 2개 파야 한다고 한다. 수년간의 분노는 결국 덩컨을 덮쳤고 그는 심장마비로 수술을 받아야 했으며 그 밖의 스트레스 관련 질환에 시달렸다. 이런 문제는 분노 조절에 어려움을 겪는 이들에게 매우 흔하다. 실제로 한 심장 전문의 패널은 만성 분노를 흡연과 나쁜 식습관만큼이나 심각한 심혈관 질환 위험 요인으로 평가했다.

덩컨의 사례를 염두에 두고 블레이크의 시로 돌아가 보자. 첫 연은 나머지 시의 무대를 설정하며 단 4행으로 독한 분노를 풀어 줄 강력한 해독제를 제공한다. 바로 자신에게 말하기다. 시인은 친구에게 화가 날 때 직접 말해 분노를 가라앉힐 수 있는 사람이다. 그러나 적을 대할 때는 말하지 않아 결국 분노를 키운다. 어느 쪽을 택할지는 이성적인 결정에 따른다. 분노를 말하지 않을 때는 과일나무 가꾸듯 그것을 키운다.

나는 무서워서 분노에 물을 주었네,
밤낮없이 내 눈물로 적셨네.

위선적으로 시인은 진심을 숨기고 겉으로는 친근한 척한다.

나는 그것을 미소로 햇볕에 쬐었네,

부드럽고 기만적인 아양으로 키웠네.

시인의 전략은 먹혀들어 적은 그가 기른 나무의 빛나는 과일에 홀려 정원으로 몰래 들어와 그것을 따 먹는다. 다음 날 아침, 시인은 나무 아래에 뻗어 있는 적을 보고 기뻐한다. 적을 함정에 빠뜨린 점에서 죄책감을 느꼈지만 적은 남의 정원에 무단 침입해 사과를 훔쳐 먹은 죄가 있다. 블레이크는 도덕적으로 복잡한 상황을 설정해 둔다. 그러나 여기서 집중할 것은 분노와 그 잠재적 결과다.

모든 감정처럼 분노도 어떤 상황에서는 가치가 있다. 아리스토텔레스는 건강한 분노와 건강하지 않은 분노를 이렇게 구분했다.

누구나 화를 낼 수 있다. 그것은 쉽다. 그러나 옳은 사람에게, 옳은 정도로, 옳은 시기에, 옳은 목적을 위해, 옳은 방식으로 화를 내는 것은 모든 사람이 할 수 있는 일이 아니다. 그것은 결코 쉬운 일이 아니다.

현실에서는 너무도 자주 악성 분노와 마주친다. 목을 무릎으로 누르는 행위, 아기를 흔드는 행위, 아무렇지도 않게 총을 쏴 죽이는 총격 사건…. 그만큼 극적인 장면은 아니지만 도로 위의 분노와 괴롭힘, 온라인 폭력 사례도 자주 본다. 다행히 분노 조절에 도움을 줄 방법은 많다. 블레이크의 시를 읽는 것도 그중 하나다.

〈독을 품은 나무〉의 핵심 발상은 현대 버전으로도 이어지는데 바로 체로키 인디언 혹은 레나페 인디언에게서 유래했다는 두 마리 늑대의 이야기다. 널리 알려진 한 버전에서 손자와 할아버지가 꿈에 관해 이런 대화를 나눈다. 손자가 할아버지에게 묻는다. "할아버지, 제 안에서 두 마리 늑대가 싸우고 있어요. 한 마리는 완전히 선하고, 다른 한 마리는 완전히 악해요. 그 싸움에서 어떤 늑대가 이길까요?" 할아버지는 이렇게 답한다. "네가 먹이를 주는 쪽이 이기지." 블레이크 역시 할아버지의 답을 반기며 아마 이렇게 덧붙였을 것이다. "그리고 네가 말을 건네는 쪽이!"

시가 건네는
마음 처방전

———————— *1. 분노를 언제, 어떻게 표현할지 신중하게 결정해야 한다.* 강도와 표현 방식, 대상을 적절히 선택한다면 분노는 유용할 수 있다. 그러나 지나치게 불합리하고 엉뚱한 대상에게 향한 분노는 모두에게 치명적인 결과를 가져온다.

2. 분노가 심한 사람은 무엇보다 먼저 자신에게 분노 문제가 있다는 사실을 인정해야 한다. 이는 쉽지 않다. 분노하는 사람은 대개 자신의 분노를 상황 탓으로 합리화하며 정당한 것이라 여기

고 책임을 회피하기 때문이다. 분노가 정당한 것인지와 별개로 그 자체가 문제라는 것을 이해하는 것이 중요하다.

3. 분노가 심한 사람을 도울 때는 그 사람의 파트너를 참여시키거나 비슷한 분노 문제를 지닌 사람들과 함께 집단치료를 제안하는 것이 유용하다. 분노하는 사람의 파트너처럼 학대당하는 사람들 역시 도움을 받을 수 있다.

4. 분노 조절을 돕는 방법에는 인지 행동 치료, 명상, 요가, 운동 등이 있다.

시인과
시에 대하여

———————————— 윌리엄 블레이크(1757~1827)는 런던에서 제임스와 캐서린 블레이크 사이에서 태어났다. 그는 어릴 때부터 환상을 본다고 말할 만큼 특이한 아이였다. 네 살 때는 신이 머리를 창가에 내미는 모습을 보았다고 했고, 아홉 살 때는 천사들로 가득한 나무를 보았다고 말했다. 부모는 그가 여느 아이와 다르다는 것을 알아차리고 집에서 교육시켰다.

열 살에 블레이크는 화가가 되고 싶다고 했고 부모는 그를 미술학교에 보냈다. 열두 살이 되자 그는 시를 쓰기 시작했다. 이렇게 이른 출발을 바탕으로 블레이크는 성공한 판화가이자 화가,

시인이 되었다.

1789년 그는 가장 널리 알려진 시집 『순수의 노래』를 출간했고, 5년 뒤에는 『경험의 노래』를 출간했다. 〈독을 품은 나무〉는 『경험의 노래』에 수록되었다.

4

삶의 설계와
의미에 대한 탐구

다른 무엇보다도 자신에게 정직해라.

월리엄 셰익스피어

36

Principles for a Good Life

좋은 삶을 위한 원칙

폴로니우스가 레어티스에게 주는 조언

윌리엄 셰익스피어, 『햄릿』 1막 3장

이 몇 가지 교훈을 네 기억에
각인시켜라. 네 생각을 함부로 발설 마라.
절도 없는 생각을 섣불리 행하지도 말고.
친절하되 절대로 천박해선 안 된다.
친구들을 겪어 보고 받아들였으면
그들을 네 영혼에 쇠고리로 잡아매라.
하지만 신출내기 철없는 허세꾼들 모두를
환대하느라고 손바닥이 무뎌지면 안 된다.
싸움에 휘말리지 말되 어쩔 수 없을 때는
상대방이 널 알아 모시도록 행동해라.
네 귀는 모두에게, 네 입은 소수에게만 열고
의견을 다 수용하되 판단은 보류해라.
지갑의 두께만큼 비싼 옷을 사 입되
요란하지 않게, 고급인데 야하진 않게 해라.

옷차림으로 사람을 아는 수가 많으니까.
이 점에선 최고위급 프랑스 사람들이
단연 으뜸이고 최고로 귀티가 난다.
돈일랑은 빌리지도 꿔 주지도 말아라.
왜냐하면 빚과 함께 친구를 잃게 되고
돈을 빌리면 절약심도 무디어지니까.
다른 무엇보다도 자신에게 정직해라,
그러면 낮에 이어 밤이 따라오듯이
남에게 거짓될 수 없는 법. 잘 가거라.
축복으로 끝낸 말이 네 속에서 익어 가길.

❧

『햄릿』에서 레어티스가 프랑스로 떠나기 직전, 폴로니우스가 마지막으로 충고를 건네는 장면이다. 유명한 이 구절에서 아버지는 떠나는 아들에게 삶의 조언을 전한다.

한 박식한 친구가 내 책의 목차를 훑어보더니 이렇게 말했다. "지혜를 다룬 책에 폴로니우스를 넣기에는 좀 그렇지 않나요⋯. 그는 어리석고 남 일에 참견하기 좋아하며 신뢰도 떨어지는 인물이잖아요."

나도 폴로니우스에 대한 친구의 평가에 동의한다. 그리고 셰익스피어가 어떻게 그런 현명한 말을 어리석은 인물의 입에 담았는지 늘 역설처럼 느꼈다. 작가는 사람의 복잡성을 보여주려 했던 걸까? 어리석은 사람도 때로는 현자의 말을 할 수 있다고? 아니면 셰익스피어는 자신도 아버지로서 이 빼어난 조언을 떠올렸고 그것을 작품 속에 담지 않고는 견딜 수 없었던 것일까? 아무도 알 수 없다. 어찌 되었든 나는 이 조언을 포함시켰다. 우아하게 표현된 유용한 통찰이 가득하며 실제로 삶과 상담에서 활용하는 조언이기 때문이다. 폴로니우스는 이렇게 말을 시작한다.

이 몇 가지 교훈을 네 기억에
각인시켜라.

셰익스피어 시대 영어에서 character는 글로 새기다, 기록하다라는 의미를 가진다. 즉, 폴로니우스는 "이 조언들을 너의 기억 속에 새겨 두어라"라고 말하는 것이다. 이 부분은 쉽게 지나치기 쉬운데 이후 이어지는 조언들이 오늘날 말하는 인격character에 관한 내용처럼 보이기 때문이다. 자, 이제 그의 조언에서 무엇을 얻을 수 있을지 살펴보자.

"돈일랑은 빌리지도 꿔 주지도 말아라." 이 조언은 내게 특히 유용했다. 어머니는 늘 이렇게 말했다. "친구에게 돈을 빌려주면 그건 선물이라고 생각해라." 경험을 통해 나는 그 말의 뜻을 이해하게 되었다. 친구가 돈을 빌려야 하는 처지라면 갚기 어려울 가능성이 크다. 그리고 다른 채무자들이 보통 우선순위가 된다. 이것은 우정에 부담을 준다. 빌린 사람은 죄책감을 느끼고 빌려준 사람을 피하게 마련이다.

나도 친구에게 돈을 빌려준 적이 있다. 그는 당분간 갚을 수 없을 거라고 미리 솔직하게 말했다. 몇 해가 지나며 우정에 미묘한 긴장이 생겼다. 그의 특별한 생일이 다가왔을 때, 나는 그를 위해 그 빚을 탕감했다. 덕분에 관계는 다시 편안해졌다. 그 이후 나는 이렇게 한다. 친구가 돈이 필요하고 내가 줄 수 있다면 그것이 대여가 아니라 선물임을 분명히 말한다.

폴로니우스는 또 하나의 이유를 덧붙인다. "돈을 빌리면 절약심도 무디어지니까." 즉, 빌리는 습관은 절약과 재정 능력의 날을 무디게 한다는 뜻이다. 돈을 쉽게 빌릴 수 있다면 스스로 재정 문제를 해결할 동기가 사라진다. 이처럼 폴로니우스의 조언은 어리석은 자의 입에서 나왔지만 결코 어리석지 않다.

셰익스피어는 언제나 완벽한 극작가답게 가장 중요한 조언을 마지막에 배치한다. "다른 무엇보다도 자신에게 정직해라." 지금은 너무 익숙해 진부하게 느껴질 수도 있지만 이 문장을 명확하게 표현한 최초의 사람이 바로 셰익스피어로 보인다. 고대 델포이 신전에 "너 자신을 알라"라는 말이 새겨져 있었다. 셰익스피어는 고전적 명제에서 한 걸음 더 밀어붙였다. 오늘날 어떤 자기계발서든 이 조언은 빠지지 않는다. 셰익스피어는 그 이유를 이렇게 설명한다.

낮에 이어 밤이 따라오듯이
남에게 거짓될 수 없는 법.

여기서 놀라운 점은 수많은 가면을 쓰고 연기했던 극작가이자 배우인 셰익스피어가 진실성을 그토록 강조했다는 사실이다. 이는 내가 『슈퍼 마인드Super Mind』를 집필하면서 초월 명상 경험에 대해 인터뷰했던 배우 휴 잭맨을 떠올리게 한다. 그에게 배우라는 직업상 수많은 가면을 써야 하는 상황과 한 인간으로서 진정성을 유지해야 하는 상황을 어떻게 조화시키는지 물었다. 그는 이렇게 대답했다.

나는 배우다. 내 삶의 상당 부분은 다른 가면을 쓰고, 다른 인격을 입어 보고, 그 안을 들여다보는 일이다. 하지만 배우에게 진짜 힘이란 어떤 인물을 연기하든 그 안에서 진정성을 찾아내는 일이다. 한 인간으로서 자신이 누구인지, 스스로를 이해하기 전에는 배우로서 진정 앞으로 나아갈 수 없다. … 그래서 특히 배우들, 하지만 창조적인 분야에서 일하는 사람은 누구나 진정성을 성배처럼 여긴다.

시가 건네는 마음 처방전

──────────── *1. 진정성 있게 살아라.*

2. 충동적으로 행동하지 말라. 말과 행동에서 신중하게 판단하라. 생각이 극단적일수록 행동으로 옮기는 속도를 늦추어라.

3. 누구의 말이든 듣되 말할 때는 가려서 하고 최종 판단은 아 *껴 두어라.* 역사상 잘못된 말을 잘못된 사람에게 했다가 큰 위험에 처한 경우가 많았지만 남의 말을 듣는 태도는 언제나 좋은 전략이었다. 오늘날에는 예전만큼 위험하지 않을 수 있지만 경청은 다음과 같은 이점이 있다. (1) 정보를 더 많이 얻게 된다. (2) 사람들은 자기 의견을 말하고 들어 주는 경험을 소중히 여긴다. 관계 속에서는 듣기와 말하기의 균형을 맞추어 양쪽 모두 자기 생각이 존중받는다고 느끼게 하는 것이 좋다.

4. 검증된 친구와 새로 만난 친구를 구분하라. "그들을 네 영혼에 쇠고리로 잡아매라." 믿을 만한 친구는 꼭 붙들되 새로 등장한 인물이나 경험 없는 사람들에게 시간을 낭비하지 말라.

5. 싸움에는 더디 뛰어들어라. 그렇지만 어쩔 수 없이 싸워야 한다면 상대가 당신을 진지하게 받아들이도록 행동하라.

6. 상황과 형편에 맞는 적절한 옷을 입어라. "옷차림으로 사람을 아는 수가 많으니까."

7. 친구에게 돈을 빌려주거나 친구에게서 돈을 빌리는 일을 조심 *하라.*

37

Remaining Steady through Life's Ups and Downs

인생의 기복 속에서도 흔들리지 않기

만약에

러디어드 키플링

만약 모든 사람이 이성을 잃고 흥분해서

네 탓이라고 비난해도 냉정을 유지할 수 있다면,

모두가 너를 의심할 때 자신을 믿고,

그들의 의심마저 감싸안을 수 있다면,

기다리면서도 기다림에 지치지 않는다면,

속임을 당하고도 그를 속이지 않고,

미움을 당하고도 그를 미워하지 않는다면,

그런데도 너무 선량한 체, 현명한 체하지 않는다면,

꿈을 꾸면서도- 꿈의 노예가 되지 않을 수 있다면,

생각하면서도- 그 생각에 갇히지 않을 수 있다면,

승리와 재앙을 만나고도

이 두 사기꾼을 똑같이 대할 수 있다면,

네가 말한 진실이 악인들 입에 왜곡되어

어리석은 자들을 옭아매는 덫이 되는 것을 참을 수 있다면,

네 일생을 바쳐 이룩한 것이 무너져 내리는 걸 보고도,

낡은 연장을 들고 허리 굽혀 다시 세울 수 있다면,

네가 이제껏 성취한 모든 걸 한데 모아

단 한 번의 승부에 걸 수 있다면,

그것을 다 잃고 다시 시작하면서도

결코 후회의 빛을 보이지 않을 수 있다면,

심장과 신경, 힘줄이 다 닳아 버리고,

남은 것이라곤 "버텨라!" 같은 의지뿐일 때도

여전히 버틸 수 있다면,

서민들과 어울리면서도 품위를 잃지 않고,

왕들과 함께 거닐면서도— 오만하지 않을 수 있다면,

적이든 친구든 너를 해치지 않게 할 수 있다면,

모두를 중히 여기되, 누구도 지나치지 않게 대한다면,

누군가를 도저히 용서할 수 없는 1분의 시간을

60초만큼의 달리기로 채울 수 있다면,

이 세상 모든 것은 다 네 것이다.

무엇보다 아들아, 너는 비로소 한 사람의 어른이 되는 것
이다!

키플링의 〈만약에〉는 1995년 BBC가 실시한 영국인이 가장 좋아하는 시 조사에서 압도적인 차이로 1위를 차지했다. 많은 사람들이 이 시가 자기에게 얼마나 큰 의미였는지 들려주었다.

키플링은 오늘날 기준으로 볼 때는 논쟁의 대상이다. 그는 자부심 강한 제국주의자였고 지금 기준으로는 받아들일 수 없는 정책을 지지했기 때문이다. 그 점을 인정하되 이 시에서는 무엇을 배울 수 있을지 따로 살펴보자.

앞의 시와 마찬가지로 〈만약에〉 역시 아버지가 아들에게 주는 조언 형식으로 이루어져 있다. 키플링의 아들은 당시 13세였다. 시는 아이가 "이 세상 모든 것은 다 네 것이다"를 물려받기 위해 해야 할 일을 그려 보인다. 마지막 행에서 시인은 당시 사람들이 최고의 성취로 여겼던 것을 아들에게 내걸며 말한다. "한 사람의 어른이 되는 것이다!" 이 표현은 시와 그 시절의 성차별적 분위기를 고스란히 드러낸다. 그럼에도 불구하고 〈만약에〉를 여기 실은 이유는 배울 것이 여전히 많기 때문이다.

승리와
재앙

—— 내가 실제 진료에서 가장 자주 활용하는 구절은 다음 두 행이다.

승리와 재앙을 만나고도

이 두 사기꾼을 똑같이 대할 수 있다면,

인생의 성공과 실패가 뒤섞인 상황에서 사람들은 이런 행운과 불운의 변동을 양쪽 모두 과장하는 경향이 있다. 복권 당첨처럼 뜻밖의 횡재를 얻은 사람은 흥분해 부주의하게 돈을 탕진할 수 있다. 반대로 불운을 겪은 사람은 모든 것이 끝났다고 느끼며 우울해지고 스스로 회복하지 못할 수 있다. 승리와 재앙을 자기 자신과는 분리된 "사기꾼들impostors"로 생각하는 것은 문제를 개인적인 것이 아니라 실질적인 것으로 다루는 데 도움이 된다. 연구 결과에 따르면 둘 다 대개 예상했던 것만큼 큰 영향을 미치지 못하는 경우가 많다. 좋은 쪽이든 나쁜 쪽이든 마찬가지다.

인지적 수준에서 사람들은 행운을 천재성의 결과라고 착각하고 불운을 타고난 결점의 조짐으로 오해하곤 한다. 승리와 실패를 사기꾼으로 보는 이미지는 통제 밖에 있는 요소와 노력하거나 실수한 결과를 분리하게 도와준다. 이런 접근은 인생의 기복을 다루는 좋은 틀을 제공한다.

인터넷에 올라와 있는 〈만약에〉의 감동적인 낭독에서 배우 마이클 케인은 어린 시절 아버지가 이 시를 읽어 주던 기억이 떠오르며 특히 승리와 재앙에 관한 구절을 가장 아낀다고 말한다. 그 구절은 배우로서의 삶을 그에게 상기시킨다고 했다.

시의 대부분은 자기 확신, 인내, 정직 같은 건실한 가치를 드러낸다. 여기에 더해 키플링은 두 가지 중요한 자질을 강조한다.

하나는 끈질긴 집념이고 다른 하나는 상반된 힘을 신중하게 균형 잡는 평형감각이다. 이는 키플링에게 가장 큰 영향을 미친 두 나라, 제국주의 시대의 영국과 인도의 사상을 반영한다.

동양과 서양의 만남:
의연함이 바가바드 기타와
만난다

─────── 키플링의 시 〈만약에〉는 대영제국의 절정기 동안 상류층 남자아이들에게 어린 시절부터 주입하던 영국식 스토아주의와 의연한 태도를 반영한다. 이는 해가 지지 않는 제국을 건설하는 데 필요했지만 감정적인 대가를 수반했다. 특히 상류층 아이들은 가혹한 환경과 벌을 불평 없이 견뎌야 했다.

반면 인도 작가 쿠시완트 싱Khushwant Singh은 이 시를 영어로 표현된 『바가바드 기타』의 메시지 정수라고 보았다. 힌두교 성전인 이 책이 오랜 세월 인도에서 지낸 키플링에게 어떤 영향을 주었을지 궁금해진 나는 『바가바드 기타』를 강의하는 주디 부스 Judy Booth에게 자문을 구했다. 그녀는 키플링의 시와 성전 사이의 몇 가지 연결 고리를 이해하도록 도와주었다. 다음은 〈만약에〉와 『바가바드 기타』의 대응 구절이다.

만약 모든 사람이 이성을 잃고 흥분해서
네 탓이라고 비난해도 냉정을 유지할 수 있다면,

요가에 확립된 자여, 부를 얻은 자여, 집착을 버리고 성공
과 실패 사이에서 균형 잡힌 행위를 하라. 마음의 균형이
곧 요가라 불린다.(『바가바드 기타』 2.48)

두 번째 인용문은 〈만약에〉와 『바가바드 기타』 모두를 관통
하는 행위와 무집착의 균형을 강조한다. 여러 구절에서 키플링은
서로 상충되는 고려 사항을 받아들이고 충동을 절제하라고 권
한다. 예를 들면 다음과 같다.

(1) "모두가 너를 의심할 때 자신을 믿고, / 그들의 의심마저
감싸안을 수 있다면," 즉, 그들의 의견을 완전히 버리지 말
라는 뜻이다.

(2) 자신이 드러나는 높은 위치에 올라갈 수도 있다("서민들과
어울리면서도"). 그러나 그것 때문에 너무 들뜨지 않아야 한
다("품위를 잃지 않고,").

(3) 왕들과 어울려 지내도 좋지만 서민적 감각을 잃지 말라.

마찬가지로 『바가바드 기타』는 당신에게 말한다. 평정심을 지
켜라. 균형을 유지하라. 덧붙이자면 성전에서 말하는 요가란 요
가 매트 위에서 다운독 자세를 하는 것이 아니라, 합일 혹은 일
체성을 뜻한다.

다른 비교 구절을 보자. 키플링의 "적이든 친구든 너를 해치
지 않게 할 수 있다면"과 『바가바드 기타』의 권고는 이렇게 상응
한다.

선의의 사람들, 친구와 적, 무관심한 자와 공평한 자, 미워하는 자와 친족, 성인과 죄인 모두에 대해 지성이 한결같은 자가 뛰어난 자이다.(『바가바드 기타』 6.9)

그리고 마지막으로 키플링의 구절은 다음과 연결된다.

네가 이제껏 성취한 모든 걸 한데 모아
단 한 번의 승부에 걸 수 있다면,
그것을 다 잃고 다시 시작하면서도
결코 후회의 빛을 보이지 않을 수 있다면,

너에게 허용된 것은 오직 행위일 뿐, 그 열매는 아니다. 행위의 열매를 위해 살지 말고, 그렇다고 무위無爲에 집착하지도 말라.(『바가바드 기타』 2.47)

나는 『바가바드 기타』의 이 구절이 특히 유용하다고 느낀다. 사람들의 노력 속에서 행위와 무행위 사이의 상호작용을 간결하게 묘사하기 때문이다. 현실에서 아무것도 하지 않기는 종종 목표에 과도하게 집착하지 않도록 요구한다. 반대로 이 구절은 목표를 완전히 포기해 버릴 정도로 무관심해지지는 말라고 조언한다.

키플링의 시 구절은 동전 던지기 게임을 통해 포기하지 않는 것, 무위에 집착하지 않는 것의 중요성을 보여준다. 이 게임은 동전을 벽 쪽으로 던지는 방식으로 진행된다. 벽과 가장 가깝게 떨어진 동전을 던진 사람이 바닥에 있는 동전을 모두 가져간다. 키플링은 이 게임을 일반적인 목표와 도전의 은유로 사용하고 있다.

하지만 나는 여기서 키플링의 접근에 큰 문제가 있다고 본다. 그는 게임의 1라운드와 2라운드 사이에 숙고의 단계를 넣지 않는다. 무엇이 잘못되었는지 되짚어 보고 전략을 다시 생각하며 다음번에는 다르게 행동할 시간 말이다. 이 문제는 훗날 키플링 자신의 삶에서 비극적인 방식으로 드러난다.

또 하나 흥미로운 점은 '상실에 대해 한마디라도 하는 것'을 폄하하는 것이다. 여기서 다시 의연함이 등장한다. 불평하거나 약한 모습을 보이지 말라는 경고다. 이런 태도는 제국을 건설하면서 감정을 억누르는 데는 유용할지 모른다. 하지만 침묵 속에서 고통받는 것은 엄청난 스트레스다. 게다가 가장 도움이 필요할 때 다른 사람에게서 조언을 얻지 못하게 한다. 존중하는 동료나 친구에게 조언을 구하고 그것을 실제로 활용할 수 있는 사람은 인생에서 훨씬 유리한 위치에 서게 된다.

시가 건네는
마음 처방전

——————— *1. 위기 상황에서도 가능한 한 침착함을 유지하라.* 로마가 불타는 동안 아무것도 하지 말라는 뜻은 아니다. 다만 압도당하지 않고 가장 효과적으로 행동할 수 있도록 노력하라는 것이다.

2. 사소한 일에 과민 반응하지 말라. 충분한 수면, 운동, 명상, 친구와 사랑하는 사람들과 함께 보내기 같은 활동이 이런 점에서 도움이 될 수 있다.

3. 다른 사람들의 생각과 감정을 고려하라. 그렇게 할 때 더 협조적일 가능성이 크고 정말 유익한 것을 내놓을지도 모른다.

4. 나쁜 행동에 똑같이 되갚지 말라. 그런 행동은 목표 달성에 도움이 되지 않는다. 때때로 소동을 일으키는 것으로 만족감을 얻을 수는 있지만 생산적이지 않고 오히려 당신의 임무를 방해할 수 있다.

5. 최대한 회복 탄력성을 키워라. 탄력성은 어느 정도 타고나는 능력이지만 모든 능력과 마찬가지로 훈련을 통해 기를 수 있다.

6. 집착과 무집착(혹은 비집착)의 균형을 유지하라. 일과 관계에서 최선을 다하되 때로는 거리를 두는 것이 가치 있는 선택일 수 있음을 인정해야 한다. 예를 들어 나쁜 관계, 나쁜 직장, 전망 없는 사업, 중독성 있는 물질이나 행동으로부터는 분리(무집착)할 필요가 있다. 무집착과 비집착 사이에는 미묘하지만 중요한 차이가 있다. 무집착은 이미 두고 있던 주의나 관심을 적극적으로 제거하는 것이고 비집착은 처음부터 붙들지 않고 관여하지 않는 것이다.

시인과
시에 대하여

———————— 러디어드 키플링(1865~1936)은 저명한 언론인이자 소설가, 시인, 단편 작가로 크게 명성을 얻었다. 인도에서 태어나 다섯 살까지 그곳에서 살았고 열여덟 살에 다시 인도로 돌아가 7년을 더 보냈다. 아버지 존 록우드 키플링은 뭄바이에서 건축 조각 교수로 재직했다. 어머니 앨리스 맥도날드는 미모와 활달한 성격의 소유자로 알려져 있다.

다섯 살 이후 키플링은 당시 많은 영국 식민 관료 가정이 그러했듯이 세 살 난 여동생과 함께 영국으로 보내졌다. 남매는 보육비를 따로 받는 보호자의 집에서 자랐는데 그들의 노골적인 인색함과 잔인함은 마치 디킨스 소설에서 그대로 튀어나온 듯했다.

키플링에게는 런던에 사는 이모 집에서 한 달씩 보내는 연례 방문이 반가운 휴식 시간이었다. 1878년 그는 군 장교들이 설립한 대학에 진학했는데 이곳에서 비교적 저렴하게 공립 교육을 받았다. 졸업 후 다시 인도로 돌아가 지방신문사에 입사했으며 곧 엄청난 다작 작가로 두각을 나타냈다.

1889년 키플링은 북미 대륙 여행을 떠나 샌프란시스코에서 보스턴에 이르는 주요 도시 대부분을 방문했다. 여행의 하이라이트 가운데 하나는 작가 마크 트웨인을 만난 일이었다. 그는 대서양을 건너 런던에 정착했다. 그곳에서 유명 작가들과 교류했고 곧 독창적이고 왕성한 집필로 명성을 얻었다. 이후 25년 동안 키플링은 세 편의 장편소설, 네 권의 시집, 열두 권의 단편집, 에세이, 스케치집과 엄청난 인기를 누린 『정글 북』을 펴냈다. 헨리 제임스 같은 대가조차 "키플링은 내가 아는 사람 가운데 가장 완벽한 천재"라고 썼다. 1907년, 42세에 키플링은 노벨 문학상을 받았는데 역대 최연소이자 최초의 영국인 수상자였다.

제1차 세계대전이 발발하자 키플링은 연합국을 강력히 지지했고 아들이 현역에 나가 복무하기를 적극적으로 원했다. 그의 아들 존 키플링은 먼저 왕립 해군, 그다음에는 육군에 지원했지만 둘 다 심한 근시 때문에 거절당했다. 키플링은 이 결과를 받아들이지 못했고 의료진의 소견을 무시한 채 인맥을 동원해 아들을 군에 보냈다. 존 키플링은 프랑스로 파견됐고 그곳에서 전사했다. 이 비극에 자신이 어떤 역할을 했는지 아는 아버지의 쓰라린 고통이 얼마나 오래 그를 괴롭혔을지 상상조차 할 수 없다.

키플링에게는 결점이 있었고 그중 많은 부분은 그가 살았던 시대와 환경의 산물이다. 그럼에도 불구하고 그는 천재 작가다. 키플링의 시 〈만약에〉는 수많은 사람에게 오래도록 즐거움과 사색의 시간을 선사했다. 당신에게도 그런 시간이 되길 바란다.

Never Give up

결코 포기하지 말라

인빅터스

윌리엄 어니스트 헨리

온 세상이 지옥같이 캄캄한,
밤의 장막 속에서도,
불굴의 영혼을 주신 신들에게
난 감사한다.

사나운 운명의 손아귀 속에서도
난 움찔하거나 소리 내 울지 않았다.
운명의 시련이 가혹하여
머리가 피투성이 되어도 결코 숙이지 않았다.

이 고통과 눈물이 가득한 땅 너머
죽음의 그림자가 다가올지라도,
세월의 위협이 아무리 거세다 해도
난 결코 굴복하거나 길을 잃지 않으리라.

천국의 문이 아무리 좁고,

지옥의 형벌이 아무리 가혹해도,

나는 내 운명의 주인이며,

나는 내 영혼의 선장이다.

〜〜〜

키플링의 〈만약에〉가 승리와 재앙, 성공과 좌절 같은 여러 상황
에서 어떻게 행동해야 하는지를 다루었다면, 헨리의 〈인빅터스〉
는 극단적인 고난과 불행, 누구도 도와줄 수 없는 절망적인 상황
을 다룬다. 이 시는 헨리의 작품 중 가장 잘 알려진 시로 널리 사
랑받아 왔다. 헨리의 조언이 필요할 만큼 곤경에 빠지지 않기를
바라지만 많은 사람이 시의 목소리에 깊이 공감한다.

첫 연은 오늘날 흔히 "영혼의 어두운 밤"이라고 불리는 상태
를 집약적으로 보여준다. 이 연은 이후 세 연 전체에 반복될 하나
의 패턴을 제시한다. 먼저 암울한 상황을 그리는 두 행, 이어지는
전환의 한 행, 마지막으로 승리를 선포하는 한 행이다. 맨 끝의
두 행은 모두 승리의 선언이다. 첫 연의 마지막 행에 나오는 "불
굴의 영혼"이라는 표현이 시의 제목에 영감을 주었다. 인빅터스
Invictus는 라틴어로 정복되지 않은unconquered이라는 뜻이다.

두 번째 연은 "사나운 운명의 손아귀"를 언급하면서 구체적인
상황은 독자의 상상에 맡긴다. 어쩌면 시인은 고통이 자신에게

영향을 미치고 있다는 사실을 남들이 보지 못하게 하고 싶은 것일지도 모른다. 만약 그렇게 하면 운명의 공격에 맞서려는 결의와 능력이 약해진다고 생각할 수도 있다. 같은 맥락에서 시인은 머리가 "피투성이 되어도" 결코 숙이지 않았다는 사실, 곧 패배나 굴종의 표시를 보이지 않았다는 데서 일종의 만족을 느낀다.

세 번째 연은 "이 고통과 눈물이 가득한 땅"을 지나 미래를 내다보지만 그 너머의 그림자 진 공포만을 목격한다. 여기서도 시인은 세부 사항을 독자의 상상에 맡김으로써 공포와 두려움의 분위기를 한층 고조시킨다.

마지막 연은 앞으로 닥쳐올지도 모를 어떤 암울한 미래를 향해 시선을 돌린다. "문이 아무리 좁고"라는 구절은 마태복음 7장 13절을 떠올리게 한다. "생명으로 인도하는 문은 좁고 길이 협착하여 찾는 이가 적으니라." 문맥에 따라 해석하자면 그 좁은 문을 통과하는 일이 아무리 어렵더라도 화자는 결국 그것을 이겨낼 것이라는 뜻인 듯하다. "지옥의 형벌이 아무리 가혹해도"에서는 앞으로 기다리고 있는 벌이 얼마나 많을지를 예상한다. 그 두루마리에 좋은 것이 적혀 있을 가능성에 대해서는 전혀 고려하지 않는 듯한 점이 흥미롭다.

실제로 자신이 그것을 견뎌낼 수 있다는 능력에 대한 신념을 제외하면 모든 것에 대해 조금도 누그러지지 않은 철저한 비관주의로 가득 차 있다. 불행하게도 어떤 사람들에게 인생은 실제로 그런 모습이다.

넬슨 만델라는 남아프리카공화국의 아파르트헤이트 정권에

맞섰다는 이유로 27년 동안 투옥되었다. 그 가운데 18년은 샌프란시스코에서 알카트라즈 섬이 보이듯 케이프타운에서 훤히 보이는 바다 위의 바위 요새 같은 로벤 섬에서 보냈다. 만델라는 가혹한 감옥 환경의 고통과 굴욕 속에서 살아남기 위해 자신과 동료 수감자들에게 헨리의 시를 자주 암송하곤 했다.

2009년 영화 〈우리가 꿈꾸는 기적 : 인빅터스〉는 아파르트헤이트가 무너지고 감옥에서 풀려난 뒤의 만델라를 그렸다. 영화에서 그는 잉글랜드 팀과의 경기를 앞둔 남아프리카공화국 럭비 대표팀 안에서 흑인과 백인 사이의 화합을 중재하며 그들이 승리할 수 있도록 도왔다. 지지자들에게는 마디바로 알려진 만델라가 2013년 세상을 떠났을 때, 버락 오바마 미국 대통령은 추도사를 다음과 같은 말로 맺었다.

> 밤이 더 어두워지고, 불의가 우리 가슴을 무겁게 짓누르며,
> 우리가 세운 최선의 계획이 손에 닿지 않는 곳으로 멀어지는 듯할 때마다-
> 감방 안에서 그에게 위안을 주었던 말과 함께 마디바를 떠올리십시오.
>
> 천국의 문이 아무리 좁고,
> 지옥의 형벌이 아무리 가혹해도,
> 나는 내 운명의 주인이며,
> 나는 내 영혼의 선장이다.

이 장면만 보아도 150년이 지난 지금까지 이 시가 얼마나 큰 영향력을 갖고 있는지 알 수 있다. 마지막 두 행은 그럴 만한 이유가 충분할 만큼 유명하며 극한 상황에 처하지 않은 사람조차 자주 인용한다. 끔찍한 고난에 직면한 이들에게 짧지만 강력한 이 작품은 치유와 영감을 주는 시 가운데서 독특한 위치를 차지한다.

〈인빅터스〉의 구절을 인용하거나 바꾸어 쓴 유명 인사의 목록은 윈스턴 처칠을 비롯해 매우 길다. 부상 군인들을 위한 국제 스포츠 대회인 인빅터스 게임Invictus Games 기간에 이 시는 웹사이트 머리말에도 인용되었다. 극도로 힘든 상황에 놓인 사람들에게 〈인빅터스〉만큼 큰 영향과 도움을 준 작품은 거의 없다고 해도 과언이 아니다.

시가 건네는
마음 처방전
———————— *1. 극도로 힘든 역경 속에서는 한 편의 시가 삶을 송두리째 바꿔 놓을 수 있다.* 〈인빅터스〉가 그런 시 가운데 하나다.

2. 아무도 곁에 없을 때도 언제나 곁에 있는 단 한 사람, 당신을 이해하고 당신의 이익을 최우선에 두는 사람, 바로 당신 자신이 곁에 있음을 기억하는 것만으로도 마음을 지탱할 수 있다.

3. 상황이 실제보다 훨씬 더 나쁘게 보일 수 있다. 스스로를 돕는 것에 더해 그것을 보완해 줄 수 있는 여러 가능성을 항상 찾아보라. 독립성을 지니되 도움 요청을 병행하는 방식이 효과적일 때가 많다. 사람들은 보통 당신이 자신을 돕기 위해 얼마나 애써 왔는지를 볼 때 기꺼이 당신을 돕고 싶어 한다.

시인과
시에 대하여

───────── 윌리엄 어니스트 헨리(1849~1903)는 영국의 평론가이자 편집자, 시인이었다. 책에 실린 다른 많은 시인처럼 그는 한 편의 시 〈인빅터스〉로 가장 널리 알려져 있다. 시에 담긴 고통의 깊이는 그의 삶에서 비롯된 것이다. 12세 무렵부터 헨리는 결핵 때문에 통증과 좋지 않은 건강 상태에서 완전히 벗어나 본 적이 없었다. 질병은 아버지의 가난과 겹쳐 학업을 여러 차례 중단시켰다. 고등학교를 마친 뒤 그는 런던으로 이주해 언론 일을 하며 근근이 생계를 이어 갔다. 왼쪽 다리의 결핵으로 무릎 바로 아래를 절단해야 했고 의족과 목발에 의지해야 했다.

헨리는 친구 로버트 루이스 스티븐슨이 쓴 『보물섬』에서 롱존 실버의 모델이 되었다. 병은 오른발로 번졌고 의사들은 또다시 절단만이 유일한 해결책이라고 조언했다. 그러나 헨리는 그 조언을 받아들이지 않고 런던에서 에든버러로 가 유명 외과 의사 조지프 리스터에게 치료를 받았다. 치료를 위해 그는 거의 2년을 병원에서 보내야 했지만 리스터 덕분에 오른발을 살릴 수 있었다. 헨리는 병원에서 지내는 동안 시간을 헛되이 보내지 않고 문학과 언어를 공부하며 시를 썼다.

퇴원한 뒤 헨리는 스티븐슨의 인맥 덕분에 한 잡지사에 자리를 얻었고 덕분에 병원에서 처음 만난 여성 한나 존슨 보일과 결혼할 수 있었다. 두 사람은 런던에 보금자리를 마련했다.

헨리는 여러 잡지에 왕성하게 글을 실었다. 그는 기질이 강하고 말솜씨가 뛰어나 많은 사람을 끌어당겼다. 1889년 그는 주간지 〈스코츠 옵서버〉의 편집장이 되었다. 그의 편집 능력과 젊은 인재를 발굴해 키우는 능력은 전설처럼 회자되었다. 그는 토머스 하디, 키플링, 예이츠 등의 글을 편집했다. 그는 53세로 세상을 떠났다.

오랜 병마와 다리 절단, 극심한 통증, 외동딸의 죽음, 만성적인 가난 속에서도 헨리는 여러 권의 시집을 남길 만큼 많은 성취를 이루었다. 그의 방대한 작품 세계는 대부분 잊혀졌지만 〈인빅터스〉만큼은 고통받는 이들에게 내면의 힘을 찾도록 돕는 선물로 여전히 빛나고 있다.

39

Putting One Foot in Front of the Other

앞으로 나아가는 발걸음

깨어남

시어도어 로스케

난 깨어났으나 잠든 상태, 천천히 깨어나는 중이네.
나는 두려워할 수 없는 것에서 내 운명을 느끼네.
내가 가야만 하는 곳으로 가면서 나는 배우네.

우린 느낌으로 생각하네. 알 수 있는 게 뭐가 있나?
나는 내 존재가 춤추는 것을 기쁘게 듣네.
난 깨어났으나 잠든 상태, 천천히 깨어나는 중이네.

내 곁에 아주 가까이 있는 사람 중 그대는 누구인가?
대지여, 신의 축복을 받으라! 난 그 위를 살며시 걸으리라,
그리고 내가 가야만 하는 곳으로 가면서 배우리라.

빛이 나무를 감싸네, 하지만 누가 그 방법을 말할 수 있나?
하찮은 벌레가 꼬불꼬불 층계를 기어오르네,

난 깨어났으나 잠든 상태, 천천히 깨어나는 중이네.

위대한 자연은 그대와 나에게
또 다른 일을 하려 하니, 이 생기 있는 공기를 마시고,
사랑스런 그대여, 어디로 가야 할지 가면서 배워라.

이 떨림이 나를 굳건하게 하네. 난 알아야 해.
떨어져 나가는 것은 언제나 그러하고, 늘 가까이에 있네.
난 깨어났으나 잠든 상태, 천천히 깨어나는 중이네.
내가 가야만 하는 곳으로 가면서 나는 배우네.

❧

〈깨어남〉은 〈한 가지 기술〉처럼 빌라넬 형식의 시다. 그러나 여기서 다루는 역경은 〈만약에〉나 〈인빅터스〉와 다르다. 앞선 두 시에서 역경은 외부에서 오지만 〈깨어남〉은 내부에서 나온다. 수백만 명의 사람에게는 단순히 아침에 깨어나 하루를 시작하는 것조차 도전이 된다. 시인은 자신의 관찰을 통해 3가지 중요한 가르침을 전한다.

가르침 1:
난 깨어났으나 잠든 상태, 천천히
깨어나는 중이네.

———————— 이 구절은 깊은 통찰을 담고 있다. 시인은
완전히 깨어 있는 상태로 일어나는 것이 아니라 여전히 잠결 같
은 상태로 깨어난다. 그는 뇌가 완전히 작동하기까지 시간이 걸
린다는 것을 알았기에 기대치를 조정하며 천천히 아침을 시작한
다. 깨어나는 데 시간이 걸리는 사람들은 서두르거나 서두름을
강요당할 때 고통을 겪는다. 나는 환자들에게 이런 이야기를 종
종 듣지만 이렇게 간결하고 설득력 있게 표현된 것을 본 적은 없
다. 아침의 어려움은 우울증, 신경학적 질환, 만성피로 증후군, 혹
은 숙취에 이르기까지 여러 사례에서 드러난다.

가르침 2:
내가 가야만 하는 곳으로 가면서
나는 배우네.

———————— 고전적 심리 치료(정신분석, 역동적 치료)에서는
먼저 통찰(인지)을 얻고 그에 따라 적절한 행동을 취하는 것을 바
람직한 모델로 여겼다. 이 모델에서는 사고나 인지가 최상층에 위
치한다. 그러나 또 다른 접근은 "통찰은 행동 뒤에 온다"는 것이
다. 12단계 모임에서 자주 나타나는데 이 구절은 바로 그 점을 이
야기한다. 시인은 해야 할 일을 먼저 하고 그렇게 하면서 배운다.

가르침 3:
우린 느낌으로 생각하네. 알 수 있는 게
뭐가 있나?

——————— 사람들은 생각이 행동에 종속되는 것을 보
았다. 여기서 생각은 또 한 번의 타격을 받는데 이번에는 감정에
종속되기 때문이다. 시인은 감정을 제외하고 우리가 알 수 있는
것이 무엇이냐고 묻는다. 오늘날에는 이렇게 말하는 사람이 많지
만 1950년대 초에 시인이 이런 생각을 드러냈을 당시에는 꽤 새
롭고 낯선 주장처럼 들렸다.

그보다 훨씬 앞서 18세기 페미니스트 작가 메리 울스턴크래
프트는 "우리가 깊이 느낄 때, 우리는 깊이 이성적으로 사고한
다"라고 썼다. 그보다 더 이전에 철학자 블레즈 파스칼은 "마음
에는 이성이 알지 못하는 그 나름의 이유가 있다"라고 말했다. 이
러한 관찰은 "나는 생각한다, 고로 존재한다"는 유명한 문장을
남긴 데카르트의 고전적 명제를 정면으로 거스른다. 데카르트는
인지를 정신 피라미드의 맨 꼭대기에 올려놓았기 때문이다.

최근에 신경 과학자 안토니오 다마지오가 『데카르트의 오류』
에서 이 전제를 비판했다. 그는 전전두엽, 즉 의사 결정에 중요한
역할을 하는 뇌 영역에 손상을 입은 환자들의 증거를 통해 울스
턴크래프트와 파스칼의 견해를 뒷받침했다.

〈깨어남〉에는 여러 구절에서 훨씬 더 난해하고 다양한 해석을
열어 둔다. 시인은 여기서 자기 안의 상태, 어딘가 흐릿하고 모호
한 상태를 간접적으로 표현하고 있는지도 모른다. 동시에 그는

독자에게 해석의 공간을 남김으로써 시에 흥미로운 신비감, 즉 독자 스스로 풀어야 할 수수께끼 같은 분위기를 조성한다. 모호한 구절을 해석하는 데는 주관이 따르기 마련이라는 점을 인정하면서 몇 구절에 대한 나름의 해석을 덧붙인다. "나는 내 존재가 춤추는 것을 기쁘게 듣네."

이 구절은 양극성 장애를 잘 모르는 사람에게는 꽤 기묘하게 느껴질 수 있다. 막 깨어나려고 애쓰던 사람이 갑자기 자기 존재가 춤추는 소리를 듣는다니! 그게 어떻게 가능한가? 내게는 이 구절이 이른바 혼합 상태를 가리키는 것처럼 보인다. 이런 상태에서는 한순간에 느릿하게 가라앉아 있다가 다음 순간 갑자기 빨라진 것처럼 느끼거나 두 상태가 동시에 겹치기도 한다.

이 떨림이 나를 굳건하게 하네. 난 알아야 해.
떨어져 나가는 것은 언제나 그러하고, 늘 가까이에 있네.

시인은 육체적으로도 인지적으로도 자신을 붙잡으려 애쓰는 것처럼 보인다. 아침의 떨림은 신경학적 질환의 일부일 수도 있고 과음과 관련되었을 수도 있다. 그렇다면 떨림이 어떻게 사람을 안정시키는가? 어쩌면 자신이 떨리고 있다는 사실을 알기에 더 조심스럽게 행동하고 무엇인가를 붙잡으려 하는 것인지도 모른다. 다음 문장은 "떨어져 나가는 것"이라는 말로 시작한다. 몸이 떨리는 사람은 넘어질까 두려워하는 경우가 많다. 그런 두려움이 항상 존재할 수 있다.

또 다른 차원에서 보면 사람들은 떨어져 나간 것, 즉 과거의 관계, 이제는 잃어버린 능력, 한때 지녔던 힘과 역량의 일부를 간직하고 있는지도 모른다. 이 짧은 시의 다른 많은 수수께끼를 마음껏 즐기기를 권한다. 〈깨어남〉은 "깨어났으나 잠든 상태"에 있는 모든 사람에게 귀중한 통찰을 제공하며 깨어나는 시간을 천천히 받아들이도록 돕는다. 시의 탁월한 통찰 또한 모든 사람에게 큰 울림을 준다.

시가 건네는
마음 처방전

————— *1. 아침에 일어나기 힘들다면 반드시 도움을 구해야 한다.* 수면 장애, 우울증, 신경학적 문제, 약물(처방약 또는 비처방약)의 영향 등 치료가 가능한 상태일 수 있다.

2. 이유가 무엇이든 하루를 천천히 시작하고 자신에게 맞는 속도로 움직여라.

3. 때로는 통찰보다 행동이 먼저일 수 있다. 12단계 프로그램에서 말하듯 지금 할 수 있는 올바른 일을 해라.

4. 당신의 감정은 당신 주변에서 일어나는 중요한 일을 알려주는 핵심 정보가 될 수 있다. 직관을 존중하라. 직관은 생각이 따라

오기 전에 더 빨리 통찰로 이끌기도 한다.

5. 세상에 존재하는 신비와 경이의 순간에 주목하라. 그것이 당신에게 많은 것을 가르쳐줄 것이다.

시인과
시에 대하여

─────────── 시어도어 로스케(1908~1963)는 20세기 미국을 대표하는 위대한 시인 중 한 명으로 평가된다. 그는 이 시가 실린 시집 『깨어남』으로 1950년 퓰리처상을 받았고, 1959년과 1965년에 각각 전미도서상을 받았다. 1947년부터 1963년 세상을 떠날 때까지 워싱턴 대학교에서 학생들을 가르쳤으며 한 세대의 시인들에게 큰 영향을 미쳤다. 그중에는 〈실패와 비행〉의 시인 잭 길버트도 포함된다.

로스케는 1908년 미시간주 새기노에서 독일 이민자였던 아버지 오토와 어머니 헬렌 사이에서 태어났다. 그의 아버지와 삼촌은 거대한 온실을 운영했고 그는 그곳에서 많은 시간을 보냈다. 가족이 관리하던 야생 조류 보호구역에서도 시간을 보냈다. 그는 이렇게 회상한다. "나는 여러 세계에 살고 있었고 그 모든 세계가 나의 것이라고 느꼈다. 내가 가장 좋아한 장소는 왜가리들이 둥지를 틀던 늪지대 구역이었다." 이러한 자연환경은 그의 시에 자주 등장했다. 〈깨어남〉에서도 자연에 대한 언급이 이어진다.

그는 자연의 두 장면에 놀라워한다. 강한 빛줄기가 나무를 포착하는 방식, 한없이 낮은 존재처럼 보이는 벌레가 구불구불한 계단을 기어오르는 집요함. 당신은 이런 자연환경이 아침의 나른함과 싸우는 시인을 어떻게 생기 있게 만드는지 볼 수 있다.

하지만 로스케의 평온한 어린 시절은 열네 살에 끝났다. 아버지와 삼촌이 다투면서 가업이던 온실이 매각되었고 삼촌은 자살했다. 곧이어 아버지도 암으로 세상을 떠났다.

그는 앤아버의 미시간 대학교에 입학해 우등으로 졸업했다. 이후 미시간주립대에서 강의하던 중 첫 번째 정신적 붕괴를 겪었고 입원 치료를 받았다. 로스케는 훗날 이 경험을 신비로운 체험이라고 표현했지만 평생 간헐적으로 그를 괴롭힌 양극성 장애(조울증)의 발현으로 보인다.

흥미롭게도 로스케의 시는 양극성 장애 진단 이후 더 힘을 얻기 시작했다. 1945년 첫 시집 『열린 집Open House』을 출간했고 1948년 『잃어버린 아들과 기타 시들The Lost Son and Other Poems』을 발표했다. 시집의 성공에 이어 워싱턴 대학교에 자리를 잡았다.

로스케는 여학생들과 염문이 나기도 했는데 오늘날이었다면 용납되기 어려운 일이다. 1953년 그는 이전 제자였던 비트리스 오코넬과 결혼했다. 그는 결혼 전 자신의 정신 질환 병력을 알리지 않았지만 그녀는 그의 삶과 작업을 꾸준히 지지했다. 그는 시애틀 근교의 수영장에서 심장마비로 55세에 생을 마감했다.

---- **40** ----

Should You React or Proact?

반응할 것인가, 대응할 것인가?

야만인을 기다리며

콘스탄티노스 카바피

우리는 왜 광장에 모여 기다리고 있는가?
오늘 야만인들이 도착하기로 되어 있다.

왜 원로원에서는 아무 일도 일어나지 않는가?
왜 원로원 의원들은 입법하지 않고 그냥 앉아 있는가?
오늘 야만인들이 오기 때문이다.
야만인들이 오면 그들이 법을 만들 터이니,
지금 의원들이 법을 만들 이유가 어디 있는가?

우리 황제는 왜 이리도 일찍 일어나
도시의 정문에 옥좌를 차리고 앉아 있는가?
국왕의 위엄으로 왕관까지 쓰고서?
오늘 야만인들이 오기 때문이다.
황제는 그들의 두목을 맞이하려 기다리고 있다.

황제는 그에게 줄 두루마리도 준비해 두었다.

거창한 이름과 칭호가 가득 적힌 그것을.

왜 집정관과 법무관들이 오늘 저리도 치장하고 나왔는가?

수놓은 붉은색 토가를 걸쳤는가?

왜 그 많은 자수정이 박힌 팔찌를 차고,

찬란한 에메랄드가 박힌 반지를 꼈는가?

왜 은과 금으로 아름답게 세공된

우아한 지팡이를 들고 있는가?

오늘 야만인들이 오기 때문이다.

그런 것들이야말로 야만인들에게 눈부시기 때문이다.

왜 우리 뛰어난 웅변가들은 평소처럼 나타나지 않는가?

그들은 연설을 하지 않고, 할 말을 하지 않는가?

오늘 야만인들이 오기 때문이다.

그들은 웅변이나 공적 연설을 지루해하기 때문이다.

왜 갑자기 당혹스러운 이 혼란은 무슨 까닭인가?

(사람들의 얼굴이 어쩌면 그렇게도 심각해졌는가.)

왜 거리와 광장은 이리도 빨리 비어 가는가?

모두가 생각에 잠겨 집으로 돌아가는가?

밤이 되었는데, 야만인들이 오지 않았기 때문이다.

그리고 변방에서 막 돌아온 사람들은 이렇게 말한다.

야만인은 더 이상 존재하지 않는다고.

이제 야만인들 없이 우리에게 무슨 일이 일어나겠는가?
그 사람들은 일종의 해결책이었는데.

⁓

매우 독창적인 이 시에서 카바피는 고대 로마를 연상시키는 장면을 불러낸다. 마치 오페라 막이 막 올라가고 등장인물은 화려한 옷과 금, 은으로 장식하고 무대 위에 선 것 같다. 관객(여기서는 독자)은 이미 장대한 드라마를 기대하고 있으며 질문을 던지는 합창과 그에 답하는 합창 사이의 대화로 전개된다. 첫 번째 목소리는 평범한 시민들로부터 나온 듯한데 이 비상한 상황에서 무슨 일이 벌어지고 있는지 알고 싶어 한다. 이에 대한 응답은 더 많은 정보를 알고 있는 이웃이나 관리들로부터 오는 것처럼 들린다.

시인은 처음부터 모두가 야만인의 도착을 기다리고 있음을 분명히 한다. 일반 시민들, 원로원 의원들, 황제, 화려하게 치장한 집정관과 법무관들의 이 모든 낯선 행동은 단 하나의 이유 때문이다. 그들은 야만인을 기다리고 있었다.

오페라 같은 이 장면이 우스꽝스럽다. 왜 사람들은 야만인들이 쳐들어와 자신들을 죽일지도 모르는 상황에서 싸우거나 도망치지 않고 기다리고 있는가? 왜 약탈당하기 쉬운 보석을 숨기기 는커녕 드러내고 있는가? 이런 차림은 상황에 비해 지나치다 못해 기이하다. 시인이 생생히 묘사한 화려한 장면과 무대를 즐기면서도 사람들은 부조리극이 만드는 아이러니가 웃기다.

또한 군중의 시선에는 원로원 의원들과 황제를 조롱하는 기색도 담겨 있다. 황제는 야만인 지도자에게 주려고 칭호와 위엄 있는 이름으로 가득한 두루마리까지 준비했다. 그러나 야만인들에게 그런 것이 무슨 쓸모가 있겠는가? 시인이 "그들은 웅변이나 공적 연설을 지루해하기 때문이다"고 쓸 때 그런 연설을 들어야 했던 사람들은 고개를 끄덕이며 씁쓸하게 웃는다.

마침내 결말이 다가왔다. 야만인은 오지 않는다. 도시 사람들은 기뻐할 만도 한데 그렇지 않다. 그들의 얼굴은 진지해지고 사람들은 골똘히 생각에 잠긴 채 거리에서 사라진다. 시인은 마지막 두 행을 내리꽂는다.

이제 야만인들 없이 우리에게 무슨 일이 일어나겠는가?
그 사람들은 일종의 해결책이었는데.

시인은 사람들로 하여금 거대한 기대를 품게 했다가 어마어마한 반전으로 기대를 무너뜨린다. 어니스트 세이어Ernest Thayer의 〈타석에 선 케이시〉를 떠올리게 한다.

마지막 두 행은 사람들이 얼마나 자주 자기 삶을 어떤 외부의 위협이나 요구에 맞춰 생각하고 그에 따라 계획을 세우고 행동하는지를 실감하게 한다. 외부 요인이 사라지면 사람들은 오히려 상실감을 느끼고 자신의 우선순위를 스스로 생각하여 결정해야 하는 상황에 내몰릴 수 있다.

임상 과정에서 카바피의 시를 가끔 떠올리곤 했다. 어떤 내담자가 외부 환경에 반응만 하기보다는 주도적으로 행동하는 게 낫지 않은지 질문한 적이 있다. 그중 기억나는 사례는 은퇴한 변호사에 관한 것이다. 그는 자신이 살고 있는 곳의 주택소유자협회장과 각종 행정 처리 문제를 두고 다투고 있었다. 둘 사이에 오가는 이메일은 밤낮을 가리지 않았고 그의 하루를 모조리 집어삼키다시피 했으며 잠까지 방해했다.

나는 그에게 카바피의 시를 읽어 보라고 권했다. 그는 앞으로도 계속 주택소유자협회장과 끝없이 싸우며 삶을 이어 갈 것인가 아니면 황금 같은 노년기를 더 잘 보내는 방법을 찾을 것인가? 나는 시가 그에게 곱씹어 볼 생각거리를 주었다고 믿는다.

더 큰 차원에서 보자면 사람들과 지도자들은 얼마나 자주 자신이 만들어낸 문제를 외부인, 예를 들어 이민자의 탓으로 돌리거나 그들 안에 있는 해답을 다른 곳에서 찾으려 하는가?

카바피의 〈야만인을 기다리며〉는 수많은 예술가에게 영감을 주었고 같은 제목 혹은 비슷한 제목의 작품으로 이어졌다. 노벨 문학상을 받은 남아프리카공화국 작가 J. M. 쿳시의 소설과 필립 글래스의 오페라가 그 예다.

위대한 예술 작품은 시대와 대륙을 넘어 여전히 강렬한 의미를 지니고 있다. 카바피의 시 역시 그렇다. 19세기 말 이집트에서 쓰였지만 전혀 다른 대륙에서 벌어지는 현대의 삶과 사건을 돌아보게 한다.

시가 건네는
마음 처방전

———————— **1. 삶에는 쓸 수 있는 날이 한정되어 있으니 현명하게 써야 한다.** 작가 애니 딜러드가 말했듯이 "우리가 하루를 어떻게 보내느냐가 곧 우리의 인생을 어떻게 보내느냐"이다.

2. 도발이나 어떤 기회에 반응할지 말지 선택해야 할 때, 시간과 에너지를 가장 잘 사용하는 방법이 무엇일지 스스로에게 물어라. 남의 우선순위를 위해 시간을 쓰고 있는 자신을 발견한다면 스스로의 우선순위를 기준으로 계획을 다시 점검하라.

41

It's the Journey that Matters

중요한 것은 여정이다

이타카

콘스탄티노스 카바피

네가 이타카를 향해 길을 떠날 때,
기도하라, 네 길이 오랜 여정이 되기를.
모험과 발견으로 가득하기를.
라이스트리곤과 키클롭스
포세이돈의 진노를 두려워 마라.

그들은 네 길을 가로막지 못하리.
네 생각이 고결하고
숭고한 감동이
네 정신과 육체에 깃들면
라이스트리곤과 키클롭스
사나운 포세이돈, 그 무엇과도 마주치지 않으리.
네가 그들을 영혼에 들이지 않고
네 영혼이 그들을 앞세우지 않으면.

기도하라, 네 길이 오랜 여정이 되기를.
네가 맞이할 여름날 아침이 수없이 많으리니
크나큰 즐거움과 기쁨을 안고
미지의 항구로 들어서게 되면
페니키아 시장에서 길을 멈춰
어여쁜 물건들을 사라.
자개와 산호, 호박과 흑단
온갖 감각적인 향수를
주머니가 허락하는 한 관능적인 향수를
그리고 이집트의 여러 도시에 들러
현자들에게 배우고 또 배워라.

언제나 이타카를 마음에 두라.
그곳에 이르는 것이 네 궁극적인 목표이니
그러나 절대 서두르지 마라.
비록 그 길이 오래 걸리더라도
늙어서 그 섬에 이르는 것이 더 나으니
길 위에서 너는 이미 풍요로워졌으므로
이타카가 너를 풍요롭게 해주길 기대하지 마라.

이타카는 너에게 아름다운 여행을 선사했고
이타카가 없었다면 네 여정은 시작되지도 않았으니
이제 이타카는 너에게 줄 것이 하나도 없다.

그 땅이 보잘것없다 해도 이타카는 너를 속인 적 없고
너는 그 가득한 경험으로 길 위에서 현자가 되었으니
마침내 이타카의 뜻을 온전히 이해하리라.

࿇

두 명의 친구가 내게 권해 준 시다. 그들은 이 시가 인생의 여러 시기마다 그들을 치유하고 영감을 주며 즐겁게 해주었기 때문에 자주 읽는다고 말했다. 그런 말을 듣고서 어찌 이 유명한 시를 펼치지 않을 수 있었겠는가. 그러나 읽는다는 단어만으로는 〈이타카〉의 진수를 다 표현할 수 없다. 시는 시각적인 이미지와 감각적인 향기로 가득 찬 하나의 향연이기 때문이다.

〈이타카〉에서 카바피는 인생의 여정에 대해 조언한다. 여정을 위해 호메로스의 『오디세이』를 하나의 틀로 삼는다. 호메로스의 서사시는 트로이 전쟁 이후 오디세우스가 고향 이타카로 돌아오기까지의 긴 여정을 그리고 있다. 카바피가 언급하는 신화적 인물에는 오디세우스에게 앙심을 품은 바다의 신 포세이돈과 여러 괴물 같은 거인이 포함된다. 여정의 시작에서 카바피는 독자에게 긍정적인 태도와 긴 호흡을 권한다.

기도하라, 네 길이 오랜 여정이 되기를.

그는 삶을 하나의 모험으로 보라고 권한다. 그는 긍정적인 태도를 가지라고 권하며 삶은 당신이 가져가는 마음만큼 당신에게 돌려준다고 말한다. 물론 길 위에서 괴물을 만날 수 있다. 그러나 카바피는 당신 안의 괴물부터 경계하라고 조언한다. 괴물을 마음속에 품지 않으면 길 위에서도 괴물을 만나지 않는다는 것이다. 다소 낙관적인 전망이지만 그가 안내하는 즐거운 여정을 생각하면 그 정도의 시적 허용은 기꺼이 받아들일 수 있다.

시인은 길 위에서 만나는 즐거움에 잠시 머물며 되새긴다. 온라인 쇼핑보다 훨씬 생생하고 이국적인 물건, 살아 있는 경험, 그리고 이집트 학자들에게서 듣는 깊은 강의까지. 카바피는 서두르지 말고 여정을 천천히 음미하며 충분히 맛보라고 한다. 도착했을 때 무엇을 얻었는지 무엇을 소유하고 있는지는 중요하지 않다. 비록 나이가 들고 빈손으로 이타카에 닿더라도 그 여정에서 얻은 경험, 지혜, 지식 덕분에 사람들은 충분히 풍요롭기 때문이다. 〈이타카〉가 사람들에게 얼마나 깊은 위로와 힘을 주는지 설명하기 위해 리즈와 패트릭의 경험을 소개한다.

리즈의
이야기

——— 리즈는 변호사이자 정책 전문가로 인생 여정에 대한 영감을 얻고자 할 때마다 〈이타카〉를 찾았다. 특히 시의 시각적인 아름다움이 그녀를 강하게 끌어당겼다. 그녀가 이

시에서 받은 교훈 두 가지는 다음과 같다. 첫째는 아름다운 것을 바라보고 형편없는 것에 방해받지 말라는 것이다. 그녀는 인생에서 좋은 것을 발견하고 누릴 줄 알던 이모를 떠올렸다. 이모는 예고 없이 발레나 연극 티켓을 사서 건네며 지루한 시간을 활기차게 바꾸곤 했다. 리즈에게 〈이타카〉는 그런 예기치 않은 기쁨을 다시 떠올리게 하는 시다.

리즈가 〈이타카〉를 떠올릴 때 생각나는 또 하나의 경험은 오래전 남편과 함께했던 이탈리아 나폴리 여행이다. 당시 나폴리는 낡고 지저분했으며 길거리와 건물만 보고 판단한다면 실망하기 쉬웠다. 그러나 열정적인 현지 친구의 안내 덕분에 숨겨진 온갖 보물을 발견했다. 평범한 건물 뒤에 숨어 있던 분수 정원, 교회 안의 눈부신 프레스코화, 피자 마르게리타의 원조라고 자부하던 소박한 식당. 일반적인 여행자였으면 놓치기 쉬웠을 예상치 못한 즐거움은 도시를 아는 이의 안내 덕분에 비로소 빛났다.

리즈는 그것이 바로 〈이타카〉가 하는 역할이라고 말한다. 시는 여행자가 미처 기대하지 못한 아름다움과 매력을 가리키는 안내자다. 삶에도 같은 교훈을 준다. 목표 지향적인 삶 속에서도 리즈는 시를 통해 도착지가 전부가 아니라 그곳으로 가는 여정 자체가 중요하다는 사실을 늘 기억한다.

패트릭의
이야기

─────── 출판인이자 작가, 화가인 패트릭 역시 〈이타
카〉의 도움을 받았다. 젊은 시절 문학 수업에서 시를 처음 만났
다. 모험과 보상으로 가득한 여정을 그린 시는 젊은 마음을 흔들
었고 큰 흥분을 안겨주었다. 그는 시를 음미했지만 자신의 인생
여정을 당장 시작하고 싶은 조급함 탓에 곧 잊어버렸다.

인생 중반부에서 패트릭은 시를 다시 떠올렸다. 모든 것이 엉
망이 되었을 때다. 그가 사랑한다고 믿었던 여성에게 거절당하
고 고향에서 멀리 떨어진 도시에서 거의 친구도 없이 지냈다. 관
심 없는 일을 하며 살아가던 그는 길을 잃은 듯했고 완전히 혼자
가 되었으며 실패자가 된 것처럼 느꼈다. 삶의 여정은 아무 열매
도 맺지 못한 것 같고 앞길에는 어떤 의미도, 만족도 없었다. 그
는 계속해서 원인을 찾았다. 불운, 타인, 결국은 자기 자신을 탓
했다. 일상의 작은 기쁨, 따뜻한 햇살, 와인 한 잔의 맛조차 아무
의미가 없었다. 어느 날 아름다운 석양을 바라보며 그는 이렇게
생각했다고 한다. "그래서 뭐? 왜 아무 느낌도 없는 거지? 왜 나
는 아무것에도 마음이 움직이지 않는 거지?"

어느 저녁, 패트릭은 또 하루의 희망 없는 날을 보내고 난 뒤
시간을 때우며 헌책방을 떠돌았다. 그를 기다리는 사람은 아무
도 없었다. 그는 카바피의 시집 한 권을 집어 들었다. 〈이타카〉를
잊었다고 생각했지만 책장을 넘겨 "기도하라, 네 길이 오랜 여정
이 되기를"이라는 구절을 보는 순간 기억이 돌아왔다. 오래된 친

구를 우연히 다시 만난 듯했다. 그리고 우울증이 시작된 이후 처음으로 그는 무언가와 연결되었다고 느꼈다. 그날 밤 그 시를 반복해서 읽었다.

패트릭은 시를 쓴 사람을 떠올렸다. 카바피는 편견이 가득한 사회에서 살았다. 분명 그도 고통을 겪었을 것이다. 패트릭은 자신이 그런 억압 속에 있는 것도 아니었지만 묘하게 시인의 고통과 자신을 겹쳐 보았다. "우리는 동행자다. 나는 혼자가 아니다." 그 생각은 그를 옥죄던 어둠을 다른 시선으로 바라보게 했다. 그날 이후 그는 여러 번 이 시로 돌아왔다. 〈이타카〉는 오래된 메시지를 품고 있다. 멀고 지난한 여정 끝에 돌아가는 집, 문은 늘 열려 있고 식탁에는 늘 자리가 남아 있는 곳, 그곳으로 가는 길이 곧 삶이라는 것을 가르쳐준다.

시가 건네는
마음 처방전

———————— **1. 인생을 단지 어떤 목표로만 보지 말고 하나의 여정으로 바라보라.** 오감을 활용하라. 시각적 아름다움, 색채, 보석, 향기에 민감해져라. 흥미를 느끼는 새로운 것을 배우며 마음 자체를 즐거움으로 가는 길로 삼아라. 인생이 많은 선물을 가져다줄 수는 있지만 그것을 단순히 소유의 관점으로만 보지 말라. 비록 목표(이타카)에 도착했을 때 가난할지라도 그 여정에서 겪은 경험과 모험 덕분에 충분히 풍요로울 수 있다.

2. 삶이 주는 것의 많고 적음은 당신이 삶에 무엇을 바쳤냐에 비례한다.

3. 내면의 악마를 늘 의식하라. 그것은 길 위에서 마주치는 괴물보다 더 해롭고 더 극복하기 어려울 때가 있다. 때로는 내면의 괴물이 길 위에서 만나는 사람들까지 괴물로 만든다.

4. 목표를 단지 성취 여부로만 보지 말고 그 목표가 당신에게 어떤 기회를 열어주었는지도 함께 보라. 예컨대 그 목표 덕에 만난 친구와의 여행 같은 것을 말이다.

5. 서두르지 말라. 급히 지나가는 만남, 허겁지겁 먹는 음식, 너무 바쁜 탓에 늘 중간에 끊기는 대화는 이타카로 향하는 여정 자체를 온전히 즐기지 못하게 만든다.

6. 길가의 쾌락에 너무 산만하게 휘둘리지 말라. "이타카를 늘 마음에 간직하라." 어떤 목표이든 좋다. 친밀한 관계, 눈부신 경력, 당신의 예술, 가족, 인류를 돕는 어떤 발견…. 여정을 즐기되 당신에게 중요한 목표를 언제나 시야의 중심에 두어라.

7. 자신을 잘 돌보라. "네 길이 오랜 여정이 되기를." 오늘날에는 장수하기 위해 할 수 있는 일이 많다. 건강을 돌보는 일 자체를 즐기고 좋은 건강이 주는 보상을 누려라.

시인과
시에 대하여

─────────── 콘스탄티노스 카바피(1863~1933)는 이스탄
불(당시 콘스탄티노플)에서 이집트의 알렉산드리아로 이주한 부모
에게서 태어난 일곱 아들 중 막내였다. 그가 아홉 살 때 아버지
가 세상을 떠나기 전까지는 집안이 넉넉한 편이었다. 아버지의
죽음 이후 가족은 영국으로 건너가 친척들의 도움에 의존하다가
카바피가 열네 살 때 다시 알렉산드리아로 돌아왔다. 카바피는
알렉산드리아를 거주지로 삼고 공공사업부에서 일하면서 도시
의 자유롭고 국제적인 분위기를 누렸다.

카바피는 신문과 잡지에 글과 시를 발표하기 시작했는데 상당
수는 고전 세계에 대한 깊은 관심을 담고 있었다. 〈야만인을 기
다리며〉와 〈이타카〉에서도 그런 관심이 뚜렷이 보인다.

카바피는 먼 과거 인물들에 대한 가십을 특히 즐겼는데 친구
E. M. 포스터의 회상에 따르면 황제 마누엘 콤니노스의 교활한
행동 같은 이야기를 들려주곤 했다.

평생 흡연가였던 카바피는 1932년 후두암 진단을 받았고 기
관 절개 수술을 받아야 했다. 그리고 이듬해 70세 생일에 세상을
떠났다.

42

Hold on to Your Dreams

꿈을 붙잡아라

꿈

랭스턴 휴스

꿈을 굳게 붙드세요.
꿈이 죽어 버리면
삶은 날개 부러진 새
더는 날 수 없습니다.

꿈을 굳게 붙드세요.
꿈이 사라져 버리면
삶은 황량한 들판
눈으로 얼어붙습니다.

❧

무대는 어느 초등학교의 학예회. 아이들이 랭스턴 휴스의 유명한 시 〈꿈〉을 바탕으로 공연을 준비하고 있다. 무대 위에는 2학년 아이들이 가득하다. 일부는 평상복을 입고 일부는 화려한 옷에 반짝이는 날개를 달고 있다. 그들이 바로 꿈이다. 음악이 흐른다.

검은 망토를 걸친 해설자가 휴스의 시 첫 구절을 또렷이 낭독한다. "꿈을 굳게 붙드세요." 아이들이 무대 위를 신나게 뛰놀며 각자 하나의 꿈을 붙잡고 춤을 춘다. 이어지는 다음 행. 음악이 잦아들고 꿈이 아이들의 손에서 빠져나가 버린다. 꿈을 잃은 아이들은 하나둘 슬픔에 잠긴 채 퇴장하고 무대에는 아무도 남지 않는다. 어둑해진 무대 위로 천천히 한 존재가 절뚝거리며 걸어나온다. 날개가 꺾인 새, 날아오르려 애쓰는 "날개 부러진 새"다. 다음 장면은 두 번째 연을 따른다. 이번에는 장면의 끝에 조명이 바뀌며 황량하고 눈으로 뒤덮인 들판, 메말라 버린 풍경이 나타난다.

실제로 주변의 한 학교에서 있었던 일이다. 아마 미국 곳곳의 수많은 학교에서 비슷한 방식으로 시가 무대에 올랐을 것이다. 어쩌면 이런 질문이 떠오른다. 이렇게 짧고 어쩐지 어른보다는 아이들에게 더 어울릴 법한 시가 왜 이 책에 들어 있는가? 답은 간단하다. 〈꿈〉이 간직한 결정적인 메시지는 책의 다른 어느 곳에서도 다루어지지 않기 때문이다.

꿈은 목표와 행동을 위해 꼭 필요한 설계도다. 꿈은 당신을 지탱하고 야망과 노력에 동기를 부여한다. 그렇기 때문에 아이들에게 가능한 한 이른 시기에 자기 꿈을 굳게 붙잡는 것이 얼마나 중요한지 알려주는 일은 매우 긴요하다. 또 어른들에게도 아이들이 자신의 꿈을 붙잡을 수 있도록 지켜주는 것, 스스로 꿈을 포기하지 않도록 하는 것이 얼마나 중요한지 일깨워 줄 필요가 있다.

랭스턴 휴스는 아이들과 어른 모두에게 시가 영감을 주고 힘을 북돋는다는 사실을 보여준다. 시를 매우 짧게 만들고 단어와 운율, 압운 구조를 단순하게 유지함으로써 휴스는 아이들이 외우기 쉽게 했다. 그러면서도 꿈을 굳게 붙잡는 일이 얼마나 중요한지 오래 기억하도록 강조한다.

또 다른 시 〈할렘Harlem〉에서 휴스는 부서진 꿈에서 무슨 일이 일어나는지 묻는다. 이 시 역시 읽어 볼 가치가 있다. 특히 불리한 처지에 놓인 집단에서 꿈이 밀리고 꺾이면 그 결과가 불행하거나 파국적이라는 사실을 다음 이야기에서 보여준다.

레지널드 드웨인 베츠:
시와 꿈이 그를
구하다

——— 20세기 말, 미국 중부 대서양 연안 지역. 열여섯 살 소년이 권총으로 한 남자를 위협해 차를 빼앗고 돈을 강탈한다. 총은 발사되지 않았지만 소년은 단 몇 분 만에 여섯 건의 중범죄를 저지른다. 검거되어 재판을 받고 징역 9년을 선고받는다. 그다음 여덟 해, 청소년에서 어른으로 성장해야 할 시간 동안 그는 가장 열악한 감옥에서 성인 재소자들과 함께 복역한다. 그 끔찍한 환경 속에서 소년은 남자로 성장한다.

소년이 바로 레지널드 드웨인 베츠Reginald Dwayne Betts다. 그는 그 시절의 공포를 『자유에 관한 질문A Question of Freedom』이라는 회고록에 기록했다. 나는 책을 준비하며 그와 직접 인터뷰했다.

그는 지적으로 재능 있는 학생이었고 어린 시절부터 책을 좋아했고 시를 썼다. 버지니아의 사우샘프턴 구치소에서 독방에 갇혀 있던 시절, 그곳에는 전통처럼 이렇게 외칠 수 있는 문화가 있었다. "책 좀!" 어느 날 누군가 그에게 『흑인 시인들The Black Poets』이라는 책을 밀어 넣었다. 그는 책을 탐독했고 그 순간, 인생의 전환점을 맞이했다. "내가 세상을 보는 방식을 완전히 바꾼 시를 처음 읽은 건 독방에서였어요. 그때 시는 단순한 기능적 글쓰기가 아니라 예술이라는 걸 알게 됐지요. 시는 누군가에게 하나의 세계 전체를 건네줄 수 있어요. 그 순간 나는 시인이 되기로 결심했어요."

특히 그를 움직인 시가 있다. 루실 클리프턴Lucille Clifton의 〈채소를 썰며Cutting Greens〉는 그에게 가족과 혈연의 감각을 되찾게 했다. 로버트 헤이든Robert Hayden의 〈도망 노예Runagate〉는 북쪽으로 탈출하는 흑인 노예들의 위험과 고통이 담겨 있었는데 베츠는 시에서 누구보다 먼저 인종주의에 맞섰던 사람들을 떠올렸다. 그는 시를 통해 미국 흑인의 역사와 역사에 녹아 있는 고통과 감정을 함께 배웠다. 베츠에게 시에는 치유의 힘이 있다고 생각하느냐고 묻자 그는 잠시 머뭇거리다 이렇게 답했다.

시는 다른 예술과는 다른 일을 합니다. 시는 당신이 어떤 방식으로 부서졌는지를 알아차리게 도와줍니다. 자신이 어떤 방식으로 부서졌는지를 깨닫는 것은 치유의 과정에서 중요한 역할을 합니다. 시는 저에게 세상과 씨름할 수 있게 해준 도구이자 수단으로써 압도적인 영향을 미쳤습니다. 『흑인 시인들』은 제게 전해진 많은 책 중 하나였지만 제가 정말로 들어야 했던 말을 해준 책이었습니다. 그 책은 제가 중요하다고 생각했던 영역을 다루었고 제 마음을 만족시키면서도 동시에 괴롭고 불안하게 만들었지요. 그 책은 다른 사람들이 어떤 방식으로 고통받았는지에 대해 예리한 자각을 주었고 동시에 고통을 다루는 방식도 제공했습니다. 우리는 고통을 다루는 방법의 중요성을 자주 이야기하지 않는 것 같습니다. 시는 바로 그런 점에서 제가 그것을 할 수 있도록 도와주었지요.

인터뷰 내내 베츠는 에더리지 나이트Etheridge Knight의 〈주근깨 투성이 제럴드에게For Freckled-Faced Gerald〉라는 시로 계속 돌아왔다. 그에게 아주 강력한 영향을 준 작품이었다. 이 시는 열여섯 살 소년 재소자의 이야기를 들려준다. 소년은 독수리들에게 뜯어먹으라고 주는 돼지고기처럼 우리 속에 던져진 존재다. 나이트가 묘사하는 것처럼 제럴드는 어찌할 도리가 없었다. 소년이 강간당할 것이라는 비극은 이미 정해진 결말이었다. 읽기 힘든 시지만 역설적으로 이 시는 베츠에게 자기 처지가 아무리 끔찍해도 더 최악의 상황에 놓인 이들이 있다는 사실을 깨닫게 했다.

제가 〈주근깨투성이 제럴드에게〉를 자주 말하는 이유 중 하나는 그 시가 제 삶과 문제, 수감 경험과 얼마나 정확히 겹쳐지는지를 보여주기 때문입니다. 순진한 관점에서 보면 열여섯 살 아이가 자기 고통이 아주 특별하다고 믿는 건 그럴듯해 보입니다. 그런데 저와 비슷한 아이에 대한 이야기를 읽고 나니 제가 겪고 있는 일을 바라보는 피상적인 이해가 바뀌었습니다. 저는 감옥에서 강간당하지는 않았습니다. 이런 예를 통해 저는 시가 자신의 경험을 맥락화하는 데 도움을 줄 수 있다는 걸 이해하게 되었습니다. 주근깨투성이 제럴드는 내가 누구인지, 내 상황이 무엇인지 다르게 생각해 볼 수 있게 해주었지요.

베츠가 이 시와 함께한 경험은 내가 여러 번 목격한 하나의 원리를 잘 보여준다. 사람들을 위로하고 치유하는 것은 꼭 밝고 쾌활한 시만이 아니다. 오히려 어려움과 고통을 표현하는 시가 그런 역할을 할 때가 많다. 베츠가 말했듯이 다른 사람의 아픔과 투쟁을 읽는 일이 오히려 나를 치유할 수 있다. 더 어려운 조건을 견딘 사람이 살아남았다는 사실이 힘이 되고, 슬픔과 싸움을 나 혼자만 겪는 것이 아니라는 사실이 위로를 준다.

베츠는 출소 후 학부 과정을 마치고 예일대에서 법학 학위를 취득했다. 그는 소년원과 교정 시설에서 청소년 재소자들에게 시를 가르쳤다. 마지막으로 그와 이야기했을 때 베츠는 예일대에서 법학 박사 과정을 밟고 있었다.

시가 건네는
마음 처방전

——————— *1. 꿈은 삶의 핵심 동력이다.* 모든 중요한 계획, 발견, 성취, 창조는 꿈에서 출발한다.

2. 꿈을 놓치면 안 된다. 꿈을 무너뜨리려는 위협은 외부(사람, 제도) 혹은 내부(충동, 유혹, 중독 등) 어디에나 있다. 이런 외부, 내부적 힘을 자각해야 꿈을 지킬 수 있다.

3. 꿈을 놓쳤다면 두 번째 기회를 주목하라. 삶은 종종 기회를 다시 준다. 기회를 발견하고 붙잡기 위해 항상 깨어 있어야 한다. 부서진 꿈은 다시 이어 붙일 수 있다.

4. 특히 젊은 사람의 꿈을 지키는 일을 도와주어라. 이는 그들의 미래뿐 아니라 사회의 미래에도 영향을 미친다.

5. 꿈을 이루는 것을 미루지 말라. 부득이하게 미루어야 한다면 꿈을 기억하고 다시 이룰 기회를 노려라.

시인과
시에 대하여

——————— 랭스턴 휴스(1902~1967)는 1920년대 할렘

르네상스를 대표하는 흑인 시인이자 작가다. 1921년 첫 시를 발표했고 1926년 첫 시집을 출간했다. 이후 시, 소설, 희곡, 평론, 아동 도서를 집필했다.

휴스는 복잡한 혈통을 지녔다. 아버지 쪽 증조부 둘은 켄터키의 백인 노예 소유주였고, 외가 증조모들은 모두 아프리카 출신 노예였다. 부모는 그가 태어난 직후 헤어졌고 아버지는 멕시코로 떠났다. 휴스는 외조모의 손에서 자랐으며 외조모가 세상을 떠난 뒤에는 어머니와 함께 오하이오주 클리블랜드에 정착했다.

휴스는 1921년 컬럼비아대에 입학했으나 교사와 학생들 사이의 인종차별 문제로 곧 중퇴했다. 1967년 그가 세상을 떠난 직후 컬럼비아대는 추모식을 열었다. 50여 년 전 학교가 그를 대했던 방식에 대한 뒤늦은 사과였다. 당시 제임스 P. 셴턴 교수는 이렇게 인정했다. "한동안 컬럼비아 거리에 한 시인이 살고 있었지만 컬럼비아는 그가 어떤 사람인지 알아보려 하지 않았다."

작가 샬레인 헌터-골트Charlayne Hunter-Gault는 이렇게 기록했다.

추모식은 처음과 마찬가지로 랭스턴 휴스 특유의 낮고 익살스러운 목소리로 끝났다. 이번에는 자신이 중서부에서 컬럼비아로 학교를 다니러 오게 된 이야기, 하틀리 홀에 나타났을 때 큰 소동이 일어난 이야기를 들려주었다. 그것은 1921년이었고 당시 컬럼비아대 기숙사에는 아프리카계 학생이 단 한 명도 없었다. 그는 청중에게 이렇게 말했다. 사람들이 허물고자 애쓰는 장벽이 많이 있습니다. 저는 그것을 시로 무너뜨리려 합니다.

5

밤으로 들어가며

저 어두운 밤으로 순순히 들어가지 마라.

딜런 토머스

43

Should You just Go for it?

그냥 해 버릴까?

한 아일랜드 비행사가 자신의 죽음을 예견하다

윌리엄 버틀러 예이츠

저 위 구름 속 어딘가에서

내 운명을 맞이하게 될 것을 나는 알지.

내가 싸우는 상대를 난 증오하지 않고,

내가 지키는 이들을 난 사랑하지 않네.

내 고향은 킬타탄 크로스이고,

내 동포는 킬타탄의 가난한 사람들,

어떤 종말도 그들에게 손실을 입히거나

이전보다 더 행복하게 만들 수 없으리.

어떤 법과 의무 때문에 난 싸우지 않았고,

정치가나 환호하는 군중들 때문에 싸우지도 않았네,

어떤 외로운 환희의 충동이

구름 속의 소란으로 날 몰아넣었네,

난 모든 것을 재어 보고, 마음속에 되새겼네,

앞날의 세월을 숨 쉬며 사는 것은 낭비,

지난 세월 숨 쉬었던 것도 낭비처럼 보였네

이 삶, 이 죽음과 견주어 볼 때.

~~~

예이츠는 제1차 세계대전 전투기 조종사의 위험한 삶에 대한 장단점을 냉정하게 분석해 보여준다. 화자는 자신이 전투 중 죽게 되리라는 데 의심이 없으면서도 전투기 조종사로 산다는 것의 득과 실을 신중하게 고민한다. 하지만 그는 비용-편익 분석을 끝내고도 결국 비행하기로 결심했음을 분명히 밝힌다.

전투의 동기를 분석하면서 화자는 명예, 의무, 조국 사랑, 적에 대한 증오 같은 전쟁의 흔한 명분을 모두 거부한다. 그는 자신의 동포, 즉 아일랜드 사람들이 전쟁으로 인해 이익을 얻거나 손해를 보지 않을 것도 알고 있다. 이런 인식은 영국을 향한 아일랜드인의 오래된 원한을 반영한다. 그런데 그는 왜 자신의 목숨을 거는 것일까? 예이츠는 이를 몇 줄로 요약한다.

어떤 외로운 환희의 충동이

구름 속의 소란으로 날 몰아넣었네,

비행의 스릴 앞에서는 과거도 미래도 모두 무의미해 보인다. 평화로운 시기에도 그렇다. 곡예사나 극한 스포츠를 즐기는 이들은 동료도, 안전 장비도, 인공적인 보조도 없이 암벽을 오르는 프리 솔로free solo에 나설 때 같은 계산을 한다. 영화 〈프리 솔로〉에서 마스터 클라이머 알렉스 호놀드는 요세미티 국립공원의 약 900미터 수직 암벽 엘 캐피탄을 맨몸으로 오른다. 누군가 그에게 죽을 가능성을 지적했을 때 호놀드는 이렇게 답한다. "그럴 수도 있지요." 사람들은 스릴의 가치와 생사를 가르는 선택을 서로 다른 방식으로 저울질한다.

예이츠의 표현 "외로운 환희의 충동"은 외로움과 고독의 차이를 다시 떠올리게 한다. 어떤 이들은 자연 그대로의 야생 환경에서 혼자 있는 것을 즐긴다. 예를 들어 구름처럼 외로이 떠도는 워즈워스나 "외로운 바다와 하늘"을 그리워하는 메이스필드를 떠올려 보라.

위험 감수의
생물학

——————— 성격 검사 결과에 따르면 위험 감수 성향이 남보다 강한 사람이 따로 있다. 이러한 차이는 뇌 영상 연구 결과와도 상관있다. 감각 추구나 위험 감수는 어느 정도 생물학적으로 결정되어 있을 가능성이 크다.

신경 과학자 제인 조지프Jane Joseph는 알렉스 호놀드를 기능성 자기공명영상fMRI으로 연구했다. 그 결과 혐오스럽거나 충격적인 자극에 대해 그의 편도체(뇌의 경보 시스템)는 보통 사람들보다 훨씬 덜 반응했다. 이런 사람들은 전전두엽집행 기능에 중요한 영역과 다른 뇌 영역 간 연결의 발달이 느리며 20대 중반까지 완전히 형성되지 않는 경우가 많다. 이것은 젊은 세대가 결과를 충분히 고려하지 않은 채 위험을 감수하는 경향이 상대적으로 큰 이유를 잘 설명한다. 흔히 "늙은 남자들이 젊은 남자들을 전쟁터로 보낸다"고 말하는데 이는 젊은 세대가 모험과 위험을 더 선호한다는 점을 본능적으로 알고 있어서 그런 듯하다. 물론 그러한 관행의 도덕성은 오래도록 의문시되고 있다.

그렇지만 젊은 남녀의 위험 감수 성향은 사회에 큰 기여를 했다. 제2차 세계대전 당시 독일이 점령한 유럽 본토에 상륙하기 위해 노르망디 절벽을 기어올라 해안 거점을 확보한 이들은 대부분 젊은 병사였다. 전쟁사뿐 아니라 민간 영역에서도 이러한 사례는 무수히 많다.

시가 건네는
마음 처방전

——————— *1. 위험한 직업에 종사하기로 선택했고 오래 살고 싶다면 조심해야 한다.* 비행사들 사이에 널리 인용되는 속담을 기억하라. "나이 들고 대담한 조종사는 없다."

2. 젊을 때 위험을 미화하는 태도를 경계하라. 위험한 행동을 미루면 시간이 지난 뒤에는 그것이 더 이상 그럴듯해 보이지 않는다.

3. 격앙된 상태에서 하는 행동은 특히 조심해야 한다. 이러한 상태에서는 위험을 감수할 가능성이 크다. 심리학자들은 높은 각성 상태(분노, 황홀, 성적 열정 등)와 낮은 각성 상태를 구분하는데 전자는 충동적 행동과 잘 연결된다. 약물과 알코올은 사람을 평소보다 훨씬 충동적으로 행동하게 만든다.

시인과
시에 대하여

——————— 이 시는 "외로운 환희의 충동"을 사랑하는 젊은 전투기 조종사의 목소리로 쓰였지만 읽다 보면 노련하고 체념 어린 영혼의 목소리처럼 느껴지기도 한다. 예이츠가 시를 쓸 당시 나이가 53세였기 때문일 것이다.

예이츠는 이 시를 친구이자 아일랜드의 시인 겸 극작가, 민속학자였던 레이디 그레고리의 아들 로버트 그레고리 소령을 추모하기 위해 썼다. 예이츠는 그를 기리며 총 4편의 시를 썼다.

그레고리 소령은 제1차 세계대전에서 훈장을 받은 전투기 조종사로, 이탈리아 전선에서 서른여섯 살에 전사했다. 그는 아내와 세 아이를 남겨 둔 채 참전했는데, 그가 지키고자 했던 이들에게 아무런 감정도 없었다면, 이는 납득하기 어려운 선택이다.

예이츠는 20세기의 뛰어난 문인이며 1923년 노벨 문학상을 받았다. 이 짧고도 강렬한 시는 그의 탁월한 기량을 잘 보여준다.

44

Or should You Be Careful?

아니면 조심해야 할까?

미술관

W. H. 오든

고통에 대해 결코 틀린 적 없다, 옛 거장들은.

그들은 너무나 잘 알고 있었다,

그것이 인간 삶의 어디쯤에 자리하는지를.

그것이 일어나는 동안 누군가는 먹고, 창문을 열고

무심히 걸어가고 있을 뿐이라는 것을.

노인들이 경건하고 간절하게 신성한 탄생을 기다리는 동안

아이들은 그것이 일어나길 바라지 않으며

숲가 연못에서 스케이트를 타고 있을 뿐.

그들은 결코 잊지 않았다.

심지어 참혹한 순교의 길조차도

어느 한 구석, 개들이 개의 일상을 이어 가고,

고문관의 말이 나무에 엉덩이를 비벼 대는

그런 어수선한 장소에서 일어난다는 것을.

브뤼헐의 이카로스를 보라. 모든 것이 얼마나 무심하게
그 참사를 외면하고 있는가. 밭 가는 농부는
첨벙하는 소리와 버려진 외침을 들었으리라, 그러나
그에게는 대수롭지 않은 일일 뿐, 태양은 변함없이
초록빛 바닷속으로 사라지는 하얀 두 다리 위에 빛나고,
값비싼 유람선도 하늘에서 떨어지는 소년의
놀라운 사건을 틀림없이 보았을 테지만,
가야 할 곳이 있어 태연하게 항해를 계속했다.

❦

오든의 〈미술관〉은 특히 아끼는 작품이다. 통찰로 가득 차 있으
며 기발하게 전달되기 때문만은 아니며 아들과의 사이에 결정적
인 대화를 불러온 계기가 되었기 때문이다. 아마 우연은 아니겠
지만 시의 주제 가운데 하나도 바로 아버지와 아들의 관계다.

시의 제목이기도 한 브뤼셀의 미술 박물관Musée des Beaux Arts을
방문한 경험에서 영감을 얻었다. 이는 에크프라시스ekphrasis, 시각 예
술 작품을 문학적으로 묘사하거나 논평하는 글의 한 예다. 문제의 작품은 플랑드
르 화가 피터르 브뤼헐의 〈이카로스의 추락〉이다. 이미 잭 길버트
의 〈실패와 비행〉에서 이카로스 신화를 만난 바 있다. 신화에 대
해 다시 살펴보자.

그리스의 건축 명장 다이달로스와 그의 아들 이카로스는 폭

군 미노스 왕에 의해 크레타섬에 갇혀 있었다. 다이달로스는 고향을 그리워하다가 미노스가 육지와 바다를 모두 통제하고 있다는 사실을 깨닫고 자신과 아들이 탈출할 수 있는 유일한 길은 하늘뿐이라는 것을 알아차린다. 로마 시인 오비디우스는 『변신이야기』에서 다이달로스가 새의 깃털로 날개를 정교하게 만들어 밀랍으로 이어 붙이는 과정을 자세히 묘사한다. 그 곁에서 아들은 웃으며 깃털과 밀랍을 가지고 놀고 아버지의 꼼꼼한 일을 방해하는데 이는 아버지와 아들 사이의 다정하고 따뜻한 관계를 암시한다. 섬을 떠날 시간이 되자 아버지는 아들에게 이렇게 말하며 길을 따라오라고 진지하게 당부한다.

> 경고하노니, 이카로스야, 중간 길로 날아야 한다.
> 너무 낮게 날면 파도가 네 날개를 짓누를 것이다.
> 너무 높이 날면 태양이 네 날개를 태울 것이다.
> 그 둘 사이를 유지하라… 나를 따라오거라!

그러나 시인이면서 조종사였던 존 길레스피 매기처럼 이카로스는 높이 나는 유혹을 뿌리치지 못한다. 그는 태양 가까이 날아올랐고 열기에 향기로운 밀랍이 녹아 깃털이 헐거워진다. 팔을 퍼덕이지만 공기는 그를 떠받쳐 주지 않고 결국 소년은 추락한다. 아버지의 이름을 부르짖으며 소년은 푸른 바닷속으로 빨려 들어간다. 오비디우스는 다이달로스의 비탄을 이렇게 묘사한다.

불운한 아버지는, 더 이상 아버지가 아닌 채 이렇게 말한다.
"이카로스야, 이카로스야, 너는 어디 있느냐? 어느 하늘
아래서 너를 찾아야 하느냐?"
그는 "이카로스!" 하고 계속 부르짖다가
파도 사이에 떠 있는 깃털을 보고는
자신의 기술을 저주하며 아들의 시신을 무덤에 묻었다.

오든은 고통이 언제, 어디서든 벌어질 수 있다는 점을 성찰한
다. 그 말은 사실이다. 가족이 바비큐를 준비하느라 정신 팔린
사이 수영장에서 익사하는 아이들, 물통에 거꾸로 빠지는 아이
들, 누군가 차를 후진시키는 순간 진입로로 기어 들어가는 아이
들…. 가정을 덮치는 돌발적 재난의 가능성은 끝이 없다.

브뤼헐의 〈이카로스의 추락〉에는 에메랄드빛 바다와 나란히
펼쳐진 아름다운 풍경이 보인다. 바위가 불쑥불쑥 튀어나온 곳,
근처를 지나가는 배, 낚시하는 사람, 말을 몰며 땅을 가는 농부,
지팡이를 들고 하늘을 올려다보는 양치기와 양 떼…. 그리고 오
른쪽 아래 구석, 누가 짚어 주지 않으면 그냥 지나치기 쉬운 곳에
물 위로 내민 두 다리가 보인다. 하늘에서 떨어져 물에 빠진 이카
로스의 다리다.

시의 일부 요소들, 나무에 엉덩이를 비벼 대는 고문관의 말이
나 개의 일상을 이어 가는 개 이미지는 브뤼헐의 다른 그림에서
온 것으로 보인다. 시인이 화랑을 다니며 기억 속에서 합친 것일
수도 있다. 이런 유머러스한 장면은 인간의 고통에 무심한 자연

의 태도를 더욱 도드라지게 한다.

오든이 지적하듯이 주변 사람들과 동물들은 관심이 없을 뿐 아니라 아예 무심하다. "모든 것이 얼마나 무심하게 / 그 참사를 외면하고 있는가." 이카로스가 물속으로 떨어질 때 나던 소리나 "버려진 외침"을 들었을 법한 이들마저 크게 개의치 않는다. 그들에게는 자기 일이 아닐 뿐이다. 오든은 배 위에 있던 사람들이 "하늘에서 떨어지는 소년"이라는 놀라운 사건을 보고도 어떻게 그냥 넘어갈 수 있었는지 의아해한다. 그러나 배는 "가야 할 곳"이 있었기에 태연하게 항해를 계속했다.

아버지와
아들

——   나의 아들 조시 이야기를 해 보자. 조시가 청소년기 후반에 접어들면서 새로운 친구를 사귀고 새로운 활동을 시작하며 독립을 향해 나아가던 때였다. 새해 전날 밤, 조시가 다른 마을에서 열리는 파티에 가도 되겠느냐고 물었다. 자주 문제를 일으키는 그의 친구 캘빈이 운전을 맡을 예정이라고 했다. 나는 캘빈이 보통 아이들보다 훨씬 더 말썽을 잘 일으킨다는 점이 떠올랐다.

한번은 캘빈이 친구들을 위험한 지역의 고가도로 아래로 데려가 거기서 붐박스(휴대용 라디오 카세트)를 틀어 놓고 길 한복판에서 춤을 추기 시작했다. 술과 약물이 오갔다. 조시는 그 자리를 떠나서 지하철역으로 가 집에 돌아오려고 했다. 그런데 지하철 대합실에서 잠이 들어 버렸고 지갑을 도둑맞았다. 그 도둑으로 보이는 사람이 지하철을 기다리다가 동전 몇 개를 쥐여 준 덕분에 간신히 집에 돌아올 수 있었다.

조시가 이야기하는 동안 내 마음은 어느새 내 젊은 날의 어리석음과 가까스로 모면한 위기 쪽으로 흘러갔다. 아마 내가 잠시 멍해졌던 모양이다. 조시가 나를 뚫어지게 쳐다보며 대답을 기다리고 있었다.

"안 돼, 안 된다, 거긴 못 가." "왜요?" 그가 애원하듯 물었다. "왜요? 멀지도 않은데요. 뭐가 잘못되겠어요?" "안 된다." 내가 말했다. "죽음은 순식간에 일어날 수 있기 때문이야. 여기, 이 시를 한번 읽어 봐라." 그러고는 〈미술관〉을 건네주었다.

조시는 시를 읽었다. 이해했다. 그리고 파티에 가고 싶다는 요구를 철회했다. 우리는 모두 안전하고 즐겁게 집에서 새해 전날 밤을 함께 축하했다.

몇 년 뒤, 조시가 대학에 다닐 때 내게 전화를 했다. 〈미술관〉이 영문학 수업 과제로 나왔다는 것이다. 우리는 몇 해 전의 대화를 떠올리며 큰 소리로 웃었다. 실제로는 그렇지 않았을지도 모르지만 한 편의 시가 그의 목숨을 구한 것일지도 모른다. 진실은 결코 알 수 없지만 그것만으로도 충분했다.

브뤼헐의 그림 앞을 아무 생각 없이 스쳐 지나갔을 많은 관광객을 떠올려 보라. 그러나 오든은 그림 앞에 서서 뚫어지게 바라보고 생각했다. 때는 1939년, 그는 세계가 전쟁의 문턱에 서 있다는 것, 전쟁이 불러올 헤아릴 수 없는 비극을 알고 있었다. 어쩌면 그는 주변 사람들에게 전혀 인식되지 못한 그 장면, 아무도 주목하지 않는 캔버스 한쪽 구석의 작은 비극을 바라보며 고통에 관해 너무나 많은 것을 알고 있던 옛 거장들을 떠올렸는지도 모른다. 오든은 시를 통해 주변 어디에나 도사리는 비극에 대한 사람들의 경각심을 일깨우고자 한 것 같다.

시가 건네는
마음 처방전

———————— *1. 위험에 유의하라.* 특히 자신이나 사랑하는 사람이 취약한 상황에 있을 때는 더욱 그렇다.

2. 가능한 한 위험이 닥치기 전에 예상하라. 수영장으로 통하는 문이 잠겨 있는지, 아이들이 안전 장비를 제대로 착용했는지 확인하라.

3. 위험해 보이는 요청을 받은 부모라면 안전을 최우선으로 삼아라. 당신의 역할은 아이의 친구가 되는 것보다 인생의 위험을 잘 통과하게 인도하고 가르치며 필요한 기술을 익혀 자립적인 성인으로 성장하도록 돕는 것이다.

4. 잃은 사람을 기억하고 슬퍼하는 사람들을 위로하라. 죽어 가

는 사람과 죽은 사람, 남겨진 사람들을 어떻게 대하는가는 인간 성을 드러내는 척도다.

시인과
시에 대하여

─────── 〈미술관〉은 책에 실린 오든의 세 번째 시다. 하나는 사랑하는 이를 잃은 슬픔에 관한 것이었고, 하나는 사랑 의 밤을 찬미하는 것이었으며, 이번에는 미술관에서 옛 거장의 작품을 마주하며 얻은 깊은 철학적 통찰을 담았다. 오든은 활동 폭이 대단히 넓은 시인이어서 책에 실린 작품만으로는 그의 창조 적인 다채로움을 제대로 보여주기 어렵다. 그의 시에는 일종의 너 그러움이 배어 있어 읽는 이에게 선물처럼 느껴진다.

오든은 삶에서도 너그러운 사람이었다. 동료 작가들은 종종 그의 조언과 통찰을 구하러 찾아왔다. 그는 예전 연인들과도 평 생 친구로 지냈다. 전혀 모르는 이들에게 큰 도움을 주면서도 이 름을 밝히지 않은 경우가 많았다.

오든은 시뿐만 아니라 다양한 주제를 다룬 에세이와 평론을 썼고 다큐멘터리와 연극 작업에도 참여했다. 그의 명성은 사후 에 더 높아졌고 어떤 이들은 그를 20세기의 위대한 시인 중 한 명으로 꼽는다.

45

Dying too Soon

너무 일찍 죽다

우린 진짜 멋져

그웬돌린 브룩스

골든 셔블 당구장에서
당구 치는 일곱 명.

우린 진짜 멋져, 우리
학교는 땡 쳤지, 우리

늦게까지 처박혀, 우리
공은 잘 쳐, 우리

나쁜 짓은 안 가려, 우리
술은 끝내줘, 우리

6월을 재즈로 뒤흔들어, 우리
그러곤 빨리 죽지.

유명한 미국 시인 그웬돌린 브룩스는 어느 낭독회에서 시를 소개
했다. 그녀는 이 시의 유명세가 다른 시를 가렸다고 유머러스하
게 언급하면서 이렇게 이야기했다.

"아마도 〈우린 진짜 멋져We Real Cool〉를 먼저 읽어야겠지요. 젊
은이들 대부분은 이 시로 저를 알고 있어요. 이 시가 싫다는 것
은 아니지만 시 선집을 편집하는 사람들이 제가 다른 시도 몇 편
은 썼다는 걸 좀 알아줬으면 좋겠어요."

그리고 그녀는 본격적인 이야기를 시작했다. 이 시는 어느 재
즈 밴드 이름의 뿌리가 되었고 대학 강의실에서도 읽히며 사람
들이 가장 좋아하는 시 목록에 오르고 브로드웨이 연극 〈파이
프라인Pipeline〉의 중심 소재로 사용되었으며 무엇보다도 많은
사람들의 삶을 바꾸어 놓았다. 그녀가 시를 쓴 경위는 다음과
같다.

어느 날 오후, 수업 시간에 우리 동네 당구장 앞을 지나가
고 있었어요. 그 안에 아이들 몇이 모여 있는 게 보였지요.
이 시에서는 일곱 명이라고 말합니다. 그 애들은 당구를
치고 있었어요. 그런데 저는 '왜 얘네는 학교에 안 가지?'
라고 묻는 대신 '얘네는 자신을 어떻게 생각할까?'라고 물
었어요. 아마도 그들은 자신을 사회체제에 반항하는 존재
라고 여길지도 모른다고 생각했지요. 저는 그 체제를 6월

이라는 달로 표현했어요. 6월은 모두가 좋아하는, 상냥하고 온화하고 논쟁거리도 없고 즐겁고 향기로운 달이잖아요. 이 시는 여기저기서 금지되기도 했어요. 재즈jazz라는 단어 때문이었지요. 어떤 이들은 재즈를 성적인 암시라고 여겼습니다. 그게 제 의도는 아니었어요. 물론 누군가에게 도움이 된다면 딱히 반대하진 않지만요. 하지만 나는 음악을 떠올리고 있었어요.

24개의 단어로 이루어진 짧은 시가 이렇게 강력한 인상을 주다니 놀라운 일이다. 일종의 재즈 하이쿠라고도 할 만하다. 전체 단어 중 3분의 1은 우리we로 이루어져 있는데 그만큼 10대들의 관심이 거의 온통 스스로에게 쏠려 있다는 뜻이기도 하다.

그들은 먼저 "우린 진짜 멋져"라고 허세를 부리며 시작한다. 당대 재즈 문화에서 나온 표현이다. 다음에는 또 하나의 자랑이 이어진다. "학교는 땡 쳤지, 우리" 기성 체제에 대놓고 코웃음을 치는 대목이다. "늦게까지 처박혀, 우리"라는 말은 어슬렁거리며 말썽거리를 찾는 이들의 모습을 떠올리게 한다. "공은 잘 쳐, 우리"라고 자랑할 때 그들은 아마 당구 실력을 말하는 것이겠지만 은연중에 어른거리는 폭력의 기운을 지우기 어렵다.

다음 두 행 "나쁜 짓은 안 가려, 우리"와 "술은 끝내줘, 우리"는 모호하고도 매혹적인 구절이다. 범죄를 입에 올리고 있는 걸까, 술을 물에 타듯 싼값에 즐긴다는 걸까? 바로 이 애매함 속에서 위협의 기운이 피어난다. "6월을 재즈로 뒤흔들어, 우리"라는 구절에 대한 시인의 해명도 흥미롭다. 브룩스 자신은 성적인 의미를 싣지 않았다고 말하지만 연극 〈파이프라인〉에서 배우는 이 대목을 분명히 성적 뉘앙스로 연기했다.

모든 자랑과 허세는 충격적인 마지막 행에서 순식간에 무너진다. "그러곤 빨리 죽지." 여기서 10대들은 슬픈 진실을 인정한다. 그들 가운데 많은 이들이 너무 이른 나이에 삶을 마감할 것이라는 사실을 말이다. 그들은 그것을 이미 받아들였고 피할 수 없는 운명으로 여기는 듯하다. 그런데 그 비극의 가능성을 알아보고 헤아려주는 사람은 거의 없다. 지나가던 한 시인만이 걸음을 멈추어 바라보고 그것을 시로 남겼을 뿐이다.

젊은 당구 청소년들의 비극을 사회적, 신경학적, 개인적 관점에서 각각 살펴보자. 시인이 평생의 대부분을 보냈던 시카고 남부 지역은 1960년 〈우린 진짜 멋져〉가 쓰이던 때부터 심각한 폭력으로 몸살을 앓았다. 워싱턴 D.C.의 가장 빈곤한 지역에서 공중 보건 분야 목회자로 일하는 여성 아도라 리Adora Lee는 도시에 사는 젊은 남성들의 문제를 누구보다 잘 알고 있었다. 그녀는 러트거스 대학교 재학 시절, 그웬돌린 브룩스가 직접 〈우린 진짜 멋져〉를 읽어 주는 장면을 뚜렷이 기억한다. 당시 브룩스는 백발의 노년이었지만 당대 젊은이들의 억양과 리듬에 맞춰 시를 낭독해 새로운 세대에게 손을 내미는 듯했다고 한다.

리 자신은 1950~60년대 플로리다의 한 도시에서 자랐다. 그녀의 아버지는 당구장을 운영했고 그곳은 길 잃은 소년들이 모이는 장소였다. 당시 소년들에게는 적절한 교육 프로그램이 없었고 당구장은 자연스럽게 그들이 머무는 공간이 되었다. 그들의 롤모델은 번호를 돌리는 불법 도박꾼들이나 번쩍이는 자동차를 몰고 다니는 어른들이었다. 그런 환경의 소년들이 목숨을 잃을 수도 있는 문제에 연루되기가 얼마나 쉬웠는지 그녀는 생생히 기억한다. 리의 관찰에 따르면 브룩스가 경고한 문제는 지금도 빈곤 지역의 젊은 남성들을 괴롭힌다.

그들은 자신들이 아메리칸 드림을 누리지 못할 것임을 이미 알고 있다. 사회나 가족에 자신이 속한다고 느끼지 못한다. 그래서 일찍 죽을 것이라는 예감을 핑계로 "어차피 곧 죽을 테니 지금이라도 즐기자"라는 태도가 생겨났다. 특히 남성들은 적절한 남성 롤모델의 부재 때문에 더 취약해 보인다.

뉴욕대 사회학 교수 패트릭 샤키Patrick Sharkey는 1990년대 이후 도시 폭력이 전반적으로 줄었는데도 불구하고 폭력은 미국 도시들이 마주한 기본적이고 구조적인 도전이라고 지적한다. 게다가 2014년 이후 폭력이 다시 증가하는 추세다.

청소년기와 위험 추구 성향

——————— 청소년기의 위험 추구 행동을 이해하기 위

해 나는 캘리포니아대 샌디에이고 캠퍼스의 정신의학자 제이 기드Jay Giedd를 인터뷰했는데 그는 잘 알려진 사실을 다시 확인시켜주었다. 청소년기 남자아이들은 여자아이나 성인 남성보다 위험한 행동을 훨씬 더 자주 시도한다는 것이다.

기드는 이러한 경향이 청소년기부터 시작해 약 25세까지 이어지며 배경에는 도파민 시스템의 급격한 변화가 있다고 설명했다. 이러한 행동 패턴은 설문 조사뿐 아니라 도박이나 베팅 게임 같은 실험에서도 정량화할 수 있다고 그는 덧붙였다.

청소년의 위험 추구 행동은 생물학적 영향과 사회적 영향이 모두 작용한 결과로 보인다. 위험을 무릅쓰는 행동은 또래에게 잘 보이려는 욕구와 자주 연결된다. 고등학교 주차장을 차로 빠져나가는 학생들을 관찰한 연구자들은 남학생이 혼자 있을 때보다 다른 남학생들과 함께 타고 있을 때 더 빠르게 주차장을 나간다는 사실을 발견했다. 마찬가지로 한 차에 남학생이 네 명 있을 때는 한 명만 있을 때보다 안전벨트를 맬 가능성이 더 낮다. 흥미롭게도 차에 여자아이가 한 명 타고 있으면 남학생은 더 천천히 운전한다. 연구 결과는 〈우린 진짜 멋져〉와도 관련 있어 보인다. 골든 셔블 당구장의 일곱 명이 서로를 부추겨 시에 열거된 여러 행동을 했을 수도 있기 때문이다. 이것은 시 속에서 반복되는 우리라는 단어에 추가적인 의미를 부여한다.

존의 이야기:
시는 내 생명을
구했다

─────── 나에게 이 시를 알려준 사람은 존이다. 그
가 〈우린 진짜 멋져〉를 '페이보릿 포엠 프로젝트'에 보내면서 주
목하게 됐다. 그를 인터뷰했을 때 그는 스무 살이었고 자신을 크
고 다정한 사우스보스턴의 아일랜드계 가톨릭 가정 출신이라며
우리는 가난했지만, 그걸 몰랐다고 말했다. 그는 열네 살이던 고
등학교 1학년 때 이미 술을 포함한 약물 사용 문제를 겪기 시작
했다. 가족 중 한 사람이 폭력 범죄의 피해자가 되었다는 소식을
들었을 때 그는 완전히 압도당한 느낌을 받았고, 곧 큰일을 저지
를 지경에 이르렀다. 잔혹한 행위에 대해 어떻게든 복수하고 싶
은 생각에 사로잡힌 것이다. 그는 자신이 PTSD를 겪었고 분노를
다루기 위해 술과 약물을 사용한 것 같다고 했다.

　한 영어 교사가 존에게 무엇인가 심상치 않은 일이 있다는 것
을 알아차리고 방과 후 교실에 남게 했다. 무슨 일이 있었는지 듣
고 나서 그녀는 보복을 말리며 대신 일기를 쓰기 시작해 보라고
제안했고 그는 실제로 그렇게 했다. 그의 글은 곧 시의 형태를 띠
기 시작했고 시의 박자를 맞출 때마다 그는 샌드백을 두들길 때
와 같은 해방감을 느꼈다. "거기에는 리듬이 있었다." 그는 쓰고,
고치고, 다시 돌아가고를 집요하게 반복하며 부끄러움과 두려움
으로 가득 찬 글을 써 내려갔다. 교사는 그의 글을 읽고 수정할
점을 제안했다.

시는 존의 삶에서 큰 비중을 차지하게 되었다. 그는 세 군데의 고등학교에서 쫓겨나는 상황에서도 계속 시를 썼다. 세 번째 학교에서 그는 학생들을 더 잘 끌어들이고 음악과 연결하기 위해 저널리즘 수업을 시로 바꾸자고 설득했다. 그는 〈우린 진짜 멋져〉를 좋아했는데 그동안 이해하기 어려웠던 여느 시들과 달리 직설적이며 리듬과 치유와 깊은 관련이 있다고 느꼈기 때문이다. 그는 고등학교에서 수업을 빼먹는 것에서 죽음에 이르기까지의 진행이 얼마나 급격하고 빠르게 일어나는지를 정확하게 묘사한 데에 깊은 인상을 받았다. 창조적인 활동은 존에게 안도감을 주었고 폭력과 음주 같은 파괴적 행동에서 벗어나 보다 창의적인 출구로 향하도록 이끌었다.

존은 다른 친구들도 〈우린 진짜 멋져〉에 깊이 공감한다는 것을 알게 되었다. 그들은 시가 힙합처럼 들리고 시를 보는 눈을 바꾸어 주었으며 자신들에게 도움이 되었다고 말했다. 현재 일상생활로 돌아온 존은 보건 검사관으로 안정적인 직업을 가지고 있다. 그는 〈우린 진짜 멋져〉에 진 빚을 인정하며 이렇게 말한다. "시는 내 생명을 구했다."

시가 건네는
마음 처방전

———— *1. 부모, 교사, 상담자는 아이가 문제를 겪고 있는 조짐을 빨리 발견하고 공감대를 형성하여 효과적으로 개입*

하라. 이런 과정은 단기간에 끝나지 않을 가능성이 크므로 긴 여정을 각오해야 한다. 한 아이의 삶의 궤적을 되돌리기 위해서는 많은 노력이 필요하지만 그 보상은 매우 크다.

2. 학생들은 학교나 가정에서 어려움을 겪을 때 반드시 도움을 청해야 한다. 슬픔, 불안, 절망이 심해진다면 신뢰할 수 있는 어른에게 이야기하고 전문가의 도움을 받아야 한다.

3. 감정을 생산적으로 표현하는 방법으로 시 읽기나 시 쓰기를 고려해 보라.

4. 폭력 충동이 들 때는 잠시 멈추어라. "대신 할 수 있는 다른 일이 있을까? 지금 이야기할 수 있는 사람은 누구일까?"라고 스스로에게 물어보라.

5. 시와 문학은 우리가 혼자가 아니라는 사실을 일깨워준다. 어떤 문제든 누군가는 먼저 겪었고 그 경험 속에 해법이 숨어 있다. 모든 것을 혼자 해결하려 애쓸 필요는 없다.

시인과 시에 대하여

—————— 그웬돌린 브룩스는 1917년 캔자스주 토피카

에서 태어나 시카고에서 자랐다. 어머니는 교사였고 아버지는 의사가 되고 싶었지만 가난 때문에 꿈을 이루지 못하고 청소부로 일했다. 부모는 그녀가 독서와 학업에 열중하도록 격려했다.

브룩스는 매우 수줍음 많은 소녀였지만 어린 시절부터 시를 쓰기 시작했다. 16세에 이미 75편 이상의 시를 발표했다. 학창 시절 세 곳의 학교에 다니면서 인종차별을 크게 경험했다. 이는 불의와 차별에 대한 사회적 인식을 형성하는 데 영향을 주었다. 대학은 2년만 다니기로 결정했는데 그녀의 가장 큰 관심이 글쓰기였기 때문이다.

브룩스는 20세기 미국을 대표하는 시인 가운데 한 사람이 되었고 여러 권의 시집을 출간했으며 많은 상을 받았다. 1950년에는 흑인으로는 처음으로 퓰리처상을 받았고 1968년에는 일리노이주의 시인에 임명되었다. 그녀는 거의 평생을 시카고에서 살며 그곳 사람들의 일상에서 영감을 받았다. 명성이 높아지면서 컬럼비아대를 포함한 여러 기관에서 초빙교수로 강의하기도 했다.

1939년 헨리 블레이클리 주니어와 결혼해 두 자녀, 헨리와 노라를 두었다. 그녀는 2000년, 83세 일기로 세상을 떠났다.

46

Aging by Degrees

조금씩 늙어 간다는 것

내가 늙어 가고 있다는 걸 안다

웬델 베리

내가 늙어 가고 있다는 걸 안다. 그렇게 말하지만
나 자신을 노인이라고 생각하지는 않는다.
나는 미처 예상치 못한 쇠약함을 지닌
젊은이라고 생각한다. 시간은
젊지도 늙지도 않고 다만 새로울 뿐, 언제나
수를 세며, 유일한 종말로 존대한다. 그리고 구름
-단순한 척도나 기하학, 입체파로는 구름을
설명할 수 없고, 육체도 만족스럽게 설명할 수 없다.
이를 위한 과학은 없고, 예술도 없다.
늙은 몸조차 새롭다- 누가 이전에 그것을
알았겠는가?- 새로워지자마자 사라지고,
더 늙은, 또다시 새로운 몸으로 대체된다.
이 습한 계곡 위의 하늘에서 구름은
좀처럼 사라지지 않으며, 나는 강둑에 자라는

한 그루 플라타너스를 바라본다. 그것은

한 노인의 세월처럼 지평선을 가린다.

그리고 그대, 나와 거의 같은 나이가 된

그대 또한 사랑한다. 젊었을 때 사랑하던 그대로.

다만 늙은 내가 그런 일이 가능하다는 사실에

놀라워하며 그에 합당하게 감사할 뿐이다.

⁓

얼마 전 고등학교 줌zoom 동창회에 참석했다. 모두 일흔 살 안팎이고 대부분은 50년 넘게 서로를 보지 못했다. 모임을 앞두고 우리는 사진과 영상을 주고받으며 "하나도 안 변했네", "참 잘 늙었네" 같은 우정 어린 말을 건넸다. 이 마지막 표현이 나이와 나이 들어감, 그리고 두려움의 대상인 늙음이라는 단어에 가장 가까이 간 말이었다. 사회에서도 그 말은 거의 금기어가 될 정도다. 예를 들어 누군가를 친구에게 소개할 때 "내 오랜old 친구 엘레인이야"라고 말했다가 곧바로 "아니, 정말 늙었다는 뜻이 아니고, 오래된long-standing 친구라는 말이야"라고 황급히 고쳐 말한다. 그러면 둘 다 그 완곡어법이 어색해서 살짝 민망하게 웃는다.

이러한 문화적 배경 속에서 웬델 베리가 시의 첫머리에서 내뱉는 선언은 용기 있는 발언처럼 느껴진다. "내가 늙어 가고 있다는 걸 안다." 그러나 누군가를 오랜 친구라고 잘못 소개했다가

급히 말을 고치듯이 베리 역시 곧 자신의 진술을 수정한다. 그는 자신을 노인이라고 생각하지 않는다. 다만 "예상치 못한 쇠약함을 지닌 젊은이"라고 생각할 뿐이다.

베리는 유년기부터 노년에 이르는 과정을 놀라움의 연속으로 포착한다. 생물학은 몸과 마음에 숱한 장난을 친다. 갓난아이는 어느 날 요람에서 기어 나와 걷고 말하고 읽는다. 그러다가 혈류 속에 새 호르몬이 밀려들고 어느 날 문득 여자아이 혹은 남자아이, 혹은 둘 모두에게 새삼스러운 관심이 생긴다. 이어 온갖 일들이 일어난다. 가족, 직장, 경력, 크고 작은 기쁨과 그렇지 않은 일들…. 그러는 사이 사람들은 시간 감각을 잃게 되고 어느새 웬델 베리 곁에 다다라 이 새로운 국면을 이해하려 애쓴다. 마치 "예상치 못한 쇠약함을 지닌 젊은이"가 된 듯한 느낌으로.

〈내가 늙어 가고 있다는 걸 안다〉는 내 또래의 한 심리 치료사가 알려준 것이다. 그는 80대 초반인데 아주 명랑하고 건강하다. 여러 내담자와 친구들에게 시를 건넸는데 모두에게 깊은 울림을 주었다고 한다. 그들 모두 자신이 겪고 있는 익숙한 경험을 누군가가 이토록 정확하게 말로 옮겨 준 것에 위로를 받았다고 했다. "예상치 못한 쇠약함"은 노화 과정에서 달갑지 않은 선물이다. 베리는 여기서 철학적으로 한 걸음 더 나아간다.

시간은
젊지도 늙지도 않고 다만 새로울 뿐, 언제나
수를 세며, 유일한 종말로 존대한다.

화살처럼 앞으로만 나아간다는 개념은 오래되었지만 나이 든 사람에게는 여전히 유의미하다. 그러나 시인은 이런 종말적 필연성을 좀 더 온화한 시각으로 덧칠한다.

늙은 몸조차 새롭다 - 누가 이전에 그것을
알았겠는가? - 새로워지자마자 사라지고,
더 늙은, 또다시 새로운 몸으로 대체된다.

나이 든 몸은 젊은 몸을 대체했지만 새롭게 느껴진다. 시인은 이제 난간을 붙잡아야 한다거나 누군가의 팔을 빌려야 한다거나 새로운 몸이 요구하는 여러 가지 적응을 직접적으로 말하는 대신 그 과정 자체에 대한 호기심과 경이로움에 집중한다.

베리는 구름에 흥미를 느끼며 이를 몸에 비유한다. "하늘에서 구름은 좀처럼 사라지지 않으며," 둘 다 시간이 지나면서 형태가 변하고 사람들도 나이를 먹을수록 시력과 기억력, 사고력이 모두 흐릿해질 수 있다. 그리고 구름은 강둑에 서서 지평선을 가리는 플라타너스처럼 사람들의 시야를 가린다. 살바토레 콰시모도가 늙어 가는 어머니에게 쓴 편지를 떠올려 보라. "이제 안개가 내려앉고." 세월은 점점 짧아진다. 피할 길이 없다. 그렇다면 우리는 무엇에서 위안을 찾을 수 있을까? 아마 사랑일 것이다.

베리는 젊었을 때부터 사랑한 사람을 바라본다. 자신만큼이나 나이가 들었지만 몸과 마음이 쇠약해져 가는 중에도 사랑이 지속될 수 있다는 점에 그는 다시 한 번 놀라고 감사한다.

시가 건네는
마음 처방전

——————— *1. 나이를 먹고 있다는 것을 인정하는 일은 가치가 있다.* 이 부분에서의 정직함은 건강과 안전에 큰 도움을 준다. 질병을 조기에 발견하고 대비하면 많은 사고와 실패를 피할 수 있다. 예전만큼 균형 감각이 좋지 않다는 사실을 받아들여라. 늙어 보일까 하는 부끄러움 때문에 지팡이를 쓰지 않거나 난간을 잡지 않는 일은 삶의 질을 떨어뜨린다. 청력이 둔해졌다면 보청기를 사용하라. 필요할 때 도움을 요청하라. 요컨대 나이 들어 보이는 것에 대한 걱정이 최고의 삶을 방해하지 않도록 하라.

2. 사람은 대부분 서서히 늙는다. 노화의 각 단계는 불편함만이 아니라 새로운 모험이나 기회로 볼 수도 있다.

3. 시간이 줄어든다는 인식은 현실적인 대비와 정서적 수용에 도움이 된다.

4. 사랑은 노년에도 지속될 수 있으며 기쁨과 위로의 원천이 될 수 있다. 오래된 친구들도 마찬가지다. 그들은 당신의 다양한 시기를 기억하기 때문에 노년에 처음 알게 된 사람보다 훨씬 깊이 당신을 이해한다. 그러나 새로운 친구를 사귀기에 늦은 나이는 없다.

5. 여전히 당신에게 기쁨을 주는 것을 붙들어라. 즐거운 순간의
목록을 새겨 두어라.

시인과
시에 대하여

—————————   웬델 베리는 1934년에 태어났으며 문인이자
농부, 환경과 지속 가능한 농업 옹호자, 전쟁에 반대하는 활동가
다. 30권이 넘는 시집으로 가장 잘 알려졌지만 수많은 에세이와
소설도 썼다.

베리의 첫 시집 『부서진 땅The Broken Ground』은 1964년에 출
간되었다. 가장 최근 시집은 『나무 합창단: 안식일 시집 1979-
1997A Timbered Choir: The Sabbath Poems 1979-1997』이다. 일요일 아침마
다 시골 들판을 걸으며 안식일을 지키는 베리의 습관에서 시가
완성되었다.

〈내가 늙어 가고 있다는 걸 안다〉가 마음에 다가왔다면 자연
으로 물러나 내면의 평화를 찾는 과정을 그린 그의 또 다른 대표
작 〈야생의 평화The Peace of Wild Things〉도 좋아하게 될 것이다.

47

The Critical Importance of Communication

소통의 중요성

손 흔든 게 아니라 익사하고 있었어

스티비 스미스

아무도 듣지 못했다, 그 죽은 사람의 말을,
그런데도 그는 여전히 신음하고 있었다.
당신들 생각보다 난 훨씬 멀리 있었고
손 흔든 게 아니라 익사하고 있었어.

불쌍한 친구, 그는 늘 장난을 좋아했지.
그런데 이젠 죽어 버렸네.
물이 너무 차가웠겠지, 심장이 멎은 걸 보니,
사람들은 그렇게 말했다.

오, 아니 아니 아니, 늘 너무 차가웠어
(죽은 사람은 여전히 신음하고 있었다)
나는 평생 너무 멀리 있었고
손 흔든 게 아니라 익사하고 있었어.

〈손 흔든 게 아니라 익사하고 있었어〉는 읽을 때마다 매번 흥미롭다. 첫 두 행을 보자. 첫 행에서 그 남자는 죽어 있다. 두 번째 행에서는 그가 거기 누워 신음하고 있다. 죽은 사람은 신음하지 않는다는 것을 아는 데 의학 학위가 필요한 건 아니다. 그는 독자에게, 아마도 해변에 있던 사람들에게도 자신이 손을 흔들고 있었던 게 아니라 익사하고 있었다고 말하고 있는 셈이다. 죽은 사람의 생각을 내레이션으로 전달하는 영화적 관습에 익숙한 현대인들에게는 이런 장치가 옛날만큼 새롭게 느껴지지 않을 수도 있다. 그러나 죽은 남자가 하는 말은 여전히 우리를 사로잡는다.

당신들 생각보다 난 훨씬 멀리 있었고
손 흔든 게 아니라 익사하고 있었어.

두 번째 연에서 시는 해변에 있는 사람들 쪽으로 초점을 옮긴다. 그들이 그에게 보이는 관심은 대수롭지 않고 거의 냉담에 가까운 무심함이다. 이는 이카로스의 죽음을 다룬 오든의 시에서 구경꾼들이 보였던 반응을 떠올리게 한다. 그들은 형식적인 동정 한마디, "불쌍한 친구"를 건넨 뒤 어리석게도 "그는 늘 장난larking 을 좋아했지"라고 말한다(영국에서 larking은 신나게 놀거나 장난치는 것을 뜻한다). 이어서 "그런데 이젠 죽어버렸네"라는 당연한 말을 이어 가며 물이 너무 차가워 심장이 멎어 버렸을 것이라는 설명으로 비극을 단순화한다. 꽤나 노골적으로 그들은 책임을 죽은 사람에게 전가하고 있다. 그렇게 차가운 물에서 장난치며 놀아서는 안 됐다는 것이다. 다시 말해 불쌍한 친구 자신의 잘못이었다는 말이다.

사람들이 비극과 맞닥뜨릴 때 이런 반응은 흔하다. 사람들은 죽은 이들이 우리와는 어딘가 다르다는 것을, 자신에게 안심시키기 위해 설명을 찾으려고 애쓴다. 그들을 탓할 이유를 찾으려 한다. 그들은 무엇인가 잘못을 저질렀고 다행히 당신은 그런 실수를 피할 만큼 영리하다고 여긴다. 또한 그들 잘못이었으니 그들에게 너무 많은 연민을 베풀 필요가 없다고 느낀다. 다시 시로 돌아가 보자. 죽은 남자가 구경꾼들에게 응답하듯 다시 "말"한다.

오, 아니 아니 아니, 늘 너무 차가웠어
(죽은 사람은 여전히 신음하고 있었다)
나는 평생 너무 멀리 있었고
손 흔든 게 아니라 익사하고 있었어.

시인은 관점을 전환하면서 죽은 남자가 전하는 메시지의 의미를 더 넓히는데 이를 다음과 같이 설명한다.

어쩌면 나는 신문에서 나를 꽤 불편하게 만드는 기사를 읽고 그게 내가 느끼는 것을 쓰고 싶게 만든 것인지도 모른다. 한 번은 어떤 남자가 익사했다는 기사를 읽었다. 그의 친구들은 그가 바다에서 자기들에게 손을 흔드는 줄 알았지만 사실 그는 익사하고 있었다. 이런 일은 수영장이나 바닷가에서 자주 일어난다. 나는 삶에서도 마찬가지라고 생각했다. 많은 사람이 일부러 아주 명랑하고 평범한 사람인 척 가장하지만 사실은 세상에 전혀 편안함을 느끼지 못하고 쉽게 친구를 사귀지도 못한다. 그래서 그들은 계속 농담하고 웃어 보인다. 사람들은 그들이 꽤 괜찮고 아주 명랑하다고 생각한다. 그러나 때때로 용감한 가면이 무너지면 시 속의 가엾은 남자처럼 그들은 길을 잃고 만다.

의사소통의
문제

——   소통은 인간관계의 핵심이다. 어떤 의사를 표현하거나 수용하는 데 문제가 생기면 슬픔과 외로움, 절망으로 이어질 수 있다. 스티비 스미스가 지적하듯이 어떤 사람들은 겉으로 보기에는 멀쩡해 보이지만 실제로는 단절과 소외감을 느낀다. 어떤 이들에게서는 이런 문제가 더 눈에 잘 드러난다.

국립정신건강연구소의 임상·연구 정신과 의사 켄 토빈Ken Towbin은 스미스의 시가 의사소통에 내재한 문제를 잘 드러낸다고 말한다. 그는 사람들이 스스로 전달하고 있다고 생각하는 것과 상대가 실제로 이해하는 것 사이에는 아주 큰 차이가 있을 수 있고, 사람들이 서로를 제대로 이해했다고 잘못 결론 내릴 때 그것이 심각한 고통을 초래할 수도 있다고 지적한다.

소통의 문제는 여러 가지 정서장애를 지닌 사람들에게서 흔히 나타나지만 우리 모두에게서도 미묘한 형태로 나타날 수 있다. 예를 들어 책에서 언급한 사람들을 떠올려 보자. 아내에게 사랑한다는 말을 제대로 건네지 못했던 남자 러스티, 마음에 두었던 여자들이 "그냥 그들에게 관심이 없었다"는 사실을 받아들이기 힘들어했던 두 젊은이, 전쟁에서 돌아온 뒤 가족과도 제대로 소통할 수 없었던 PTSD를 가진 참전 군인들 말이다. 여기에 지금 이 시 속의 불쌍한 남자를 추가할 수 있다. 시인은 남자의 절망이 그의 삶 전체에 걸쳐 이어져 있다고 상상한다. 스미스 자신도 그런 곤경을 누구보다 잘 알고 있었다.

어떤 관계에서든 가장 어려운 일 가운데 하나는 듣는 것이다. 당신은 누군가의 말을 들었다고 생각하지만 정말 제대로 귀 기울여 들었을까? 사람들은 항상 진지하지는 않다. 대개 늘 바쁘고 당장의 일과나 생각을 이어 가고 싶어한다. 이는 이해할 수 있다. 하지만 관계 속에서든 더 넓게는 삶 전체에서든 듣고 주의를 기울이는 일은 중요하다. 스미스가 지적하듯이 소통은 항상 말로만 이루어지지 않는다. 누군가가 바다 저쪽에서 손을 흔들고 있을 때 이렇게 자문해 볼 필요가 있다. "저 사람은 지금 손을 흔드는 걸까 아니면 허우적대는 걸까?"

정신과 수련을 시작했을 때 "제 말 이해하시겠어요?"라고 묻는 환자에게 어떻게 반응해야 하는지 배웠다. 우리가 그 뜻을 안다고 생각하더라도 "네"라고 대답하지 않는 편이 낫다. 사람들은 당신이 자신을 완전히 이해하지 못했을지도 모른다고 걱정하면서 그런 질문을 던지는 경우가 많다. 더 좋은 대답은 이런 식일 것이다. "잘 모르겠어요. 다시 한 번 설명해 주시겠어요?" 누구나 남을 오해할 수도 있고 남에게 오해받을 수도 있다. 하지만 표현이든 수용이든 혹은 둘 다이든 소통에 어려움이 있는 사람들은 특히 취약하다. 이러한 문제는 노력에 따라 개선될 수 있다. 그렇게 되면 그 사람의 인생에 큰 변화가 일어난다.

모든
외로운 사람들

—————— 소통에 어려움을 겪는 사람은 대개 외롭고 그 반대도 마찬가지다. 외로움 때문에 사람들이 남과 소통을 끊어 버리고 그 결과 더 깊은 외로움에 빠지는 악순환이 생길 수 있다. 또는 소통의 어려움이 위축과 사회적 관계의 빈곤을 불러오고 그로 인해 다시 소통 문제가 심해지기도 한다.

지금까지 외로움을 즐거운 경험, 심지어 스릴 넘치는 체험으로 바꾼 사례를 보았지만 여기에서는 외로움이 고통스럽게 표현된다. 실제로도 그런 경우가 많다. 결국 혼자 있는 상태는 자신이 처한 상황을 어떻게 바라보는지에 따라 다르게 느낄 수 있다.

인간의 고통 문제를 깊이 다룬 테레사 수녀는 가장 끔찍한 빈곤은 외로움과 사랑받지 못한다고 느끼는 감정이라고 말했다. 최근 들어 외로움은 건강과 웰빙에 미치는 잠재적 영향과 관련해 연구할 가치가 큰 요소로 떠오르고 있다. 외로움은 심혈관 질환과 우울증을 악화시키는 것으로 밝혀졌으며 이는 사회적 지원으로 어느 정도 완화할 수 있다. 만성적인 외로움은 사망 위험의 증가와도 연관되는데 그 위험이 하루에 담배 한 갑을 피우는 것과 비슷하고 비만이나 운동 부족보다 더 크다. 외로움이나 거절의 고통이 다른 형태의 고통과 동일한 뇌 부위에서 포착된다는 증거도 있다.

외로움이 공중 보건의 핵심 문제라는 점을 인정하면서 영국은 이를 개선하기 위해 장관급 인사를 임명해 여러 대책을 총괄하도록 했다. 일종의 외로움 장관인 셈인데 다른 유럽 국가들도 이를 따른다. 마침내 의학과 과학, 정치 분야도 외로움 문제를 인식하는 데 예술 분야와 보조를 맞추게 되었다.

1966년 비틀스는 〈엘리너 리그비Eleanor Rigby〉라는 감성적인 노래를 발표했다. 결혼식이 끝난 교회에서 쌀을 줍는 외로운 여인의 이름을 딴 이 노래는 "모든 외로운 사람들을 보라"고 호소하며 감동적인 메시지를 전한다. 마찬가지로 〈손 흔든 게 아니라 익사하고 있었어〉에서 시인은 한 남성의 죽음을 극적으로 표현하면서 고립과 절망 속에서 살아가는 사람들에게로 시선을 돌리게 만든다.

절망의
죽음

———   2015년, 프린스턴대 경제학자 앤 케이스Anne
Case와 앵거스 디턴Angus Deaton은 절망의 죽음deaths of despair이라
는 용어를 만들었다. 미국에서 4년제 대학 학위가 없는 근로 연
령층 남녀가 자살, 약물 과다 복용, 알코올 관련 간 질환 때문에
전례 없는 비율로 죽고 있다는 사실을 설명하기 위해서였다. 실
제로 2017년 사망률은 1년 내내 보잉 737 여객기 세 대가 매일
하늘에서 떨어지는 것과 맞먹는 수준으로 나타났다.

연구자들은 이런 현상을 경제적 요인과 연결 지었다. 특히 소
득 불평등과 경제적 기회 상실, 힘든 상황에 처한 사람들을 보호
해 줄 안전망 부재, 그리고 디턴의 표현을 빌리면 삶의 구조가 서
서히 무너져 가는 듯한 느낌이 그것이다. 연구는 미국에 초점을
맞췄지만 연구자들은 이런 결과를 자본주의 전반과 연결해 생각
한다. 최근 보고는 영국에서도 같은 양상이 반복되고 있음을 보
여준다. 다시 말해 최근의 과학적 관찰은 어떤 사람들은 손을 흔
드는 것이 아니라 익사하고 있다는 스미스의 통찰이 사실임을
입증해 주는 셈이다.

시가 건네는
마음 처방전

————————   *1. 가능하다면 누군가가 고통을 신호로 보내*

고 있을지도 모른다는 점을 염두에 두고 주변에 귀를 기울여라. 누군가를 이해하고 그것을 드러내는 것 자체가 하나의 선물이다. 시에서처럼 말뿐만 아니라 비언어적 방식으로도 소통할 수 있다는 점을 기억하자.

2. 제때 도움이 되는 방식으로 반응하라. 적절한 순간에 건네는 몇 마디 친절한 말이나 사려 깊은 몸짓이 한 사람의 삶에 큰 변화를 가져오고 오랫동안 기억된다.

3. 외로워 보이는 사람을 발견하면 좋은 말을 건네거나 다정하게 행동하라. "그 옷 참 잘 어울리네요" 같은 작은 칭찬 한마디만으로도 누군가의 하루를 훨씬 밝게 만들 수 있다.

4. 자신이 괴롭다고 느낄 때는 그 사실을 다른 사람에게 밝혀라. 처음에는 별 반응이 없어도 그들이 일부러 무시하거나 무관심해서라고 단정 짓지 말자. 그저 신호를 제대로 알아채지 못한 것일 수도 있으니 목소리를 조금 더 분명히 내거나 제스처를 더 크게 해 보아라.

5. 당신과 배우자나 친구 사이에 갈등이 있거나 의견이 맞지 않다고 느끼면 혹시 소통에 문제가 있는 것은 아닌지 감정이 섞이지 않은 중립적인 방식으로 명확히 확인하라. 서로 오해가 있을 수 있다는 데 동의하면 다시 관계의 균형을 잡을 기회가 생긴다.

시인과
시에 대하여

─────────── 스티비 스미스(1902~1971)는 영국의 시인, 소설가, 단편 작가, 평론가다. 촐몬들리 상과 여왕의 금메달을 받았다. 스미스의 명성은 세월이 지나면서 더 높아졌는데 〈손 흔든 게 아니라 익사하고 있었어〉는 1995년 BBC 조사에서 가장 사랑하는 시 가운데 2위로 꼽혔다. 그녀는 가장 많이 선집에 실리는 여성 시인 중 한 사람이다. 그녀의 삶을 바탕으로 한 희곡 〈스티비〉는 글렌다 잭슨 주연의 영화로 각색되기도 했다.

스미스는 정서적으로 매우 취약했고 간헐적인 우울증을 평생 겪었다. 네 살 때 아버지가 집을 떠나고 다섯 살 때 어머니와 오래 떨어져 지내야 했으며 열여섯 살 때 어머니를 잃은 것은 그녀에게 커다란 초기 상실 경험이었다. 이런 상실이 이후 삶에서 우울증과 연관된 것으로 알려져 있다. 네 번째 시집인 『해럴드의 도약Harold's Leap』(1950)의 표제 시는 자살을 묘사하는데 자살은 그녀가 가끔 되씹는 주제였다. 1953년에는 임상적 우울증에 빠졌다. 〈손 흔든 게 아니라 익사하고 있었어〉를 쓴 지 두 달 뒤 그녀는 직장에서 일하다가 손목을 그어 자살을 시도했다. 시에서 물에 빠진 남자에게 그녀가 보이는 공감은 어쩌면 그녀 자신이 손을 흔든 게 아니라 익사하고 있음을 시사하는 것일지도 모른다.

스미스는 사교 범위가 넓었고 다른 작가들과 편지를 많이 주고받았는데 그 가운데는 조지 오웰도 있었다. 하지만 사랑과 남자는 그녀의 삶에서 두드러진 자리를 차지하지 못했다. 한 번 약혼했던 적은 있지만 결혼은 자기에게 맞지 않는다고 여겼다. 그녀는 이렇게 썼다. "결혼이란, 내 생각에 / 여자들에게 / 최고의 아편 / 생각을 죽인다." 1970년 스미스는 뇌종양을 앓기 시작했고 이듬해 세상을 떠났다.

48

Should You Rage?

분노해야 할까?

저 어두운 밤으로 순순히 들어가지 마라

딜런 토머스

저 어두운 밤으로 순순히 들어가지 마라.
노년은 날이 저물수록 불타고 포효해야 하니
꺼져 가는 빛을 향해 분노하라, 분노하라.

현자들은 마지막에 어둠이 옳다는 걸 알면서도
그들의 말로 번개 하나 일으킬 수 없었기에
저 어두운 밤으로 순순히 들어가지 않는다.

선한 이들은 마지막 파도 끝에서 그들의 나약한 선행이
푸른 만에서 춤출 수 있었으리라고 울부짖으니
꺼져 가는 빛을 향해 분노하라, 분노하라.

방탕한 자들은 날아가는 태양을 붙잡고 노래했으나,
지는 해를 슬퍼했다는 걸 너무 늦게 깨달았기에

저 어두운 밤으로 순순히 들어가지 마라.

위독한 자들은 희미해져 가는 시력에도 불구하고
눈먼 동자가 유성처럼 불타고 빛나는 걸 보기에
꺼져 가는 빛을 향해 분노하라, 분노하라.

그리고 당신, 슬픔의 언덕에 선 아버지여,
지금 당신의 격렬한 눈물로 절 저주하고 축복해 주세요.
저 어두운 밤으로 순순히 들어가지 마십시오.
꺼져 가는 빛을 향해 분노하세요, 분노하세요.

∽

조는 동네에서 언제나 눈에 띄는 사람이었다. 멀리서도 알아볼
수 있었다. 큰 체구에 건강한 얼굴, 힘과 생명력이 느껴지는 모습
으로 그는 정원 일을 하고 잔디를 깎고 거대한 잉글리시 마스티
프와 산책하곤 했다. 그러나 병이 그를 무너뜨렸다. 한 가지 암
이 찾아오더니 또 다른 암, 또 다른 암이 이어졌다. 그는 매번 싸
웠다. 그는 내게 명상에 관한 조언을 구했고 그것은 그가 수술을
받아들일 수 있도록 도와주었다.

　그때 나는 조의 진면목을 알게 되었다. 그는 뉴잉글랜드 출신
으로 노조를 위해 협상을 담당한 사람이었다. 그 일에는 강철 같

은 강단이 필요했다. 그는 어느 날 누군가가 그를 겁주려고 다이너마이트를 집 현관 앞까지 가져다 놓은 적이 있다고 말했다.

그는 동양 유물을 수집했다. 거대한 테라코타 병사의 석제 복제품, 선명한 색조와 기묘한 무늬를 지닌 아름다운 수석들, 조각된 공예품들…. 작은 구멍이 뚫린 나무 상자처럼 생긴 유물도 있었는데 그것은 옛날 후궁들이 귀뚜라미를 안에 넣어 길고 외로운 기다림의 밤 동안 울음소리를 벗 삼기 위해 만들었다고 전해지는 물건이었다.

한 번은 내가 조의 집을 떠나려 할 때 그는 말했다. "난 아직 저 어두운 밤으로 순순히 들어가지 마라고 말할 준비가 되지 않았어. 차라리 이렇게 말하고 싶어. 겁쟁이는 천 번 죽고, 용감한 자는 한 번 죽는다." "그럼 언제쯤 딜런 토머스를 인용할 준비가 될 것 같아?" 하고 내가 물었다. "마지막 선택지가 항복하는 것뿐일 때겠지."

이 유명한 시의 첫 구절은 딜런 토머스의 가장 위대한 작품으로 널리 알려져 있다. 아마도 지금까지 쓰인 빌라넬 중 가장 훌륭한 작품일 것이다. 이제는 하나의 관용어처럼 쓰인다. 내가 책을 쓰고 있다는 이야기를 들은 어떤 사람이 이렇게 말한 적이 있다. "시라는 건 잘 모르지만 저 어두운 밤으로 순순히 들어가지 마라라는 말은 들어 봤어요. 아는 건 그게 다예요."

책에서 다른 빌라넬 두 편을 만난 것을 기억할 것이다. 1장에서 다룬 〈한 가지 기술〉과 39장의 〈깨어남〉이다. 토머스의 시는 언어적 기교가 눈부실 만큼 뛰어나서 자칫하면 말의 화려함에 빠져 의미를 놓치기 쉽다. 그러니 이제 그 내용을 함께 찬찬히 들여다보자.

첫 연은 명확하다. 시인은 죽음 앞에서 분노하라고 주장한다. 이어지는 4개의 연에서 그는 서로 다른 이유로 분노하는 네 부류의 사람들을 나열한다. 죽을 때가 되었음을 알면서도 자기 말이 세상에 거의 영향을 미치지 못했다는 이유로 분노하는 현자들, "나약한 선행"이 세상에 더 큰 파문을 일으켰기를 바라는 착한 사람들, 삶이 얼마나 덧없는지 고려하지도 않은 채 "날아가는 태양을 붙잡고 노래하는" 난잡한 사람들, 마지막으로 "위독한 자들은 희미해져 가는 시력에도 불구하고 / 눈먼 동자가 유성처럼 불타고 빛나는 걸" 보는 사람들….

이들은 시력이 사라져 가는 순간에도 자신이 얼마나 강렬한 기쁨을 느낄 수 있는 존재인지를 죽음 직전에 이르러서야 깨닫게 된 사람들이다. 그런 점에서 토머스는 밀턴이나 호메로스와 같은 눈먼 시인의 문화적 전형에 경의를 표하고 있다.

마침내 마지막 4행에서 반전이 드러난다. 그와 함께 〈한 가지 기술〉을 연상시키는 깨달음이 찾아온다. 시인은 독자뿐만 아니라 죽어 가는 아버지에게도 말을 건네고 있었다!

왜 시인은 아버지가 자신을 저주해 주기를 바랄까? 정확한 이유는 모르겠지만 시인의 전기를 보면 아버지가 그에게 화를 낼 만한 이유가 충분히 많다는 점을 알 수 있다. 죽어 가는 부모를 눈앞에 둔 많은 아들딸은 자신이 충분히 좋은 자식이 아니었다는 죄책감을 느끼며 저주까지는 아니어도 꾸지람을 들어야 한다고 여길지도 모른다. 혹은 시인이 아버지를 잃는 데 대한 분노를 투사하면서 함께 그 분노를 불태우기를 바라는 것일 수도 있다.

덧붙이자면 뛰어난 낭독자이기도 했던 딜런 토머스가 직접 이 시를 읽은 음성이 남아 있다. 그 녹음을 한번 들어 보기를 바란다. 마지막 연에 도달할 때도 눈물이 나지 않았는지 스스로 확인해 보라. 아마도 저주curse에서 축복bless 으로 넘어가는 대목에서 그의 목소리 톤이 달라지는 것을 들을 수 있을 것이다. 곧 아버지를 잃게 된다는 분노가 죽어 가는 부모의 마지막 축복을 갈망하는 장성한 자식의 그리움으로 바뀌는 그 순간을.

죽음과
분노

—— 엘리자베스 퀴블러 로스는 죽음과 임종의 심리적 단계 이론을 처음 제시한 선구자다. 그녀의 모델은 오늘날 다소 비판을 받지만 그녀가 말한 여러 단계는 지금도 자주 목격된다. 다만 꼭 그녀가 제시한 순서 그대로 나타나는 것은 아니다. 로스에 따르면 분노는 부정 이후에 오는 두 번째 단계다. 그녀의 유형론을 받아들이든 아니든 죽어 가는 과정에서 분노가 나타날 수 있다는 점은 분명하다. 잃는 것이 너무 많다는 점을 고려하면 놀라운 일이 아니다. 이 시는 아들이, 아버지가 죽음을 받아들여야 하는 상황에 대한 분노를 표현하여 마음이 조금이라도 편안해지길 바라는 것이 아닐까 한다.

불길처럼 타오르는
분노

────── 　　　지금까지 나는 분노를 화와 동일시했지만 불같이 타오르는 욕망이라는 표현에서 보듯 격렬한 열정이라는 의미도 있다. 이런 불같은 열정을 토머스의 전기 곳곳에서 발견할 수 있다. 이런 관점에서 볼 때 빛이 사라지고 밤이 다가오더라도 아버지가 삶에 대한 열정을 지키며 격렬하게 살아가길 바라는 그의 마음을 이해할 수 있다.

시가 건네는
마음 처방전

──────────── 　　　*1. 분노는 죽음을 앞둔 사람에게 나타나는 자연스러운 감정이다.* 사랑하는 이들이 이런 감정을 이해하고 받아들인다면 큰 위로가 될 수 있다.

2. 과도한 분노는 죽어 가는 사람을 더 힘들게 할 수도 있다. 이 경우 전문가의 도움을 받는 것이 좋다.

3. 가까운 사람이 죽어 가는 상황에서 심하게 화가 나거나 동요된다면 현명한 친구나 친척과 의논하는 것이 도움이 된다. 이런 감정은 슬픔의 다른 표현일 수 있으며 중요한 시간에 더 가치 있는 방식으로 정서적 에너지를 쏟는 일을 방해할 수도 있다.

4. 사랑하는 사람이 죽고 난 뒤 분노가 나타나는 것은 드문 일이 아니다. 의사나 경찰의 처분 등 그 죽음과 관련된 특정 불만이 있더라도 행동에 나서기 전에 자신의 슬픔을 먼저 돌볼 시간이 필요하다. 그렇게 함으로써 상황을 바라보는 관점을 정리할 수 있고 실제 행동에 나섰을 때도 더 효과적으로 대처할 수 있다.

시인과
시에 대하여

──────────── 딜런 토머스는 1914년 웨일스 스완지에서 태어났다. 아버지는 존경받는 교사였고 어머니는 전업주부였다. 그는 두드러진 성적을 보인 학생은 아니었지만 16세에 학교를 그만두고 지역 석간신문에서 일하기 시작하면서 일찍부터 글쓰기에 관심을 보였다. 곧 시를 쓰기 시작했고 20세가 되기 전에 첫 시를 발표했다. 토머스의 시는 T. S. 엘리엇과 스티븐 스펜더 같은 저명한 시인들의 눈에 띄었고 그들의 도움으로 첫 시집 『열여덟 편의 시Eighteen Poems』를 출간했다. 이어서 두 번째 시집 『스물다섯 편의 시Twenty-Five Poems』를 펴냈다.

토머스는 시인으로서 명성이 높아진 동시에 1930년대 중반 런던 문단에서 장난기 많고 스캔들을 몰고 다니는 인물로 이름을 떨쳤다. 그는 원고료만으로는 수입이 부족했기 때문에 부유한 친구들에게 자주 의지했다. 1937년에는 강인한 여성인 케이틀린 맥나마라와 결혼했는데 그녀는 술과 성에 대한 그의 열정을 공유했다. 그는 제2차 세계대전에서의 군 복무와 전시 관련 업무를 둘 다 피해 가면서 친구에게 "난 언제나 시인이 되어 잔꾀와 맥주로 살겠다"고 쓴 적도 있다.

이후 토머스는 BBC에서 각본가이자 방송인으로 일하며 재정적으로 좀 더 안정됐다. 그의 말투와 낭독 방식은 방송계에서 큰 인기를 끌었다. 그는 미국으로 건너가 낭독과 강연을 하며 짭짤한 수입을 올렸고 그곳에서 무모한 삶을 사는 위대한 시인이라는 일종의 컬트적 인물로 받아들여졌다.

형식과 내용 모두에서 완벽에 가까운 〈저 어두운 밤으로 순순히 들어가지 마라〉를 생각하면, 그런 열정과 각오로 이토록 기념비적인 작품을 바칠 수밖에 없었던 그의 아버지는 어떤 사람이었을까 궁금해진다. 토머스의 손녀 한나 엘리스에 따르면 토머스는 아버지 데이비드 존D. J.을 사랑하고 존경했다. D. J.는 지혜롭고 학식이 풍부하면서도 아들의 야망을 전폭적으로 지지해 준 사람이었다. 집에는 책이 가득했고 토머스는 눈에 들어오는 것은 무엇이든 읽을 수 있었다. 엘리스의 할머니에 따르면 토머스는 언제나 자신뿐 아니라 아버지를 기쁘게 하려고 시를 썼다. D. J.는 매우 존경받는 영어 교사였으며 교실에서 시를 소리 내어 읽으며 학생들에게 모범을 보여주었다.

D. J.는 토마스가 19세 때인 1933년에 구강암 진단을 받아 방사선 치료를 위해 런던까지 가야 했다. 치료를 받고 건강이 어느 정도 호전되기는 했지만 완전히 회복되지는 못했다. 말년에 이르러 D. J.와 토머스는 함께 〈런던 타임스〉의 가로세로 낱말 퍼즐을

풀며 시간을 보냈다. 당시 D. J.의 시력은 점점 나빠지고 있었고 이것이 시의 다섯 번째 연에 영향을 미쳤을지도 모른다.

위독한 자들은 희미해져 가는 시력에도 불구하고
눈먼 동자가 유성처럼 불타고 빛나는 걸 보기에

아버지가 죽어 가는 동안 토머스는 시를 쓰며 친구에게 이렇게 편지를 썼다. "아버지는 이 시를 보여줄 수 없는 단 한 사람일 뿐만 아니라 자신이 죽어 가고 있다는 것도 몰라."

엘리스에 따르면 1952년 아버지의 죽음은 토머스에게 엄청난 충격을 주었다. 그해는 그의 정신 건강이 급격히 악화된 해다. 슬픔과 함께 토머스는 기진맥진한 상태로 건강이 나빠졌고 결혼 생활은 삐걱거리고 글쓰기도 막혀 빚은 눈덩이처럼 불어났다. 이런 내리막길은 결국 1년도 지나지 않아 그의 죽음으로 이어졌다.

49

Or is it Time to Go Gently?

죽음을 순순히 받아들여야 하나?

내가 죽음을 위해 멈출 수 없기에

에밀리 디킨슨

내가 죽음을 위해 멈출 수 없기에-
그가 친절하게도 날 위해 멈춰 섰네-
마차는 우리 둘만 태웠네-
아 그리고 불멸도.

우리는 천천히 나아갔네-
그는 바쁠 게 없었지.
나도 일과 여가를 내려놓았네.
그의 정중함에 맞추어서-

우리는 아이들이 쉬는 시간에- 함께 노는-
학교를 지나고,
곡식이 익어 가는 들을 지나고-
석양을 지나갔네-

아니 그보다- 그가 우리를 지나갔지-
이슬이 차갑게 흔들리며 스며들었네-
거미줄같이 가벼운 내 가운-
얇은 망사 베일에-

우리는 이윽고 한 집 앞에 멈추었네
땅이 불룩 솟은 듯한-
지붕은 거의 보이지 않았고-
처마 장식은 땅 밑에 있었네-

그때로부터- 몇 세기가- 지났지만
하루보다 더 짧게 느껴지네.
내가 처음 말머리가 영원을 향해 있다고
생각했던 그날보다-

에밀리 디킨슨은 이 시에서 삶의 커다란 미스터리 중 하나인 죽음을 다룬다. 죽음은 어떤 장소일까, 하나의 상태일까, 운명일까, 영원한 집일까, 침묵의 땅일까? 어떤 이름을 붙이든 결국 죽을 때 무슨 일이 일어나는지는 아무도 확실히 알지 못한다. 우리는 하프를 연주하는 천사를 만나게 될까? 아니면 천국의 문 앞에서 베드로나 그의 사자들을 만나 입장할 자격이 있는지 심판을 받게 될까? 아니면 생각만 해도 끔찍하지만 결코 꺼지지 않는 불길에 갇히게 될까? 어쩌면⋯ 아무것도 없을까?

시를 통해 디킨슨이 그린 죽음의 모습을 볼 수 있다. 그녀는 아이러니한 어조로 시작한다. 그녀는 죽을 틈이 없을 만큼 바쁘다. 그래서 죽음이 관대하게 그녀의 사정을 봐준다. "걱정 마세요, 디킨슨 양." 죽음이 이렇게 말하는 소리가 들리는 듯하다. "얼마나 바쁜지 아니까, 제가 직접 들러 모시고 가지요."

그리고 그녀는 마차 위에 있다. 그곳에는 에밀리와 죽음, 불멸만이 있을 뿐이다. 불멸이 그녀에게 어떤 의미였을지 궁금하다. 불멸의 영혼이라는 전형적인 의미였을까? 너무 앞서 나가는 상상일지도 모르지만 인간적인 의미에서 영원히 남게 될 자기 작품의 가치를 어느 정도 짐작했던 것일까? 우리 안에 절대 죽지 않는 어떤 것이 있다는, 추상적이고 신비로운 감각을 가리킨 것일까?

마차는 천천히 나아간다. 이상적으로 죽음은 존엄한 일이어야 한다. 죽음은 안도감을 가져오고 그녀의 일이 끝났다는 최종 결산을 가져오지만 동시에 여가도 끝났다는 것을 의미한다. 죽음은 점잖다. 마지막 길로 떠나는 이를 태운 기사답게 예의를 지킨다. 최종 목적지로 가는 길에 죽음은 인생의 여러 단계를 상징하는 익숙한 이정표를 그녀에게 보여준다. 어린 시절, 생산적인 시기, 그리고 석양.

끝에서 두 번째 연에서 시인은 자신을 정정한다. 그들이 지는 해를 지나간 것이 아니라 해가 그들을 지나간 것이다. 수동적인 이미지로 옮겨 가면서 시인은 자신이 이 여정에 능동적으로 참여하고 있다는 환상을 내려놓는다. 이제 일어나는 일은 그녀에게 '벌어지는' 일이다. 죽음이라는 관념이 그녀의 상상 속에서 더 현실적으로 다가왔다. 그러자 디킨슨은 자기 몸에서 일어나는 변화를 느낀다. 몸이 점점 차가워진다.

이슬이 차갑게 흔들리며 스며들었네-

그녀는 거미줄처럼 가늘고 투명한 실로 짠 드레스를 입고 있다. 마치 수의를 걸친 듯한 모습이다. 어깨에 두른 긴 스카프는 베일에 쓰이는 가볍고 여린 천으로 만들어져 있다.

그들은 그녀의 새집, 즉 무덤 앞에 멈춰 선다. 물론 지붕은 거의 보이지 않는다. 처마 장식은 말할 것도 없이 땅속에 묻혀 있다. 여기서 시인의 여정은 끝난다. 시간 감각이 모두 사라진다. 수 세기가 흘렀지만 그녀에게는 이렇게 느껴진다.

하루보다 더 짧게 느껴지네.
내가 처음 말머리가 영원을 향해 있다고
생각했던 그날보다-

시는 신비로운 분위기로 끝나며 죽음의 신비를 더욱 강화한다. 죽음은 끝일까 아니면 영원일까? 아무도 모른다.

시의
분위기

———————   당신은 시의 분위기나 시인이 시를 쓸 당시
의 마음가짐을 어떻게 느끼는가? 시를 읽고 나면 어떤 기분이 드
는가? 나는 시인이 무심하거나 좀 더 의학적인 표현으로 말하자
면 분리된 상태처럼 보인다. 마치 자신에게 벌어지는 일을 자기
바깥에서 바라보는 듯한 느낌이다.

문학에서 이러한 분리의 예 중 내가 가장 좋아하는 것은 찰스
디킨스의 『어려운 시절』에 나온다.

"어머니, 어디 아프세요?"
"방 안 어딘가에 통증이 있는 것 같구나."
그래드그라인드 부인이 말했다.
"하지만 그게 정말 내가 느끼는 통증인지는 단정할 수 없
구나."

시인은 아마 자신에게 이렇게 말하는 것처럼 보인다. "여기 어
딘가에서 죽음이 일어나고 있지만 그게 꼭 나에게 벌어지는 일
이라고 단정할 수는 없어." 시는 걱정할 일은 아무것도 없는 것처
럼 일종의 거리감, 무심함을 불러일으킨다. 마부는 품위 있고 모
든 일은 정해진 절차를 따라 흘러간다. 땅속의 집은 잘 준비되어
있다. 기다리는 것은 영원뿐인데 수 세기가 흘러도 그것은 하루
보다 짧게 느껴진다.

앞에서 언급했듯이 엘리자베스 퀴블러 로스는 죽어 가는 사람이 거치는 여러 심리 상태를 제시한 바 있다. 마지막 단계는 수용이다. 어쩌면 바로 이 단계(그리고 분리 상태)가 시가 주는 진정 효과의 원인일지도 모른다. 안나 아흐마토바의 〈선고〉에서도 분리의 또 다른 예를 보았다. 그 시에서는 시인이 고통스러운 기억을 억누르고 잊으려고 애쓴다. 분리의 신경화학적 기제는 잘 이해가 안 되지만 일부는 내인성 아편계뇌에서 자연적으로 생성되는 통증 억제물질와 관련 있을 것이라고 추정한다.

시가 건네는
마음 처방전

——————————— *1. 죽음을 맞이하는 방식은 정말 많다. 그 가운데 하나가 바로 거리 두기와 수용이다.* 명상을 규칙적으로 실천하면 거리 두기(혹은 비집착)의 기술을 기를 수 있고 언제 어떻게 사용할지 어느 정도는 스스로 조절할 수 있게 된다.

2. 죽음은 삶의 끝이긴 하지만 동시에 삶의 중요한 마지막 단계이자 다면적인 경험이기도 하다. 당신은 죽음을 받아들이기 위해 필요한 감정적 단계를 당신 나름의 방식으로 지나가야 한다.

시인과
시에 대하여

——————— 책에 실린 세 번째 에밀리 디킨슨의 시다. 다른 장에서 이 뛰어난 은둔 시인의 삶에 관한 여러 측면을 이미 다루었다. 여기서는 그녀의 독특한 죽음관을 이해하는 데 도움이 될 종교적 배경 몇 가지를 살펴보려고 한다.

디킨슨은 칼뱅주의 가정에서 자랐고 가족과 함께 애머스트의 제일회중교회에 다녔다. 이런 종교적 배경과는 달리 성장하면서 디킨슨은 특유의 독립적인 성향도 자주 드러냈다. 마운트 홀리요크 여자대학에서 있었던 유명한 사건 하나가 교장 메리 라이언과의 충돌이다. 라이언은 학생들이 기독교 신앙을 공개적으로 고백하기를 바랐다. 어느 날 아침 그녀는 전교생 앞에 서서 이렇게 말했다. "그 값으로 매길 수 없는 특권, 곧 기독교인이 되는 특권을 누리고자 하는 여학생들은 모두 자리에서 일어서 주길 바랍니다." 모든 소녀가 자리에서 일어났지만 디킨슨만 조용히 앉아있었다. 그날 이후 그녀는 영혼을 구제할 희망이 없는 불신자로 찍혔다.

디킨슨의 작품에서는 전통 종교에 대한 조용한 반항의 흔적과 동시에 찬송가가 그녀의 운율과 압운에 끼친 영향을 함께 볼 수 있다. 하버드 대학교 영문학 교수 피터 삭스는 이렇게 말했다. "그녀는 자신이 거부한 교회와 묘한 심리적 근접 상태에서 살았다." 디킨슨의 독립적인 정신과 매우 독창적인 시는 오늘날 그녀를 미국이 낳은 위대한 시인 중 한 명으로 자리매김하게 했다.

50

나는 죽지 않았다!

내 무덤 앞에서 울지 말아요

메리 엘리자베스 프라이

내 무덤 앞에서 울지 말아요,

나는 그곳에 없어요. 잠들어 있지 않아요.

나는 천 갈래 바람이 되어 불고

눈송이 되어 보석처럼 반짝이고

햇빛이 되어 익어 가는 곡식 위를 비추고

잔잔한 가을비 되어 대지를 적셔요.

당신이 아침의 고요 속에서 깨어날 때

원을 그리며 날아오르는 조용한 새의

날개 속에도 내가 있고

밤하늘에 빛나는 부드러운 별에도 있어요.

내 무덤 앞에서 울지 말아요,

난 그곳에 없어요. 난 죽지 않았어요.

내가 처음 참석한 장례식은 할아버지가 돌아가셨을 때다. 장례식장에서 관을 바라보고 있는 침통한 남녀 사이에 앉아 있었다. 엄마를 돌아보며 말했다. "저 상자 안에 할아버지가 누워 있다고 생각하니까 너무 끔찍해." "그렇게 슬퍼하지 마." 엄마가 말했다. "할아버지는 저 상자 안에 안 계셔. 거기 있는 건 그냥 몸일 뿐이야." '…그럼 할아버지는 어디에 있는 거지?'

그것이 바로 시가 다루고 있는 질문이다. 사람은 죽으면 어디로 가는가? 그냥 사라지는가? 아니면 다른 무엇으로 변하는가? 좀 더 낙관적으로 말하면 애초에 사람은 정말로 죽는 것인가? 이 시는 마지막 생각을 지지한다. 바로 그 점 때문에 장례식에서 자주 낭송되는 작품 가운데 하나가 되었고 수많은 사람에게 위로와 위안을 주었다.

시인이 상상한 영혼의 다양한 형태는 모두 위안이 된다. 날리는 바람, 눈 위에서 반짝이는 빛, 익어 가는 곡식, 잔잔하게 내리는 비, 아침의 고요, 원을 그리며 나는 새들, 부드럽게 빛나는 별들. 시인은 고인을 대신해 이런 모든 것을 세상 떠난 사람과 연결해 기억해 달라고 사람들에게 청한다. 시는 애초에 상실을 겪은 이들을 위로하기 위해 쓰였고 모든 정황은 실제로 목적을 충분히 달성했다는 것을 보여준다.

국민이 가장
사랑하는 시

—————————— BBC 프로그램 〈더 북웜The Bookworm〉의 설문 결과를 바탕으로 엮은 책『국민이 가장 사랑하는 시The Nation's Favorite Poems』의 서문에서 코미디언 그리프 라이스 존스Griff Rhys Jones는 이렇게 썼다.

경연과는 별개로 〈더 북웜〉의 관점에서 올해 뜻밖의 시 히트작은 한 전쟁 시집에 실려 있던 익명의 작품이었습니다. 바로 〈내 무덤 앞에서 울지 말아요〉였지요. 이 시는 북아일랜드에서 복무 중 전사한 병사 스티븐이 부모에게 남긴 편지봉투 안에 들어 있었는데 자신이 죽으면 열어 보라고 써 두었다고 합니다. 시는 실로 놀라운 반향을 불러일으켰습니다. 무려 3만 명가량의 사람들이 시의 사본을 보내 달라고 편지를 보냈습니다. 시가 나바호족 사제들의 작품이라는 주장도 있었지만 편집자들은 특정 작가를 뒷받침할 만한 믿을 만한 증거를 찾아낼 수 없었습니다.

여기서 미국의 유명 신문 칼럼 〈디어 애비Dear Abby〉의 필자 애비게일 밴 뷰런Abigail Van Buren이 등장합니다. 그녀는 이 시의 작가를 찾아 나섰고 마침내 성공했습니다. 놀라운 여정 끝에서 그녀가 만난 사람은 볼티모어에 사는 전업주부 메리 엘리자베스 프라이였습니다. 프라이는 제2차 세계대전 직전에 시를 썼는데 당시 그녀와 남편은 한 독일계 유대인 소녀를 집에 데리고 있었습니다. 소녀는 독일에 있는 병든 어머니를 걱정했지만 반유대주의가 극심해 독일로 돌아가지 말라는 조언을 받았지요. 결국 소녀의 어머니는 세상을 떠났고 소녀는 "어머니의 무덤에 서서 눈물 한번 흘려 볼 기회조차 없었다"며 깊은 슬픔에 잠겼다고 합니다.

프라이는 삶과 죽음에 대한 위로의 말이 갑자기 떠올라 갈색 종이 쇼핑백에 적어 내려갔다고 말했다. 사람들은 그녀의 시를 좋아했고 프라이는 여러 장을 베껴 써서 개인적으로 돌렸다. 그 시는 묘하게 위로하는 힘을 지녔고 여러 나라와 다른 인종, 종교, 사회적 지위를 가진 이들에게 인기를 끌었다. 지금까지도 엄청난 사랑을 받고 있다.

프라이의 시에 담긴 정서는 여러 번 다른 곳에서도 볼 수 있었다. 한 예가 남북전쟁 당시 북군 장교 설리번 발루가 아내 사라에게 보낸 유명한 편지다. 그의 연대는 제1차 불런 전투에 참전했으며 그는 그 전투에서 고위 장교로 복무했다. 말을 타고 부하들을 지휘하던 중 그는 포탄에 맞았고 결국 죽었다. 그때 그의 나이 서른두 살, 사라는 스물네 살이었다. 편지는 그의 유품 속에서 발견되었기 때문에 생전에 사라에게 전달되지는 못했을 가능성이 크다. 다음은 편지의 몇 구절이다.

내가 신의 섭리에 맡길 수 있는 것이 거의 없다는 것을

알아요. 하지만 무언가가 내게 속삭여. 아마도 내 어린 에
드거의 기도일 거야. 내가 사랑하는 사람들에게 무사히
돌아갈 수 있을 거라고. 만약 그렇지 못하더라도, 사랑하
는 사라, 내가 당신을 얼마나 사랑하는지 잊지 마. 그리고
내가 전장에서 마지막 숨을 거둘 때는 당신 이름을 속삭
일 거야.

발루는 자신이 살아서 아내와 아이들 곁으로 돌아갈 수 있기
를 바라는 마음을 표현하면서도 혹시 돌아가지 못했을 경우를
대비해 그녀를 위로하려 한다.

하지만, 오 사라! 만약 죽은 이들이 다시 이 땅으로 돌아
와 사랑했던 이들 곁을 보이지 않게 날아다닐 수 있다면,
나는 언제나 그대 곁에 있을 것이네. 가장 밝은 날에도, 가
장 어두운 밤에도, 그대 가장 행복한 장면과 가장 우울한
시간 속에서도 언제나, 항상. 부드러운 바람이 그대 뺨을
스치면 그것은 내 숨결일 거야. 그리고 시원한 공기가 그
대 욱신거리는 관자놀이를 식힐 때 그것은 내 영혼이 곁
을 지나가는 것일 거야. 사라, 나를 죽은 사람으로 여기지
마. 나는 당신을 기다리고 있을 뿐이야. 우리는 다시 만날
테니까.

프라이의 시와 발루의 편지가 큰 울림을 주는 이유는 같을 것

이다. 둘 다 누군가를 위로하려는 간절한 마음에서 썼기 때문이다. 프라이의 시는 그런 효과를 수천, 수만 번이나 발휘했다. 발루의 편지도 슬픔에 잠긴 그의 아내에게 그런 위로를 건넬 수 있었기를 바랄 뿐이다.

시가 건네는
마음 처방전

——————————— **1. 죽은 이들이 우리 안에서 계속 살아 있다는 생각은 큰 위안이 될 수 있다.** 우리는 그들을 그들만의 특별한 표현, 말투, 몸짓, 친절, 유머로 기억할 수 있다. 시가 암시하듯이 자연의 여러 모습처럼 그들을 떠올리게 하는 온갖 움직임에 반응해 그들을 기억할 수 있다.

2. 위와 같은 의미에서라면 죽은 이들은 어떤 방식으로든 여전히 살아 있는 셈이다.

3. 사랑하는 이의 무덤을 찾거나 기일에 촛불을 켜는 일은 분명히 위안이 된다. 하지만 그들의 존재를 바람, 빛, 별, 소리 등 일상의 수많은 연결 속에서 느끼는 일도 위안이 된다.

시와
죽음에 관하여

─────── 5부에서는 시가 노화와 죽음을 얼마나 다양한 각도에서 다루는지 살펴보았다.

웬델 베리는 느린 노화 과정을 묘사하며 이를 부드럽게 받아들이거나 적어도 순응하는 방법을 보여주었다. 예이츠는 아일랜드 조종사의 목소리로 글을 쓰며 자신의 죽음을 예견하지만 그것을 "외로운 환희의 충동"에 치러야 할 대가로 받아들인다. 존 길레스피 매기도 고공비행의 스릴과 죽음에 대해 비슷하게 여겼을지 모른다.

오든의 시에서는 젊고 활기찬 이카로스가 너무 높이 날면 위험하다는 것을 잊고 다른 사람들이 일상에 바빠 알아차리지도 못 하는 사이에 바다로 추락한다. 스미스의 시에서는 익사 중인 남자가 해변 사람들에게 손을 흔드는 사람으로 오인된다. 그녀는 나아가 어떤 사람들은 평생 익사하듯 살아간다고 설명한다. 딜런 토머스는 죽어 가는 아버지에게 스러져 가는 빛에 끝까지 분노하라고 권하고 디킨슨은 집에서 무덤까지의 부드러운 여정을 보여주며 이 상태가 죽음의 일부이면서 여전히 살아 있는 것이라고 느끼게 한다.

프라이의 〈내 무덤 앞에서 울지 말아요〉는 책의 다른 시에서도 반복되는 주제를 담고 있는데 어떠한 방식이든 사랑하는 사람들을 기억함으로써 죽음 이후의 삶에 대해 암시한다.

책에 실린 시와 내가 그 속에서 배운 것, 그것이 사람들에게 어떻게 도움이 될 수 있을지를 되짚다 보니 여러 가지 이미지가 떠올랐다.

어떤 순간에는 시가 마치 보석 같았다. 주변의 빛을 굴절시켜 방 안 가득 색채를 퍼뜨리는 보석처럼 빛났다. 또 어떤 순간에는 시가 등불 같았다. 마음속 어두운 동굴을 비추어 오래된 신비를 새롭게 이해할 길을 열어 주었다. 이와 같은 기쁨의 이미지 너머로 시는 약이나 진통제처럼 느껴졌고 시인들은 시대를 초월해 말을 건네는 치유자처럼 다가왔다.

오랜 세월 불안한 마음을 이해하고 치유하며 사람들이 자신의 잠재력을 끝까지 펼칠 수 있도록 돕는 일에 힘써 온 사람으로서 이 위대한 작품들을 해석할 수 있었던 것은 커다란 영광이다.

나는 시가 치유하고, 변화를 일으키며, 생기를 불어넣는 힘을 지니고 있다고 믿는다. 어쩌면 그 가운데 몇 편은 이미 당신에게 그런 힘을 발휘했을지도 모른다. 그렇지 않더라도 너무나 자주 혼란스러운 세상에서 이 책이 잠시나마 쉴 수 있는 작은 위안이 되기를 바란다.

"모든 시작은 밤늦게 걸려 온 전화 한 통 때문이었습니다."

첫 문장을 옮길 때부터 느낌이 달랐다. 정신과 의사인 저자가 시의 치유력에 대해 말하는 출발점이 논문이나 강연이 아니라 한 사람의 목소리였다는 사실이 반가웠다.

마음이 아픈 사람의 전화를 받으면 말문이 막힌다. 입 밖으로 나오는 것은 "시간이 해결해줄 거야", "힘내" 같은 진부한 위로뿐이다. 하지만 그날은 달랐다. 친구 데이비드가 "이제 어떻게 살아가야 할까?"라고 묻는 순간, 저자는 진부한 위로 대신 "잃는 것도 하나의 기술"이라고 말한다.

그 말의 출처는 엘리자베스 비숍의 시 〈한 가지 기술〉이다. 여기에서 결정적인 장면이 펼쳐진다. 데이비드가 시를 천천히 읽어 내려가는 동안 풀 죽었던 그의 목소리에 힘과 생기가 돌아온다. 시를 다 읽고 난 뒤에는 데이비드뿐 아니라 저자의 마음도 함께 밝아진다. 이 장면은 책 전체의 방식이기도 하다. 이 책은 시를 칭송하는 것이 아니라 시가 실제로 어떻게 작동했는지를 보여준다. 그래서 흥미롭다.

─────── '상담실에서 효과를 본 시'라는 든든함

독자로서 내가 이 책에 끌린 첫 번째 이유는 저자가 '직접 적용한' 임상 사례라는 점이다. 그는 데이비드에게 시가 위안이 되자 그 시를 환자와 친구들에게 소개하며 많은 이에게 위안을 선사했다.

다른 장면에서는 임상 현장의 섬세한 공기까지 전한다. 저자는 메릴랜드 국립정신건강연구소에서 일하던 시절 겨울마다 우울해진다는 사람들을 모집해 관찰한다. 초반에는 멀쩡해 보이던 사람들이 낮이 짧아지자 여러 증상을 보고하기 시작한다. 어느 시점에서 연구 팀은 참가자들을 밝은 환경, 빛에 노출시키는 단계로 들어간다.

그다음이 인상적이다. 빛 치료에 처음 반응한 환자가 연구 병동으로 들어오며 환하게 웃었고 "겨울에 이렇게 행복했던 기억이 없다"고 말했다. 그 순간 간호사들이 기쁨으로 서로를 바라보는 장면도 담겨 있다. 저자는 이렇게 시와 임상, 감정과 생물학을 모두 아우르면서 시를 감상의 대상이 아니라 인간의 몸과 마음이 반응하는 방식으로 대한다.

─────── 드라마틱한 변화, 임상 사례의 생생함

두 번째 이유는 임상 사례가 구체적이고 드라마틱하다는 점이다. 가장 선명한 예가 베스의 이야기다. 저자는 밀레이의 시 〈나를 불쌍히 여기지 마세요〉를 소개하면서 "머리로 빨리 아는 그것을 / 내 가슴은 너무 더디게 배운다"는 구절을 정확히 찍어 준다. 그리고 "이 소네트를 알게 된 것은 베스라는 환자 덕분이며 30대 중반의 물리치료사인 그녀는 감정 기복과 연애 문제로 치료를 받으러 왔다"고 말한다.

그녀의 변화 과정을 자세하게 보여준다. 베스는 잠재적인 문제를 조기에 발견하고 대처하는 데 능숙해졌으며 말과 행동이 일관되지 않은 남자를 빨리 구별하고 신뢰감을 주는 사람을 더 매력적으로 느끼기 시작했다. 그리고 안정적이고 성숙한 사랑을 하여 결혼하고 딸아이의 탄생을 알리는 편지를 보내왔다.

더욱 인상 깊은 것은 '우울'을 다룰 때 낭만화하지 않는 태도다. 예컨대 사랑이 힘이 되더라도 "사랑만으로 우울에서 벗어나려 해서는 안 된다"고 분명히 말한다. 심각한 우울 상태라면 유능한 전문가의 도움을 구하는 것이 중요하다는 것이다. 이런 현실 감각이 책 전체의 신뢰도를 끌어올린다.

─────── 뇌과학과 함께하는 '소리 내어 읽기'의 놀라움

저자는 소리 내어 읽는 낭독이 신경, 근육, 뇌의 특정 부위를 자극해 치유 효과를 높인다고 말한다. "나는 가끔 소리 내어 읽거나 친구에게 읽어주곤 했다. 그럴 때마다 고통과 위로가 동시에 전해졌다."

사람들은 조용히 읽는 데 익숙하다. 낭독은 어딘가 쑥스러운 일 같기도 하다. 하지만 저자는 낭독을 아주 실용적으로 바라본다. 위기일수록, 마음이 바닥을 칠수록 사람은 '말의 리듬'에 의해 중심을 잡는다. 데이비드가 천천히 시를 읽으며 생기를 되찾

는 장면이 괜히 첫머리에 나온 게 아니다.

저자는 또 "다른 사람의 낭송을 들어 보라"고 권한다. 뇌과학 연구를 인용하며 시 낭송이 보상 회로를 활성화하고 강한 감정 반응을 유발할 수 있다는 설명도 덧붙인다.

——— '시가 건네는 마음 처방전'의 친절함

가장 큰 장점은 각 장마다 있는 시가 건네는 마음 처방전이다. 예를 들어 〈한 가지 기술〉 뒤에는 "상실에도 기술이 있다", "상실을 받아들여라", "전부 아니면 전무의 사고를 경계하라", "글로 써 보라" 같은 항목들이 따라온다.

여기서 제시하는 처방전은 훈계가 아니다. 저자는 시의 의미를 교훈으로 고정하지 않고 마음을 다루는 방법과 연계한다. 이를 수용, 인지 재구성, 글쓰기 같은 실천 지침으로 연결한다. '전부 아니면 전무'식 흑백논리가 우울과 부정 정서를 심화시킬 수 있다는 설명은 여러 사회적 상처와 상실을 경험하고 있는 우리나라 독자에게도 실감 나게 다가온다. 마음이 힘들어질수록 생각이 극단으로 쏠리기 쉽다. 그럴 때 책 속의 한 문장이 제동장치 역할을 한다.

——— 문장 하나가 누군가의 하루를 건드릴 때

번역자는 원래 뒤로 물러나 있는 사람이다. 하지만 이 책을 번역하면서 자꾸 앞으로 끌려 나오는 느낌을 받았다. 저자가 시를 읽는 방법을 즐기라고 말했기 때문이다. 그는 "시 읽기는 공부가 아니라 즐거움"이라며 "온전히 몰입해 읽으라"고 강조했다.

사람들은 무엇이든 '공부'로 만들어 버리곤 한다. 그런데 이 책은 시를 놀이와 쉼의 자리로 돌려준다. 저자는 "시를 여러 번 읽으라. 읽을 때마다 의미의 층이 달라지고 문장들이 다른 빛을 낸다"고 말한다. 그는 "시의 모호함을 견디고 즐겨 보라"고도 한다. 시의 미완성 공간은 의도된 구조이며 독자의 상상력과 사유를 자극하는 자리이기 때문이다.

이 대목은 번역에도 그대로 적용된다. 원문이 열어 둔 여백을 번역이 함부로 닫아 버리면 시의 숨이 죽는다. 그래서 가능한 한 설명이 필요할 때는 책 속의 친절한 해설에 기대고 시 자체는 시답게 남겨 두려 했다. 독자가 자기 경험과 기억을 얹어 작품을 완성하게 해야 한다는 저자의 말을 번역자의 거울로 삼고 싶다.

——— 힘든 순간 다가오는 짧은 한 줄의 위로

마음의 병은 눈에 보이지 않기에 더 외롭고 힘들다. 그런데 시는 어디서든 만날 수 있다. 도시의 지하철에서도, 잠들기 전 침대에서도, 회사 점심시간의 짧은 시간 속에서도 만날 수 있다. 무엇보다 시는 "기억하기 쉽고 불현듯 떠올리며 언제든 되새길 수" 있다.

이 단순한 장점이 삶에서는 커다란 효과를 발휘한다. 정말 힘든 상황에서는 긴 조언이 머리에 남지 않는다. 짧은 한 줄이 더 뚜렷이 남는다. 그 한 줄이 한 시간을 버티게 하고 다음 하루를 넘기게 한다. 어느 날은 전화를 걸어 볼 용기까지 만들어준다.

저자는 "시가 약이나 진통제처럼 느껴졌고, 시인들이 치유자처럼 다가왔다"고 표현한다. 살다 보면 누구나 한 번쯤 마음이 기운다. 그럴 때 소리 내어 시를 읽어 보자. 가능하면 누군가에게도 읽어주자. 그 시가 밤늦게 전화를 걸어온 사람의 아픔을 치유하고 한 줄기 위로의 빛을 비춰 줄 수 있을 것이다.

고두현

불면의 밤에 읽는 치유의 시 50

발 행   초판 1쇄 2026년 4월 30일

지은이   노먼 로젠탈
옮긴이   고두현

펴낸이   김영범
펴낸곳   ㈜북새통 · 토트출판사
주 소   서울시 마포구 월드컵로36길 18 삼라마이다스 902호 (우)03938
대표전화 02 - 338 - 0117
팩 스   02 - 338 - 7160
출판등록 2009년 3월 19일 제 315 - 2009 - 000018호
이메일   thothbook@naver.com

ⓒ 노먼 로젠탈, 2026
ISBN   979 - 11 - 94175 - 45 - 2 03180